# 消费经济学基础

严飞 赵锋 唐韬 主编

中国纺织出版社有限公司

## 内 容 提 要

本书属于消费经济学方面的图书，由消费经济理论、消费需求与消费市场、消费水平、消费结构、消费方式、绿色消费行为、消费者权益维护等内容构成，其阐述了消费经济学的基本理论，运用经济学原理对消费进行了系统分析，同时对低碳经济与低碳消费等进行了详细分析。本书结合绿色消费理念，指出如何正确处理人与自然的关系、改变合理使用资源等问题，把建设和谐的自然环境与社会环境统一起来，从而建立和谐的消费环境，对经济学相关专业的学习者具有一定的借鉴意义。

### 图书在版编目（CIP）数据

消费经济学基础 / 严飞，赵锋，唐韬主编. -- 北京：中国纺织出版社有限公司，2022.10
ISBN 978-7-5229-0005-6

Ⅰ. ①消… Ⅱ. ①严… ②赵… ③唐… Ⅲ. ①消费经济学 Ⅳ. ①F014.5

中国版本图书馆CIP数据核字（2022）第206291号

---

责任编辑：赵晓红　　责任校对：寇晨晨　　责任印制：储志伟

---

中国纺织出版社有限公司出版发行
地址：北京市朝阳区百子湾东里A407号楼　邮政编码：100124
销售电话：010—67004422　传真：010—87155801
http://www.c-textilep.com
中国纺织出版社天猫旗舰店
官方微博http://weibo.com/2119887771
三河市宏盛印务有限公司印刷　　各地新华书店经销
2022年10月第1版第1次印刷
开本：787×1092　1/16　印张：13.5
字数：231千字　定价：88.00元

---

凡购本书，如有缺页、倒页、脱页，由本社图书营销中心调换

# 编委会

主　编　严　飞　　赵　锋　　唐　韬
副主编　李方静　　吕　炎　　洪丽君
编　委　陶珍生　　刘　杰　　冯　银
　　　　汤茜茜　　向　秀

# 前　言

消费经济学是在一定社会条件下，人们在消费过程中结成的经济关系（即消费关系）及其发展规律的科学。消费关系的主要内容，从微观来说，包括不同居民集团以及不同消费者在消费过程中各自所处的地位及其相互关系，体现了消费水平、消费结构、消费方式等方面的差别和联系及其发展趋势；从宏观来说，包括社会消费水平、消费结构、消费方式等方面的发展和规律性等。

消费经济学是一门新兴学科，它是研究人类消费活动及其运动规律的经济学科。随着社会主义市场经济的深入发展，消费经济学知识日益成为大学生知识结构中不可缺少的组成部分。尤其是在全面推进素质教育的过程中，无论是学习理工科专业的学生，还是学习非经济学专业的文科类学生，掌握消费经济学知识对于提高学生整体素质是大有益处的。

本书从消费经济学的基本利率出发，在深度把握消费链与消费结构的基础上，进一步阐述了消费经济的消费方式、消费者决策行为、消费者权益与责任等内容。另外，本书对低碳经济与低碳消费等进行了详细的分析，包括低碳经济的经济学基础、低碳经济下的低碳消费、低碳产业与低碳消费。

全书力求对消费经济学进行全方位、立体化的综合分析，对从事微观经济学、宏观经济学等方面的研究者与工作者具有学习和参考价值。

作者<br>
2022 年 8 月

# 目 录

**第一章 导论** ············································································· 001
    第一节 消费理论的历史演变 ·················································· 003
    第二节 消费经济学的研究对象和研究方法 ································ 006
    第三节 消费者及其消费行为 ·················································· 012

**第二章 消费链** ········································································· 019
    第一节 微观消费链 ······························································ 021
    第二节 宏观消费链 ······························································ 023
    第三节 可持续消费 ······························································ 027

**第三章 消费结构** ····································································· 033
    第一节 消费结构的含义与影响因素 ········································ 035
    第二节 中国消费结构演变趋势 ·············································· 037
    第三节 消费结构与产业结构 ·················································· 040

**第四章 消费方式分析** ······························································ 049
    第一节 消费方式的基本内涵 ·················································· 051
    第二节 消费方式的影响因素 ·················································· 052
    第三节 个体消费、家庭消费及社会公共消费 ··························· 055

**第五章 消费者决策行为分析** ·················································· 071
    第一节 消费者的消费决策 ···················································· 073
    第二节 消费者的储蓄决策 ···················································· 087
    第三节 消费者的投资决策 ···················································· 101

**第六章 消费信贷分析** ······························································ 115
    第一节 消费信贷的种类与特征 ·············································· 117
    第二节 消费信贷风险与管理 ·················································· 120

## 第七章 消费与经济增长 ............................................................. 141
### 第一节 消费需求与经济增长 ................................................... 143
### 第二节 消费水平 ................................................................... 146
### 第三节 绿色消费与可持续发展 ................................................ 151

## 第八章 消费者权益与责任 ......................................................... 163
### 第一节 消费者权益的含义 ....................................................... 165
### 第二节 消费者权益的保护 ....................................................... 167
### 第三节 消费者责任 ................................................................. 170

## 第九章 低碳经济与低碳消费 ..................................................... 177
### 第一节 低碳经济的经济学基础 ................................................ 179
### 第二节 低碳经济下的低碳消费 ................................................ 184
### 第三节 低碳产业与低碳消费 ................................................... 189

## 参考文献 ................................................................................... 205

# 第一章 导论

> 学习目标
> （1）了解消费问题的历史演变过程。
> （2）明确消费经济学的研究对象和消费经济学的产生、发展过程。
> （3）了解消费经济学主要内容和研究方法。

# 第一节　消费理论的历史演变

## 一、古典经济学对消费问题的认识

英国古典政治经济学创始人威廉·配第是最早对消费问题进行理论分析的经济学家。在他生活的时代，英国正处于资本主义工场手工业建立和迅速发展的阶段。为了加快资本主义的发展，资本积累被提到首要地位。在此背景下，配第对消费有一个基本观点，即主张节制不必要的消费，以保证资本积累和财富的增值。他认为赋税是实现这一主张的有力手段。通过对那些不利于生产的消费支出征税，可以达到节制消费、增加积累的目的。此外，配第还认为，消费品丰裕会使人们消费过多，消费过多则会使人们变得懒惰。因此，他主张对过剩的产品加征赋税，以节制过多的消费❶。配第的思想被古典经济学的创始人亚当·斯密和大卫·李嘉图继承下来。他们认为，消费特别是奢侈性消费是非生产性的，不利于国民财富的增加，因此需要通过赋税加以节制。亚当·斯密指出：人们有两种欲望，一种是"现在享乐的欲望。这种欲望的热烈，简直难以抑制"；另一种是"改良自身状况的愿望。这种愿望虽然是冷静的、沉着的，但我们从胎里出来一直到死，从没一刻放弃过这种愿望"。在亚当·斯密看来，就一个人而言，这两种欲望往往是相互冲突的。前一种欲望占上风，就有奢侈性消费；后一种欲望占上风，就会节制消费，促使人们节俭。但对整个社会而言，在这两种心理状态中通常节俭占上风。正因为如此，才促进了社会的进步和国民财富的增长。英国古典经济学家对消费的认识，反映了当时产业资本家积累资本的客观需要。

法国古典经济学的产生和发展与英国几乎是同时的。但在17世纪末到18世纪后期的法国，封建生产关系仍占统治地位，资本主义生产关系的发展受到严重阻碍。在这种背景下，法国古典经济学家对消费问题的认识有着自己的特点。对消费问题有较多论述的经济学家包括魁奈和西斯蒙第。魁奈是重农学派的代表人物。他把消费品区分为生活必需品

---

❶ 威廉·配第：《政治算术》，北京，商务印书馆，1978：42。

和奢侈品。他认为农业提供的是生活必需品，而工业中的有些工场则生产奢侈品。由于必需品的消费会增加财富和收入，而奢侈品的消费不利于财富和收入的增加，因此，他主张减少奢侈品的生产和消费，保护农业，以保证必需品的供应。此外，针对当时法国农业衰败、农民生活贫困的状况，魁奈认为只有让农民富裕起来，让他们消费更多的产品，才能促进社会繁荣❶。把消费水平的提高看成一国繁荣昌盛的保证，不仅是魁奈对经济学理论的贡献，而且在当时具有现实意义。但是，由于魁奈对消费的分析建立在他的"纯产品"学说的基础上，因此具有非科学的一面。

西斯蒙第作为法国小资产阶级的代表，对资本主义的生产危机有所认识，对消费的认识也有所发展。在他看来，生产的目的是满足消费者的需要，消费决定和创造着生产。因此，生产者必须面向市场进行调查研究，了解消费者的需要和收入状况。从消费决定生产这一前提出发，西斯蒙第看到了资本主义社会中生产和消费之间的尖锐矛盾，以及由此而引起的经济危机，并用消费不足来阐释经济危机产生的原因。为了延缓和减轻危机，他主张政府应当采取措施关心消费者的利益和过问消费方面的事务❷。西斯蒙第对消费的认识，无疑是在资本主义发展到一定阶段后经济危机已经显现，小生产者出现两极分化的历史背景下产生的。虽然他认识到了消费在社会再生产过程中的重要地位，并看到了资本主义制度下生产过剩危机的必然性，但他站在小资产阶级的立场上来阐释危机产生的原因并提出消除危机的方法，造成了其理论的缺陷。

## 二、19世纪中期至20世纪20年代的经济学对消费问题的认识

19世纪中期以后，庸俗经济学取代了古典经济学，对消费的研究也比以前更重视。这个时期，经济学家们从各种角度对消费进行了分析。这些研究不仅奠定了当代经济学的基础，而且对消费经济学以后的发展产生了重要影响。其中，影响较大的有庞巴维克的"边际效用价值论"、马歇尔的"需求理论"及凡勃伦的"社会阶层消费学说"等。但是在对消费地位的认识上，庸俗经济学家并没有超过前人。例如，19世纪初，作为贵族僧侣阶级代表的马尔萨斯，在西斯蒙第理论的基础上，试图论证社会消费的不断增长是促进社会财富增长的源泉。他看到了资本主义社会商品销售危机的存在，却错误地认为，只有贵族和僧侣阶级不从事生产却一味地消费，才能有效地缓解社会商品销售的危机和剩余产品的实现问题。凡勃伦在其《有闲阶级论》一书中，创造了"显形消费"一词，批评有闲阶级的炫耀性消费，抨击经济自由主义和大商业对社会的影响。其思想为政府加强对经济的干预开辟了道路❸。

19世纪末20世纪初，对消费问题的研究在新古典经济学的主要创始人马歇尔的经济理论中占有重要地位。在他看来，经济学既是一门研究财富的学问，也是一门研究人的学

---

❶ 魁奈：《谷物论》，魁奈：《魁奈经济著作选集》，北京，商务印书馆，1979：39-40。
❷ 西斯蒙第：《政治经济学新原理》，北京，商务印书馆，1977：273。
❸ 凡勃伦：《有闲阶级论》，北京，商务印书馆，1981。

问，因此，关于人的欲望和满足欲望的程度与方式，即消费问题，自然就成为经济学研究的重要课题。马歇尔继承了前人的观点，把需求看作人们主观欲望所决定的一种心理状态，并在此基础上发展了他的消费学说——需求理论。需求理论包括欲望饱和理论（效用递减规律）、需求规律、需求的价格弹性、消费习惯的作用和消费者剩余等。这些理论不但成为西方经济学的基础，而且对此后消费经济研究中的数量化倾向有重要影响。此外，马歇尔还对社会消费发展的长期趋势做了分析。他认为，社会消费水平会随技术进步而提高，因为技术发展提供了比较充裕的廉价消费品。他还意识到，随着消费信贷制度的发展以及工业发展到一定阶段后，人们对闲暇的重视都可能对消费支出格局产生较大影响。这些都被后来的实践所证实。在20世纪初的资本主义时代，马歇尔有关消费的研究建立在这样的理论基础上，即认为资本主义市场经济本身是完善的，市场机制的自发调节可能实现充分就业的均衡状态，全面的生产过剩和经常性的失业是不会发生的。但这个神话很快就被资本主义世界普遍发生大危机的事实所打破。

### 三、消费在凯恩斯经济理论中的地位

20世纪30年代，爆发了资本主义历史上持续时间最长、波及面最广、影响程度最深的一次经济大危机，凯恩斯经济学应运而生。根据资本主义经济的现实，凯恩斯指出，资本主义市场经济的自发调节不能够达到充分就业均衡，因此，必须加强政府对经济活动的调节和干预。

在凯恩斯经济学中，有效需求理论是其整个理论的基础，因此可以说，对消费问题的研究，在凯恩斯经济学中占有相当重要的地位。凯恩斯认为，资本主义经济危机的原因在于有效需求不足，而有效需求不足的根源在于人们心理因素的作用，如人们的消费支出并不随收入的增长而同比例增长；人们所预期的利润率将随投资的增加而递减；人们乐意持有现金，达不到一定的利息率水平就不愿把钱存入银行——这就是"消费倾向递减""资本边际效率递减"和"流动偏好"三大心理规律的作用。据此他提出，政府要通过财政政策和货币政策人为地刺激需求，以达到消除危机和失业，保持社会稳定的目的。尽管凯恩斯的有效需求理论在相当程度上承袭了马尔萨斯的消费理论，并用心理因素来解释资本主义经济危机，但他看到了消费在社会经济运行过程中所起的重要作用，并最早建立了消费函数理论。他提出的政策主张对于缓解资本主义经济危机也具有很强的现实意义。因此，凯恩斯经济学说在其后几十年的时间里，对西方经济理论的发展和政府经济政策的制定影响甚广。

在消费经济学研究的发展史上，凯恩斯经济学不仅在内容上，而且在研究方法上都具有重要的意义。凯恩斯建立了消费函数理论，对消费函数中的主观因素和客观因素进行了分析，提出了边际消费倾向递减规律，并对资本主义社会的长期消费趋势进行了分析。从研究方法来看，凯恩斯建立的收入决定理论体系，采用的是短期的、静态的分析方法；而在考察资本主义社会的发展演变趋势时，又较多地运用了规范分析的方法。对消费的研

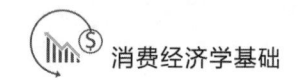

究，兼用实证方法和规范方法，对其后消费经济学的研究亦有重要影响。

### 四、当代经济学对消费理论的贡献

尽管凯恩斯经济学在经济学和主要西方国家经济政策中占据统治地位长达几十年，但第二次世界大战后经济环境的变化，特别是20世纪60年代末70年代初西方国家普遍出现经济衰退，使更多的经济学家在凯恩斯理论之外寻找答案。消费在经济学中仍然占有重要地位，1976—2017年，有五位诺贝尔经济学奖得主的获奖都与消费研究有直接的关系。对消费问题的研究出现了一些新的特点，可以概括为以下几个方面：

（1）更加重视对消费者行为的研究。这其中，第一是运用经济学及社会学和心理学研究消费者的购买行为；第二是研究消费者在整个生命周期的消费、储蓄行为，即跨时期的消费者资源分配；第三是把消费者的概念从单个消费者扩展到家庭，用经济学的分析方法解释家庭的各种决策。

（2）依据微观消费者行为分析和解释宏观经济现象并为制定经济政策服务。在这方面，弗里德曼和莫迪利亚尼的分析方法与理论框架为消费经济学的未来发展奠定了基础。

20世纪70年代末，一门介于心理学和经济学之间的边缘学科——行为经济学逐渐形成，它试图根据心理学的研究成果，将"非理性"等人类行为分析纳入标准的经济理论中，对传统经济学的理性"经济人"假设和效用最大化模型进行修正。20世纪90年代以来，行为分析在经济学的各个领域得到应用和拓展，消费者行为研究开始突破主流经济学藩篱，逐渐发展成为一门独立的应用经济学的新学科，在消费决策理论、消费动机、消费模式以及跨文化消费研究方面都取得了新进展，一些被新古典经济学和主流经济学所忽视的影响消费行为的因素（如消费者的理念、偏好、文化、情感以及群体效应等）对消费行为、消费方式和消费内容的影响明显加强。

## 第二节 消费经济学的研究对象和研究方法

### 一、消费经济学的研究对象

科学研究的区分，就是根据科学对象所具有的特殊的矛盾性。消费经济学之所以能作为一门独立的学科，区别于政治经济学等其他学科，其根据就在于它们各自的研究对象不同。

#### （一）关于消费经济学研究对象的不同观点

文启湘教授认为：社会主义消费经济学的研究对象是一定社会经济条件下，人们在生活消费领域中结成的社会关系（即消费关系）及其运行方式和运动规律。它包括：① 不同社会阶层、不同社会集团、不同劳动者在消费关系中各自所处的地位和他们之间的相互关系；②不同社会阶层、不同社会集团在消费需求、消费水平、消费结构、消费方式等方面的差别和联系及其发展趋势；③整个社会的消费需求、消费水平、消费结构、消费方式等方面的具体状况、发展趋势；④人们在消费过程中物质消费、文化消费、生态消费之间的关系；⑤公共消费与个人消费之间的关系；⑥消费需求与消费品及劳务供应之间的关系等❶。

尹世杰教授等认为：消费经济学的研究对象应该是人们在消费领域所结成的社会关系，即消费关系。

消费关系应包括不同社会阶层、居民集团和劳动者个人在消费领域中的各自地位和相互关系。具体来说应包括：①从全社会来说，消费水平、消费结构、消费方式等方面各自的发展趋势和规律性；②通过消费水平、消费结构、消费方式等反映出来的人们之间的经济关系；③物质消费和文化消费的关系，或者说实物消费与劳务消费的关系；④社会消费与个人消费的关系；⑤消费需求与消费资料（包括劳务）的供应量之间的关系；⑥如何处理好消费领域中的各种关系，提高消费效益等。

消费经济学就是研究消费领域这些关系及其发展趋势和规律性，使消费关系不断完善，促进生产发展，以尽可能地满足人们日益增长的物质文化的需要❷。

李彦和沙全一认为：社会主义消费经济学是以人们消费的社会性为研究对象，主要研究个人消费关系，同时也要联系到生产消费和个人消费的自然属性，要联系消费力；以家庭和个人的个量消费分析为主，同时联系到社会消费总量的分析；以分析消费为主，同时联系到消费与生产、分配、交换的关系，特别是要联系到社会主义生产与社会主义消费需求的矛盾运动来揭示消费机制及其变化规律。

冯天才认为：社会主义消费经济学是以马克思主义为指导，以社会主义政治经济学为理论基础，以作为社会消费力和社会消费关系的统一的消费过程为对象的一门独立的经济学科。它的任务和目的是揭示社会主义消费的本质及其运动和发展的规律性，从而为党和政府制定消费方针和政策，合理组织、调控和科学引导消费，完满实现社会主义生产目的，有效发挥消费的社会经济功能，建设社会主义消费文明，实现有中国特色社会主义消费现代化提供理论依据和指导。

徐好新、王学举认为：消费经济学的研究对象是人们消费的社会性，即人们在个人生活消费过程中结成的整个经济关系。消费关系主要包括：①不同阶层、不同社会集团以至不同劳动者在消费活动中各自的地位及其相互关系；②不同阶层、不同社会集团及其消费发展趋势；③全社会消费水平、消费结构、消费方式等各自的发展趋势和变化规律等。

消费经济学把人们消费的社会性作为研究对象，在研究个人消费关系的同时，也联系到生产消费和个人消费的自然属性，联系到消费力；以家庭和个人消费的分析为主，同

---

❶ 文启湘：《消费经济学》，西安，西安交通大学出版社，2005。
❷ 尹世杰，蔡德容：《消费经济学原理》，北京，经济科学出版社，2000。

时联系到社会消费总量的分析；以分析消费为主，同时联系到消费与生产、分配、交换的关系，特别是联系到生产与消费需求的矛盾运动，以揭示消费机制及其发展变化规律。

苏志平、徐淳厚认为：消费经济学的研究对象是消费过程中的内在矛盾及其发展规律性。由于消费作为一种社会性过程行为，本质上统一着这样两个方面，即过程的经济内容和过程的社会形式。前者主要涉及消费力的合理组织问题，后者则可抽象为消费关系问题。这样，既可以使我们避免对象定义的二元化和过于宽泛难于把握，又可以使我们集中精力于实质问题的研究，所得出的结论也不至于过度抽象而与现实的生活消费不相吻合。

林白鹏认为：消费经济学的研究对象是人们在生活消费过程中形成的消费力和消费关系及其相互关系。它从消费者的需要及其不断满足的程度出发，研究消费与生产、分配和交换诸要素之间的内在联系和相互作用；从消费力与消费关系的相互作用中揭示消费力、消费关系发展运动的规律性。消费经济学的基本内容是：消费力和消费关系；消费的特点；消费需要的形式、内容、特点及其变化的规律性；消费需要与产业结构的调整；消费水平、消费结构、消费方式、消费市场、消费效果、消费模式等。在不同的社会制度下，消费经济学研究的对象体现着不同的社会经济关系，从而具有不同的社会属性。

### （二）消费经济学的研究对象

从上面对消费经济学研究对象的不同观点的介绍中可以看出，理论界对于消费经济学的研究对象一直有不同意见。概括起来主要有三种观点，其差别在于对其研究对象定义的不同范围。比较狭窄的定义是，消费经济学的研究对象是人们在生活消费中结成的经济关系，即消费关系和它的运动规律；比较宽泛的定义是，消费经济学的研究对象是消费过程，包括消费力和消费关系，从消费力与消费关系的相互作用中揭示消费力、消费关系发展运动的规律性。介于两者之间的一种观点是，消费经济学除了研究消费关系，也必须注意对消费力的研究，包括消费力的合理组织等方面的内容。

笔者认为：消费经济学的研究对象是一定社会经济条件下人们消费过程中的经济关系及其发展变化的规律性。也就是说，消费经济学是研究一定社会经济条件下人们消费过程中的经济关系及其发展变化规律性的社会科学。

消费是一种自然和社会相交织的现象，消费过程是人类生存繁衍和发展的过程，它具有自然和社会双重属性。消费过程包括消费力和消费关系，也包括两者之间的相互关系。消费关系是社会生产关系的一个重要组成部分。消费经济学研究的就是消费过程的社会属性方面，主要把消费关系作为自己的研究对象。

消费关系是人们在消费过程中与消费资料进行相互作用，并通过消费资料主体化所表现出来的社会经济关系。它是消费过程的社会形式，与消费力相统一，构成消费过程的特殊矛盾。在人们的消费过程中，存在着普遍的、广泛的、复杂的消费关系，主要表现在以下几个方面：一是整个社会的消费需求、消费水平、消费结构、消费方式等诸多方面的状况、发展趋势及其规律性；二是不同社会阶层、不同社会集团、不同消费主体在消费过程中的地位、作用及其相互之间的关系；三是人们在消费过程中的不同性质、不同类别、不同领域、不同阶段、不同手段等方面的状况、联系及其相互关系；四是不同社会阶层、不同社会集团、不同消费主体在消费过程中的差别、联系及其发展变化的趋势和规律性。

对消费关系的研究既要从整个社会再生产的角度进行，也要从消费领域内部进行深入细致的研究。

从社会再生产角度看，我们要把人们的生活消费纳入社会再生产过程及其四个环节的总体联系中来考察和分析，研究消费关系在社会再生产过程中的地位和作用；研究在一定生产关系分配关系和交换关系下消费关系的形成、变化和发展；研究消费关系对于直接的生产关系、分配关系、交换关系的形成、变化和发展的能动作用；研究消费关系对国民经济发展格局、经济增长的模式、国民经济循环过程、社会资源的合理配置、经济体制和运行机制的影响和能动作用。

从消费领域内部来看，要以一定的社会生产关系、分配关系、交换关系为前提，研究消费领域内部不同要素之间的相互关系及其特殊矛盾；要深入人们经济生活的各个方面，深入消费环境的各个方面，研究消费关系及其运行方式和规律，不仅要揭示消费关系和生产关系、分配关系、交换关系的内在联系，而且要探讨消费关系内部发展变化的规律性。

消费经济学研究消费关系，并不是意味着孤立地就消费研究消费，就消费关系研究消费关系。相反，对消费关系的研究要联系各个方面来进行。

（1）要联系消费的自然过程方面，联系消费的实际内容来研究消费关系。因为，消费关系总是同消费对象、消费的实际内容相联系、伴随的。没有消费对象，没有消费的实际内容，就没有实实在在的消费，消费便成了一个抽象的名词。离开了消费对象，也就无消费，也无消费关系。

（2）必须联系社会生产力来研究消费关系。生产力决定生产关系，决定消费关系。离开了生产力的一定水平和状况，研究消费关系就没有物质基础，就失去了根据。同时也不利于根据生产力的发展变化，及时地调整消费关系，推动生产力更快地发展。

（3）必须联系社会再生产的其他环节来研究消费关系。因为消费是社会再生产过程中的一个环节，它和社会再生产的其他环节有着密切、不可分割的联系，共同构成了社会再生产过程的总体。只有把消费放在生产分配、交换的社会再生产链条中来考察，把消费关系放在生产关系、分配关系、交换关系的全过程中来研究，才能认识生产、分配、交换环节对消费环节的影响，认识生产关系、分配关系、换关系对消费关系的影响，以及消费关系对其他环节的影响，才能真正全方位地认识社会再生产的发展变化的规律性。

（4）必须联系消费力来研究消费关系。因为消费力直接联系着消费关系，二者相互结合构成了消费过程。消费力对消费水平、消费结构、消费方式等产生直接的影响。没有消费力，也无所谓消费关系。只有联系消费力来研究消费关系，才能根据消费力的发展状况、发展水平、发展阶段、发展趋势来合理安排和调整消费关系，发挥消费关系对消费力的促进作用。

（5）对消费关系的研究，还应该联系上层建筑。这里包括社会意识形态、精神文明、法律、政策等。因为在任何社会形态中，人们的消费行为都受到一定社会的经济基础和上层建筑的影响与制约。一定社会的经济制度、政治制度、价值观念、文化习俗、消费政策等对消费者的消费心理、消费行为都会产生极大的影响，有时甚至是决定性的影响。任何消费行为都不是消费者纯粹的、不受任何社会因素影响的自发的行为。因此，消费经济学应该联系社会的上层建筑来研究消费关系，发挥上层建筑对消费正确的调节、引导、规范作用。

## 二、消费经济学的学科体系

消费经济学学科体系是由理论消费经济学、消费部门经济学、应用消费经济学共同组成的学科体系或学科群。理论消费经济学包括宏观消费经济学、微观消费经济学和消费经济思想史。消费经济思想史包括外国消费经济思想史、中国消费经济思想史等。消费部门经济学包括饮食消费经济学、住宅消费经济学、教育消费经济学、文化消费经济学、卫生消费经济学、旅游消费经济学、环境消费经济学等。应用消费经济学包括消费管理学、消费力组织学、消费结构学、消费统计学等。

宏观消费经济学是采用总量分析方法，考察整个社会消费活动、社会各种消费总量增减、社会消费结构的经济理论。它和微观消费经济学同为消费经济学的分支学科。宏观消费经济学与价格理论、收入分配理论、福利理论、经济增长理论等密切相关。宏观消费经济学形成于第二次世界大战以后，由西方经济学家创立。西方经济学家重视消费经济的研究，提出维护消费者权利，解决商品供应和分配中的政策问题，其中提出的基本理论、基本范畴、分析方法，以及得出的某些结论，对于研究分析社会主义消费经济问题，建立并完善社会主义宏观消费经济学，具有指导意义和借鉴意义。

微观消费经济学是采用个量分析方法，考察单个家庭和消费者的消费活动、消费支出的增减、消费结构变化的经济理论。第二次世界大战后，西方经济学家十分重视对消费经济理论的研究，建立了微观消费经济学，对人们消费行为和消费心理等方面的研究较深入，其目的在于帮助企业推销商品，缓和生产过剩的矛盾和危机。微观消费经济学涉及社会学、心理学、伦理学、商品学、民俗学等学科，同时又与市场销售理论密切相关。

## 三、消费经济学的研究方法

任何一门学科都有自己的研究方法，有些是共同的方法，有些则是自己特有的方法。消费经济学的研究也有方法论上的问题。消费经济学在研究过程中，必须正确应用以下方法。

### （一）辩证唯物主义和历史唯物主义方法

辩证唯物主义和历史唯物主义是马克思主义经济科学的根本研究方法，具有方法论上的基础性和指导性作用。辩证唯物主义和历史唯物主义也是消费经济学的基本研究方法。消费经济学在自己的研究过程中，必须用唯物主义的观点看待问题，用普遍联系的思想和全面发展的思想来对待所研究的现象。要从一定的社会经济条件出发，善于从消费现象和消费范畴的区别和联系中去把握消费现象的特征和本质，去发现各个消费现象之间的联系，探索消费关系发展、变化的规律性。

### （二）理论与实践相结合的方法

消费经济学的研究，必须以马列主义、毛泽东思想、邓小平理论为指导，做到理论与实践相结合。必须坚持从客观的经济事实出发，以实践是检验真理的唯一标准这个原则来进行理论分析和概括。消费经济学的研究必须从我国社会主义经济建设中消费问题的实际出发，强调调查研究、详细整理材料，在此基础上，分析现象的各种发展形势，探寻这些形式的内在联系，从对实际问题的研究中找出消费关系发展变化的本质和规律。

### （三）系统分析的方法

系统分析的方法就是运用系统论的原理和原则来研究和处理问题的方法。它的主要内容是把研究客体看作一个由多因子组成的系统，从系统总体出发，研究系统的组成要素，系统的结构与功能，系统与周边要素的关系，系统的动态控制和优化组合等。消费经济学研究消费经济问题，就是要把消费过程看作一个由多因素组成的复杂的动态系统，按照整体性、目的性、有序性原则，对消费需求、消费水平、消费结构、消费方式、消费市场、消费者行为等方面进行全面、系统的考察和研究，从中找出起决定性作用的因素和次要的从属因素，从整体上把握消费现象的本质特征。

### （四）比较分析的方法

比较分析包括纵向比较和横向比较。纵向比较又叫动态比较，是从时间上、历史上进行比较；横向比较是从空间上进行比较，即不同地区、不同国家的比较。消费经济学的研究，必须学会并运用好比较的方法。即必须认真学习和分析一切对我们有用的先进经验，包括世界上其他国家的有用经验，进行对比分析研究，为我所用，有所借鉴而不盲目地照抄照搬。任何科学理论的发展，都有借鉴继承和扬弃的问题。消费经济学和其他学科一样，都必须坚持经济理论的革命性和科学性的统一。任何新社会都是以往历史发展的继续。中国特色社会主义经济建设，以及它在消费领域的发展，可以也应该继承中国优秀的传统文化，借鉴发达国家先进的消费经济学理论成果和应用经验，结合中国的具体国情，在比较中丰富和发展我国的消费经济学，解决我们在发展过程中所遇到的各种具体问题。

### （五）实证分析和规范分析的方法

消费经济学是一个多分支的学科体系，既有理论消费经济学，也有应用消费经济学。其学科性质决定了它既要应用规范分析的方法，也要应用实证分析的方法。消费现象是成

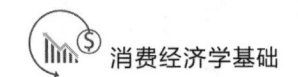

千上万人的活动所组成的复杂的总体，我们要认识它、研究它就必须反映它。这就要应用实证分析的方法，使我们真正知道这些消费现象"是什么"。在消费过程中，无论是宏观方面还是微观方面都客观存在着诸多规律，只有通过规范分析，描述和揭示这些规律，才能形成理论对实践的正确指导。这两种分析方法并不是相互排斥的，应该，而且必须把两者结合起来，互相补充，使研究更加全面、更有深度。

### （六）定性分析和定量分析的方法

定性分析是我国经济理论界常用的分析方法，它对于把握所研究现象的性质、联系及其变化具有重要作用。我们仍然要采用定性分析方法，对消费现象进行实质性的分析，探索其各方面的联系和特征。但是，随着科学技术的飞速进步，经济全球化的日益发展，各种经济主体利益关系的复杂化，多种经济参数对经济发展和消费变化都产生越来越大的作用，仅靠定性分析的方法已经难以完成对复杂现象进行深入研究的任务，必须借助定量分析的方法。

马克思说过："一种科学只有在成功地运用数学时，才算达到了真正完善的地步。"消费经济学在研究过程中，还必须运用数量分析方法。诚然，数学分析方法不能成为消费经济学研究的唯一方法，因为消费经济学揭示的是人们在消费领域中的社会关系，数学方法不能揭示经济范畴的社会性质、本质联系和消费关系的发展规律。但是，任何经济现实都是质量和数量的统一。消费经济学中的许多经济范畴，如需求、收入、价格、消费水平、消费结构等，都具有量的规定性，经济范畴的联系也有其数量联系的一面。为了深入地揭示消费领域中经济现象之间的内在联系及其发展变化规律，除了要研究它们的社会内容外，还要运用数学方法，通过各种数量关系来分析它们的发展趋势和规律性。例如，研究对某种消费品的社会总需求量，就不仅取决于消费者人数、人均收入，而且要受到该种商品和其他相近商品价格的影响。因此，要确定对该种消费品的社会总需求量，就必须借助数学中的函数式，把有关变量联系起来，对大量的数据进行数学处理，从中寻找出规律。在现代西方消费经济学中，有很多利用数学模型来表述存在于两个或两个以上经济概念间的关系，应用范围很广，给我们提供了很好的方法论上的借鉴。我们应该把定性方法和定量方法有机地结合起来，对消费现象做出深入系统的研究和探索。

## 第三节　消费者及其消费行为

### 一、消费经济学所研究的消费者行为

要研究消费问题，首先要明确消费者的含义。经济学所考察的消费者，是指能够做出独立的消费决策的基本经济单位。它可以是个人，可以是家庭，也可以是团体。由于通

常情况下消费活动都是在家庭内部进行的，因此，消费者也就主要是指个人和家庭。常识告诉我们，消费者在实际生活中往往扮演多重角色，他不但是商品市场的购买者和消费者，而且是金融市场的购买者和消费者，多数人还是劳动市场的供给者。经济学研究人类的经济活动，消费经济学则研究与消费有直接关系的人类的经济活动。

作为消费者，其经济活动最一般的特征是：在获取了可支配的资源（包括收入、时间等）以后，通过一系列的选择和决策，最终将这些资源分配在不同的用途上，从而最大限度地满足自己的需要（当期需要和未来需要）。在这个过程中，消费者的决策大致包含了三个层次：①消费者的资源初次分配选择；②消费者的资源再分配选择；③消费者的资源消费—购买选择。

消费者的资源初次分配选择是指消费者将可支配收入在消费与储蓄之间进行的分配；消费者的资源再分配选择是指消费者将其可用于消费部分的收入在各类消费项目（食品、衣物、住房、交通、服务、日用品、娱乐休闲、旅游等）之间进行的分配，以及将可用于储蓄部分的收入在各类金融资产（银行存款、国债、公司债券、股票、基金、保险等）和实物资产之间进行的分配；消费者的资源消费—购买选择则是消费者将分配于各类消费项目的资源用于最终购买时，对具体商品、品牌、规格以及购买时间、地点和购买方式的选择。消费者行为的三个层次可以用图1-1表示。

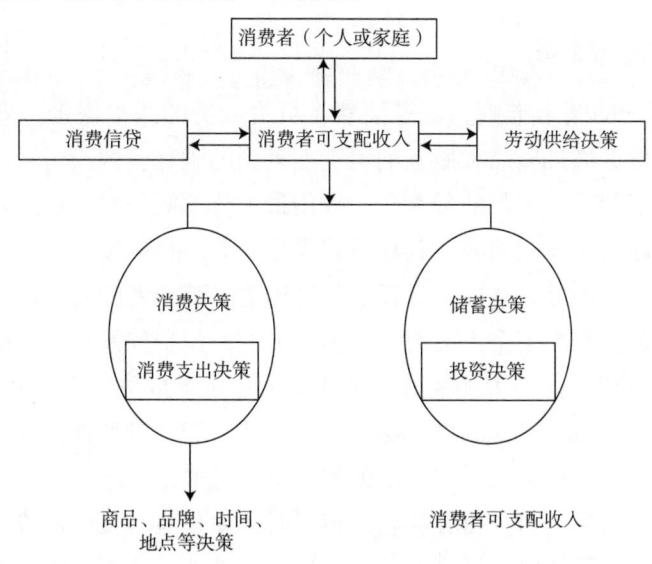

**图 1-1　消费者行为的三个层次**

把消费者行为划分为以上三个层次，主要是从消费者可支配收入的分配及使用的角度来考虑的。很显然，消费者行为的第三个层次是市场营销学所要研究的内容，前两个层次则是消费经济学所要研究的内容。此外，消费的借贷和劳动供给行为还会对消费者可以支配的收入产生影响。因此，概括地说，消费经济学所研究的消费者行为，是指消费者将其收入在各项消费支出和投资支出之间进行分配选择的全部活动过程。它包括消费者的消

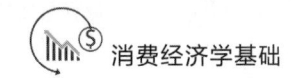

费行为、储蓄行为、投资行为、消费信贷行为和劳动供给行为。

消费经济学和市场营销学都研究消费者行为，但两者研究的角度、出发点和侧重点有所不同。站在生产者的角度，关心的是自己的产品能否卖出去以及在什么样的情况下能够顺利地卖出去。因此，通过对消费者的购买决策过程进行研究，企业可以通过各种营销努力，对消费者的购买决策施加影响，达到影响消费者选择结果的目的。而消费经济学关心的是消费者的收入在消费与投资的各项支出之间的分配对宏观经济运行将产生什么样的影响。因此，消费经济学对影响消费者收入分配的各种因素进行研究，目的是为制定宏观经济政策服务。

如果看看市场营销学对消费者行为所下的定义，我们就可以更清楚地看出市场营销学和消费经济学对消费者行为研究之间的差别。美国市场营销学教授西夫曼和卡纽克认为，消费者行为指的是消费者在寻找、购买和评价希望满足其需要的产品与服务时表现出来的行为。这包括他们买什么、为什么买、怎样买、什么时候买、在什么地方买、是否常买以及买后的感觉等。另外两位学者罗伯逊和沃德则把消费者行为定义为：消费者行为是站在购买者和消费者立场上进行的活动和行为。

## 二、消费者行为的原则和特征

### （一）效用最大化原则

这是消费者行为的基本准则，也是消费者行为分析的基本假定。效用是指商品和服务的有用性，或消费者通过商品和服务的消费而得到的满足。效用最大化就是指消费者通过对商品和服务的消费追求满足的最大化。效用最大化原则是建立在边际效用价值论的基础上的。根据这一原则，当消费者在各项消费支出上所取得的边际效用相等时，消费者所取得的总效用最大。效用最大化原则有助于从理论上对消费者的行为进行分析。但是，效用是个主观性的概念，取决于个人的偏好。由于人们的消费偏好不同，同一种商品对不同的消费者所产生的效用可能会大相径庭。效用的大小主要取决于消费者个人的自我评价，因此，不像利润最大化目标容易测量。尽管如此，从消费者对各种消费支出的安排和调整活动中仍然可以看出，消费者试图在有限的收入范围内根据自己的消费偏好尽量去满足各种不同的需求。换句话说，当消费者的收入不变时，如果他不改变消费支出的组合，说明他在现有的组合上实现了效用（满足）的最大化；如果他调整消费支出组合，说明他在现有情况下未实现效用最大化，并试图通过调整来达到最大满足。效用最大化反映了消费者在安排消费支出时所追求的目标或遵循的原则。

生命周期理论的出现，将消费者行为分析从静态引向动态，即假定消费者不仅追求特定收入水平下的效用最大化，而且追求一生的效用最大化，因而通过储蓄的存入和提取，平滑生命周期不同阶段的消费。动态效用最大化原则对消费者在消费与储蓄之间的选择、投资选择、消费信贷选择等都能做出解释。

## （二）习惯性

习惯性是指消费者现有的行为方式要受过去习惯的影响。消费者行为习惯的养成是一个长期、缓慢的过程，短期内可以假定消费习惯不变。消费者行为习惯的养成，一方面受收入水平的影响，另一方面则受消费者的价值观念和所处的社会文化环境的影响。习惯性对不同的消费者以及在不同的社会环境中会有不同的影响。相对而言，老年消费者的行为较中青年消费者更多地受到习惯性的影响；而在一个开放、变化较快的社会环境中，习惯性的影响要比在一个封闭、缺少变化的社会中小。

## （三）不可逆性

不可逆性是指消费者的消费支出不仅受当前收入水平的影响，而且受自己过去的收入水平和消费水平的影响。与收入水平的变化相比，消费者消费水平的变化相对缓慢。或者说，消费者一旦形成某种消费水平，这种消费水平的保持会对他目前的消费行为产生影响。即如果其收入水平大幅提高，其消费水平的提高会滞后于收入的变化，在一定时间内增加的收入更多地转为储蓄；而如果其收入水平大幅降低，消费者在一段时间内仍会试图维持原来的消费水平，他可以通过减少储蓄、提取储蓄或者借贷来达到这一目的。在凯恩斯后来对消费与收入关系的研究中，众多的消费函数理论都证实了消费者行为不可逆性的存在。人们常说的"由俭入奢易，由奢入俭难"反映的就是消费者行为不可逆性的一个侧面。在实际的经济运行中，消费支出变化落后于收入水平的变化，有助于缓解经济的周期性波动。当然，消费支出变化的不可逆性也是相对而言的。短期内，消费支出的变化滞后于收入的变化；长期来看，当期收入仍是决定当期消费支出水平的最重要变量。

## （四）示范性

消费者的行为方式不仅受自身的收入水平、消费习惯的影响，而且受周围其他人的消费方式的影响，这就是消费者行为的示范性。在社会生活中，每个人的行为方式都受其他人的影响，同时对其他人产生影响。这种示范作用的大小，与消费者的性格、社会交往活动的范围和程度等有很大关系。在消费者行为的示范作用上，社会阶层、"关系集团"、社会消费风气等都有着重要的作用。早在100多年前凡勃伦就看到，在社会各个阶层中，较低阶层往往以较高阶层的生活方式为标准，后者对前者具有示范作用。社会学家还发现，每个人都生活在一定的社会关系中，属于一定的"关系集团"，同时"关系集团"也是人们行为方式的"参考集团"，团体内部成员的消费方式在成员之间具有很强的示范作用。此外，当人们的价值观念更强调社会认同而不是个性的张扬时，消费者行为中的示范作用更突出。

## （五）非理性

消费者的行为会受多种因素的影响，不仅包括当前和过去的收入水平、消费习惯、他人的示范作用，还包括心理因素。研究表明，由于人们的认知不协调、受人格——情绪

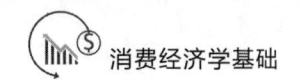

定式和个性—偏好演化等的影响，在不同的情境下对待风险会有不同的态度，从而表现出各种非理性的决策特征，如不符合效用最大化的决策目标、不满足边际效用递减规律、不考虑收入约束条件等。

**本章小结**

本章简要阐述了经济学对消费问题的认识和研究的历史发展过程，根据当代经济学对消费研究的发展总结出了消费经济学的研究对象，并界定了消费者行为及其特征。

经济学对消费问题的认识和研究是随着经济学家所处历史条件而发展变化的。在资本主义生产方式发展初期，古典经济学家认为消费特别是奢侈性消费是非生产性的，不利于国民财富的增加，因此需要通过征税加以节制。19世纪中期以后，随着资本主义生产的发展，生产和消费的矛盾逐渐显现，经济学家开始认识到消费对社会生产发展的促进作用，此时新古典经济学的主要创始人马歇尔的需求理论为微观经济学奠定了基础。20世纪30年代，资本主义世界大危机以后发展起来的凯恩斯主义经济学，看到了消费在社会经济运行过程中所起的重要作用，从有效需求理论出发研究资本主义经济危机，建立了消费函数理论，并对社会消费趋势进行了分析，对消费经济学的发展具有重要影响。20世纪50年代以后，经济学对消费问题的研究出现了一些新的特点，更加重视对消费者行为的研究、对家庭的研究及对消费者跨期行为的研究。马克思主义经济学根据社会再生产过程的不断循环论述了生产与消费的关系，强调生产决定消费，同时强调消费对生产有积极的反作用。

消费经济学是以消费为研究对象的经济学，其研究范畴包括宏观消费问题和微观消费问题。微观消费问题侧重对消费者与收入分配决策相关的行为研究，包括消费者的消费行为、储蓄行为、消费信贷行为、投资行为、劳动供给行为等；宏观消费问题则从宏观的角度考察全社会的消费活动、总消费支出的变化、社会消费结构和消费方式的变化及其对经济的影响。微观消费研究是宏观消费研究的基础，宏观消费研究是微观消费研究的目的。

经济学所考察的消费者，是指能够做出独立的消费决策的基本经济单位。消费经济学所研究的消费者行为，是指消费者将其收入在各项消费支出和投资支出之间进行分配选择的全部活动过程，包括消费者的消费行为、储蓄行为、投资行为、消费信贷行为和劳动供给行为。消费者的行为遵循效用最大化原则，并具有习惯性不可逆性、示范性和非理性的特征。

## 思考题

一、名词解释

消费者,消费者行为,消费者行为的非理性,消费者行为的不可逆性,消费者行为的习惯性,消费者行为的效用最大化。

二、简答题

(1)古典经济学对消费问题的认识以及这种认识所产生的背景是什么?

(2)简述消费问题在新古典经济学和凯恩斯经济理论中的地位。

(3)当代经济学消费研究的发展。

(4)分析消费经济学研究对象中微观消费与宏观消费的关系。

(5)观察并举例说明消费者行为的特征。

# 第二章　消费链

> 学习目标
> （1）了解微观消费链、宏观消费链的产生。
> （2）明确微观消费链、宏观消费链的表现形式。
> （3）了解消费方式和消费。
> （4）掌握可持续消费的含义和原则。

# 第一节　微观消费链

经济运动的消费链始终左右着消费者，生活消费、社会消费、科研生产消费无时无刻不在影响着消费者的消费思维意识和消费行为。

## 一、微观消费链的产生

自人类消费品有了剩余之后，就开始了物与物的交换，如游牧民族，用牛、羊、马换取内陆地区的瓷器、粮食、绸缎、布匹等。这是初级的产品交换，虽然已经存在着相互依赖的关系，但是它是简单的、区域性的、直线的交换关系，具有自发性，还没有形成社会化的消费链的链环关系。

随着冶炼和加工业的发展以及生产力的发展，社会进入了家庭和手工业作坊的生产方式阶段。产业、行业有了初级的分工后，在把剩余产品以货币这种特殊商品等价进行交换的过程中，由个人与个人之间的交换开始，再到集体、群体之间的消费交换，初步形成了微观消费链，但由于商品的生产和商品交换不发达，所以不会产生经济危机。

随着科技生产力的发展，社会在进入资本商品生产和资本商品交换后，商品消费交换范围也扩大了，出现了跨地区、跨国家的国际贸易。微观消费链就是这样逐步形成和发展的。

## 二、微观消费链的表现形式

### （一）个体生产和消费促成消费链的形成，并拉动其组成因子的联动

例如，一位农民耕种3.33公顷地，为此他购置了一台拖拉机进行耕地、播种，随之又购置了收割机、脱粒机等配套机械。获得利润后，他买了房子，对房子进行了装修，买了彩电、冰箱等家用电器。后来为了工作和生活需要，他又购置了小轿车。农闲时，他们一家人开始外出旅游。这样我们从这位农民消费中可以看到，拖拉机—收割机—脱粒机—

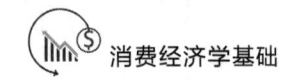

房子—装修—彩电—冰箱—轿车—旅游等就组成了这位农民一家的消费链。因为这个消费链只体现在个体身上，所以形成的消费链只能是微观消费链。每个或每一类产品的消费是科研生产消费及服务产品消费联动运动规律的链条。

### （二）个人消费与消费链拉动消费

由上面的例子我们可以看出，个人工作获取了自己的收入，如劳动报酬（包括工资和奖金），用于个人直接生活消费或购买用具等其他的生活消费，都是通过消费链的运动来拉动全面消费的。

### （三）微观消费链表现出的供求关系与生产消费的自动调节

人们在市场上采购商品时都会遇到某些商品价格的上下波动。某些商品在一段时间内供不应求，价格上涨；过一段时间或一个周期，价格又会回落。这是微观消费链在供求关系中的反映。商人会迅速捕捉信息，将该类商品从供过于求的地区（该地区的这类商品廉价）迅速贩运到供不应求的地区，从而获得较高的利润。当该地区的供不应求现象开始缓解时，又会导致该类商品降价。

另外，生产消费增加使微观消费链出现暂时失衡。例如，某城市市场上生姜供不应求，农民在来年就多种生姜，由于农民种植的生姜过多，甚至超过了社会的需求量，其价格必然会降低。这又会影响着次年的生姜种植量和供求量。

## 三、微观消费链对企业的调节

### （一）消费链与企业

消费是生产竞争的牵引力。一切生产消费都是围绕着消费去竞争生产的。如何决定生产消费的投资，取决于对消费市场的调研、决策。首先，要调研消费市场，目的是为寻找投资产业进行准备。其次，要调研商品销售供求关系现状，目的是了解该行业消费链运动的状况。若该行业消费链不协调，导致供不应求，或者是外在的原因产生突出的发展态势，而且有巨大的消费市场，投资者就会迅速投资该行业的生产消费。这一过程就是企业投产前的可行性分析论证。

一般的、常规的消费品生产中，在采用新技术提高产品质量、降低生产消费成本的情况下，拉动了消费链的突出发展，影响着市场对消费者的竞争。

营销者选准了某行业的市场，并选准对消费有竞争力的产品，同时又有一个好的营销模式，迅速成立企业，参与市场对消费者的消费竞争，拉动了消费链的突出发展。

总而言之，消费牵动着消费链的形成。消费链所反映出的供不应求是新生企业和企业发展的机遇，是增加新就业的机遇。

### （二）消费链与企业倒闭

在竞争中企业有优胜者，也会有失败者。总之，若是对消费链的运动认识肤浅，或者根本驾驭不了消费链的运行规律，企业必然会出现亏损，遭到市场的淘汰甚至倒闭。

## 第二节　宏观消费链

宏观消费链是微观消费链的集中表现，微观消费链是宏观消费链的具体表现。

### 一、宏观消费链的产生

宏观消费链产生于商品的生产和交换进行跨地区、跨国家的交换过程中，特别是在第一次工业革命和第二次工业革命以后，国际贸易的迅速发展，使地区与地区、国家与国家、企业与企业之间的三大消费关系更加相互依赖、相互促进发展，即产生了宏观消费链。

第一次工业革命促进了贸易国际化。这种国际贸易的力量十分巨大，不仅改变了财富的积累程度，甚至改变了社会结构和知识构成。同样，国际贸易发展到哪里，宏观消费链就发展到哪里，形成宏观消费链的发展规律。第二次工业革命使美、法、德、英等发达国家的联系更加密切，他们的消费链从宏观上紧密结合在一起。宏观消费链担负起国际贸易中资本商品的生产和交换连接的必然责任，经济发展使其更加相互依赖，形成一损俱损的利害关系。

### 二、宏观消费链的作用

在宏观贸易的商品交换过程中，跨国家、区域的国际贸易相互依赖，紧密地连接在一起，如果某一个国家、地区出现经济危机，会导致整个消费链中的其他国家或地区也出现经济危机，从而导致国际化危机的发生。

宏观消费链被垄断经济破坏而可能导致经济危机的发生。在经济发展过程中，出现较大的行业垄断企业，以无限追求利润为目的进行商品生产和商品交换，就会导致商品生产和商品交换高度集中、垄断商品市场价格等。它不是依靠市场供求关系和价值规律来进行调节，而是人为制造供求关系的失衡，使消费链失衡，导致生产与消费脱节，从而导致经济危机，这是垄断者只围绕攫取利润而造成的结果。

### 三、国家调控三大消费保证宏观消费链紧密协调运行

在商品生产和交换过程中，消费市场规律存在积极作用，也存在消极作用。国家利用经济杠杆和行政手段干预经济，促进了国民经济的复苏和持续发展，同时推动了社会的进步。

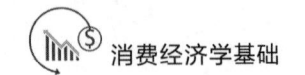

### 四、宏观消费链的协调运行与科学发展观

经济发展有其自身的规律。一是尊重经济发展规律，发挥它积极方面的作用；二是用国家的力量抵制它的消极作用。作为上层建筑的国家和政府，运用各种行政的、经济的、法律的手段完全能够对宏观消费链进行协调，保证消费链相互紧密地协调发展。另外，我们也应看到，当国家不能科学地干预经济规律时，就必然导致消费链失衡，发生经济危机。

### 五、消费方式结构和消费链

#### （一）宏观和微观的消费链结构

宏观消费链结构是社会总的三大消费的比例关系结构，即科研生产消费一定适应生活消费、社会消费的需要。宏观消费链决定了科研生产消费必须超前于生活消费、社会消费，而且必须保持一定的比例。因为科研消费发展水平决定着生产消费发展的水平，科研生产力的发展影响着生活消费、社会消费的消费链结构，它们相互紧密依赖、协调地发展。如果生活消费链和社会消费链与科研生产消费链失衡，即消费购买能力满足不了生产消费的需要，必然出现生产过剩，严重时会导致经济危机。然而生活消费、社会消费的突出发展，必然牵动科研生产消费的发展。所以在生产消费过程中，必须同时保证提高劳动者收入的生产消费成本，提高人们生活消费的购买力，提高科学研究的消费成本和进行社会消费的劳动者的收入，降低生产过程和经营过程中的利润，这是发展新生产力的保证，通过生活消费、社会消费拉动生产消费，即保证三大消费结构消费链紧密协调发展。

#### （二）微观消费方式和消费链结构

1. 微观生活消费链结构

微观生活消费链结构是由消费购买能力决定的，它的比例规律即恩格尔定律。19世纪中期，德国统计学家和经济学家恩格尔对比利时不同收入家庭的消费情况进行了调查，研究了收入增加对消费需求支出构成的影响，提出了带有规律性的原理，由此被命名为恩格尔定律。其主要内容是指一个家庭或个人收入越少，用于购买生存性食物的支出在家庭或个人收入中所占的比重就越大。对一个国家而言，一个国家越穷，每个国民的平均支出中用来购买食物的费用所占比例就越大。因此，恩格尔系数是衡量一个家庭或一个国家富裕程度的主要标准之一。

一般来说，在其他条件相同的情况下，恩格尔系数较大，作为家庭来说则表明收入较低，作为国家来说则表明该国较穷。反之，恩格尔系数较小，作为家庭来说则表明收入较高，作为国家来说则表明该国较富裕。恩格尔定律主要表述的是食品支出占总消费支出的比例随收入变化而变化的趋势，揭示了居民收入和食品支出之间的相关关系，用食品支出占消费总支出的比例来说明经济发展、收入增加对生活消费的影响程度。恩格尔定律的

公式：食物支出对总支出的比率（$R_1$）＝食物支出变动百分比÷总支出变动百分比×100%

或食物支出对收入的比率（$R_2$）＝食物支出变动百分比÷收入变动百分比×100%。（$R_2$ 又称为食物支出的收入弹性）

恩格尔定律是根据经验数据提出的，它是在假定其他一切变量都是常数的前提下才适用，因此在考察食物支出在收入中所占比例的变动问题时，还应当考虑城市化程度、食品加工、饮食业和食物本身结构变化等因素对于家庭食物支出增加的影响。只有达到相当高的平均食物消费水平时，收入的进一步增加才不对食物支出发生重要的影响。

恩格尔系数是根据恩格尔定律得出的比例数，是表示生活水平高低的一个指标。其计算公式如下：

$$恩格尔系数 = 食物支出金额 \div 总支出金额 \times 100\% \qquad (2-1)$$

除食物支出外，衣着、住房、日用必需品等的支出，在不断增长的家庭收入或总支出中，所占比重上升一段时期后也同样呈递减趋势。

恩格尔系数是国际上通用的衡量居民生活水平高低的一项重要指标，一般随居民家庭收入和生活水平的提高而下降。

2. 人们衣、食、住、行等不同方式的消费结构

人们收入和生活消费的方式及消费结构与产业结构决定着宏观生活消费方式。家庭和个人的生活消费方式和结构是由个人和家庭总收入的购买力决定的，又同时受消费意识的制约。有同样购买力的个人或家庭，由于消费意识的不同，消费方式也不同。

消费方式和消费结构还受社会环境、文化、生活习俗等因素的影响。研究人们的消费方式和消费结构，引导人们新的消费意识，创造新的消费方式和消费结构是科研生产消费及经营者的首要任务，是从微观消费链观察、分析、研究、牵动经济自然规律发展的重要责任。

3. 微观消费链的价格运动

微观消费链的价格运动是连环的运动，从一点的变化牵动全局的变化，如粮食涨价，就牵动与粮食有关的行业、产业和人们生活消费的连环波动。

物价上涨幅度如控制在适度水平对经济发展有利，将促进生产消费，提高就业率，拉动经济的全面发展。但是，大幅度的物价上涨是宏观经济链严重失衡的表现。

4. 微观消费链与不同层次消费的运动规律

（1）消费链的运动规律。在商品生产和商品交换过程中，凡是满足人类一般的三大消费需求的消费，反映的是大众商品消费的价格、价值链及一般工薪阶层和普通劳动者收入购买力能力、消费方式与消费水平。一般生活消费品，从生产消费定位到大众化的直接消费过程，形成的消费链的规律和高档生活消费品拉动"五高"（高速发展、高税收、高积累、高科技和高消费）的规律，称为一般消费链的运动规律（又称"二八规律"）。这一规律的消费链的正常运动发展会使其由低级阶段向中级阶段、高级阶段发展，拉动经济的快速发展。

（2）消费与低消费链。低消费链属于一般消费链范畴，但是它反映的是商品消费链在低生活消费水平运转的规律。用国家的力量，对弱势群体和贫困群体加以救助，提高他们的消费社会生产力水平，提高他们的收入和生活保障，使他们的生活水平提高到一般生活水准，从而拉动国内的经济发展。

（3）消费与高消费链。人类已进入了科学技术日新月异的新阶段，新的科学技术的消费、生产的消费，创造出的消费品在不断地推动消费经济社会的进步和高速发展。高科技创造的高消费及高消费链拉动着经济高速发展。高消费创造出的高税收、高积累、高速发展又作用于高新技术的发展。高科学技术生产力又创造出高消费的消费链的联动发展规律。

在高消费链拉动经济快速发展的同时，应看到在消费人群中，高消费人群的比重较小，只占15%～20%。如果社会的高消费、生产的高消费脱离了80%的消费人群，就会导致宏观消费链的失衡，从而导致经济危机。因而，国家的力量要高度重视弱势的低消费人群和大众消费人群的消费发展及其与高消费人群的矛盾关系的解决，才能保持经济持续快速地发展。

5.消费链与三大消费

三大消费运动相互依赖、紧密结合，结成宏观的消费链，它们是在相互矛盾对立统一的运动过程中，结成消费链的联动关系。

生活消费、社会消费牵动着科研生产消费的发展，生产消费又决定着生活消费、社会消费的水平和消费方式。社会消费还包括人们公共设施的生活消费，如铁路、公路、高速公路、民航运输、海运客运、公园旅游设施等。

如果生活消费品的生产能力低于生活消费品的购买力，就会出现供不应求的现象。如果生活消费品的生产能力高于生活消费品（应扣除周转过程必需的产品）的购买力，就会出现生活消费品供过于求的现象，这是自然经济规律的必然现象，既要尊重自然经济规律，发挥它的积极作用，又要减小它的负面作用。

在实际的经济活动过程中，三大消费对经济发展的牵动是极其复杂的，但它的规律不变。

中国是一个发展中国家，而且是一个发展较快的国家。中国社会的消费需求量极大，是牵动中国经济长期、持续发展的动力。14亿中国人的生活消费和社会消费，为整个世界提供了巨大的消费市场，它不仅能拉动中国经济的快速发展，而且能拉动世界经济的发展，这是不以人的意志为转移的规律。

# 第三节　可持续消费

## 一、可持续消费的含义

2002年，在约翰内斯堡召开的世界可持续发展峰会做出的主要承诺中，最重要的就是改变世界不可持续的消费和生产方式。在峰会之后，联合国环境规划署（UNEP）及联合国经济和社会事务部发起了马拉喀什进程，具体实施约翰内斯堡计划中要求的可持续生产与消费十年发展进程的框架。马拉喀什进程已经在全球范围内举行了多次磋商，以确定各区域在可持续生产和消费方面的需求和优先发展领域。

中国政府高度重视可持续发展。在消费环节，要大力倡导环境友好的消费方式，实行环境标识、环境认证和政府绿色采购制度。在中国，促进节能减排，构建资源节约型和环境友好型社会已经成为环保工作的重要任务。构建环境友好型社会的基本任务是建立可持续生产和可持续消费模式。

1994年奥斯陆专题研讨会上正式提出"可持续消费"一词。1994年，UNEP在内罗毕发表《可持续消费的政策因素》报告，首次将可持续消费定义为：提供服务以及相关的产品以满足人类的基本需求，提高生活质量，同时使自然资源和有毒材料的使用量最少，使服务或产品的生命周期中所产生的废物和污染物最少，从而不危及后代的需求。

## 二、可持续消费是当今消费主题

从人与自然之间的关系上来说，消费的可持续性主要是指人满足消费发展需要时不能超过生态环境承载力的限制，消费要有利于环境保护，有利于生态平衡。它既要求实现资源的最优和永续利用，也要求实现废弃物的最小排放和对环境的最小污染。毫无疑问，生态环境承载力一旦被突破，消费就没有可持续性。由于各种高消费、炫耀消费、攀比消费等都毫无意义地增加了资源消耗，加剧了环境破坏的程度，所以都不是可持续消费。

可持续消费必须是发展的，因此，消费停滞不是可持续消费。

可持续消费对消费观念、消费习惯、消费结构、消费方式提出了新的要求：既要反对过分节俭，只满足温饱而忽视消费的发展性的消费；又要反对奢侈消费，特别是反对不加节制地只注重物质享受，忽视生态环境，忽视社会公正的消费。

## 三、可持续消费的原则

### （一）适度消费原则

适度消费原则要求坚持以人的需求为出发点，以人的健康生存为目标，逐步减少无

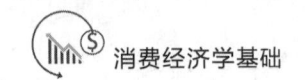

意义消费和对人类健康无益甚至有害的愚昧消费等。过度消费是超出了人自身正当需要的消费，实际上也并没有提高消费水平或增进消费效果，却消耗了更多的资源，本质上只是满足了一些不合理的社会与心理需求。过度的多余消费也许可以为企业带来滚滚利润，但从整个人类社会的可持续发展来说却是弊大于利。

### （二）公平消费原则

公平消费应该体现在提倡面向全体公民的消费模式上，不鼓励或限制少数人的高消费、超前消费、挥霍消费及畸形消费。

### （三）以人为本的消费原则

以人为本的消费原则指的是在消费结构上要形成合理的比例，实现人的本质以及人的全面发展目标。这里特别要注意在消费结构中不断地提高精神文化消费比重。消费结构不合理主要表现在享受型、攀比型、形式化的消费在消费结构中所占比重过大。在总体消费中，增大精神文化消费比重；在物质消费中，增加绿色产品的消费比例，把对环境有害的各种消费控制在最低限度；生存资料在消费结构中的比重下降，享受资料、发展资料在消费结构中的比重逐渐上升；等等。

人的全面发展是人的本质要求，是建立未来社会的重要基础，是文明社会发展的必然趋势。人的全面发展应该包括：人的物质的、精神文化的消费需要和生态需要得到满足，人的能力得到充分发挥，人的个性得到充分发展，人的素质得到全面提高。

可持续消费特别强调精神文化消费在整个消费中的地位，强调不断提高精神文化消费在整个消费中的比重。所以，可持续消费对于人的全面发展，对于促进人类社会进步具有十分重要的意义。

可持续消费的核心理念就是绿色、适度、文明和健康。

绿色主要是指绿色消费，崇尚自然是人的本性，面对日益恶化的生态环境，人们渴望回归自然，和自然融为一体。这种渴望体现在工作、生活、休闲等方方面面，尤其是包括人的衣、食、住、行在内的绿色消费方式是人类回归自然的重要途径。绿色消费也已成为一种国际时尚。人们以绿色消费来表明自己的环保意识和文明生活。

通过树立绿色消费意识，从绿色消费开始，通过绿色市场推动对生态技术的需求及绿色生产的发展，拒绝会带来环境污染和破坏生态平衡的消费方式，形成有利于保护环境的经济转变，发展可持续的消费方式。

适度主要是指适度消费，是同过度消费、被迫消费和消费不足相比较而言的。换言之，人们的消费总是受到一定的"度"的限制。关于个人消费，恩格斯指出：一是生存；二是享受；三是发展和表现自己。因为生存不只是活着，还要过健康的生活，而且，人们在基本生活需求得到满足之后，希望提高生活水平，提高消费档次，改进消费方式，追求更多的享受。这种享受是发展和表现个人个性和才能的条件，因而当达到一定的消费水平时，它是完全必要的。但是，个人生活消费不能是自由放任的，它随时随地都应该受到道德的制约，即受到一个人内心的道德意识和外界的道德环境的制约。

健康主要是指健康的生活方式，简朴生活崇尚精神生活需求。精神上得到享受和乐趣，在新的消费文化中，这是比物质消费层次更高的目标。人们不必为赚钱疲于奔命，而是有了较多的闲暇。它从两个方面为提高生活水平创造条件：一是放慢生活节奏；二是有时间丰富自己的社会生活、心理生活和精神生活。简朴、健康的生活符合人类建设可持续发展社会的要求，它是一种新的生活方式。它不仅符合自然的本性、保护生态的要求，同时更符合人的本性和需要，有助于人的个性全面自由地发展。因而，它是一种有更高生活质量的新的生活方式。

## 本章小结

本章阐述了微观消费链与宏观消费链的结构与表现形式，表明消费牵动着消费链的形成。城市主流消费人群因工作、学习、商务、休闲、社交等目的在生活中进行一系列的消费活动，这些消费活动的范围主要集中在城市商圈，消费链则是由城市主流人群类型、人群城市商圈一次或多次的消费行为以及多个消费目的地构成。三大消费运动相互依赖、紧密结合，结成宏观的消费链，在相互矛盾对立统一的运动过程中结成消费链的联动关系。宏观消费链是微观消费链的集中表现，微观消费链是宏观消费链的具体表现。

从宏观层面上来开，消费结构与人均收入水平之间存在着趋势性的变化关系，恩格尔系数和恩格尔定律解释了人均收入水平与消费结构水平之间的变动趋势。

从人与自然之间的关系看，消费的"可持续"主要是指人们对其消费需求的满足不能超过生态环境的承载能力，消费要有利于环境保护，有利于生态平衡；从人与人之间的关系来说，消费的"可持续"要体现代内公平和代际公平；从人与时间的关系来看，消费的"可持续"要体现为发展，即随着经济的发展和社会的进步，人们的生活质量要不断提高。

可持续消费倡导适度消费、低碳消费和文明消费的原则。作为可持续发展的基本内涵之一，可持续消费要求转变经济增长方式和消费方式。

## 案例分析

### 围绕消费链延伸供应链 推动文旅产业创新发展

陈献春 [1]

文旅产业综合性强、关联度大、开放度高，其最大的优势在市场，庞大的旅游市场需求是"流动的消费"经济形态。消费连接供需，只有围绕消费链延伸供应链，才能打通文旅产业供给和需求两端间的有效连接，努力把文旅产业培育成为湖南省消费的热点，从而带动形成全省投资的重点和开放的亮点。

---

[1] 陈献春，曾任湖南省文化和旅游厅厅长，现任湖南省人民政府副秘书长。

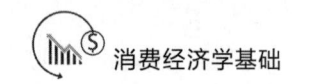

一、围绕消费链延伸供应链，构建打通文旅产业供需有效连接的文旅新场景

近年来，湖南省成立全国首个乡村旅游研究院，围绕落实乡村振兴战略，组织开展乡村文创活动，以文创引领乡村旅游创新发展。湖南省建立了全国第一家旅游新场景实验室和全国第一家数字化文旅体验实验室，以加强文化旅游消费体验新业态、新产品、新场景发展研究，开展文旅体验项目研发与应用示范。

湖南省坚持政府引导、企业主体、市场化运作原则，充分发挥企业主体作用，利用文旅产业搭建的供需对接平台，以生态做基础、以文化做内容、以旅游做市场、以科技和金融做支撑，全方位推进与农业、工业、体育、教育、健康等相关领域的深度融合，突出以文化创意为核心的智力资本，引领政府资本、产业资本、消费资本和金融资本进入文化旅游领域，保护生态、植入文态、培育业态，通过文化创意设计，着力构建能够带来极致体验、拓展深度消费的体验导向型文旅新场景，推出了浔龙河生态艺术小镇（乡村田园综合体）、文和友主题餐厅（市井文化体验空间）、地球仓（旅居体验装备）、长沙飞行体验馆（太空飞行主题研学基地）、"慧润"民宿（乡村创客基地）、体验式情景剧《关公战长沙》、非遗体验情景剧《苗寨故事》、麦咭亲子主题乐园、"屈原之路"国际徒步旅行线路等新业态、新产品、新场景，深受国内外游客青睐，取得了明显成效。2019中国景区创新论坛在湖南举办，并组织现场考察推介近年来湖南推出的体验导向型文旅新场景案例。

二、围绕消费链延伸供应链，推动实施体验导向型文旅新场景革命

总结湖南省构建文旅新场景的实践探索，推动实施体验导向型文旅新场景革命，要正确处理好以下三个关系。

1. 处理好文与旅的关系

文化的最大优势在内容，旅游的最大优势在市场。按照文化和旅游融合发展的思路，以文化做内容体验、以旅游做市场营销、以科技和金融做坚实支撑，把文化艺术全面融入"吃、住、行、游、购、娱"各旅游要素，不断满足游客多元化、个性化、人性化、亲情化的需求，打造体验导向型文旅融合景区。

2. 处理好点与域的关系

景区（点）是全域旅游的核心资源。树立全球视野，围绕打造核心吸引物，做大做强精品旅游景区，抓好全域旅游资源整合和基础设施、服务设施配套。以融合创新的思维、以开放合作的视野，打破部门和地方利益保护的人为壁垒，按照"抓两头、促中间"的思路，一头抓好规划、政策、标准制定，另一头抓好市场促销和市场监管，中间环节是跨界联动多部门、多领域、多产业增加文旅消费有效供给，保障文旅消费供需对接到位。

3. 处理好供与需的关系

从市场需求即消费者或游客的角度出发，以满足消费者或游客以后健康生活方式的消费需求为导向，构建以极致体验为核心，以拓展吃、住、行、游、购、娱旅游六要素的深度消费为目标的文旅新场景消费链。突出以"住"要素为核心，把发展野生乡村酒店、

特色民宿、房车营地、青年旅社等特色住宿做到极致，实现住宿设施小型化、品牌化、连锁化，具有一定的私密性，再用自驾、骑行、徒步等户外活动连接周边 1~2 日游，真正做成小而美的度假产品。从市场供给即旅游开发者或文旅企业出发，提供满足消费者或游客以后健康生活方式的一切消费需求，能够提供特色鲜明、可以带来极致体验、有品牌、质量高的产品供给，形成旅游市场需求拉动第一、第二、第三产业相关企业提供的定制化、规模化、有品牌、有颜值的特色产品供应链。

三、围绕消费链延伸供应链，推动全域旅游创新发展

从旅游客源地需求的角度重新审视旅游目的地建设，以线路统筹推动全域旅游创新发展，重点抓好以下六项工作。

1. 深研旅游客源市场

坚持以游客为本，积极适应游客在不同年龄段、不同出行方式、不同旅游季节和异地居家式生活体验等方面的消费新需求，贴近游客需求，不断创造新供给，实现旅游市场细分化、旅游产品特色化、旅游营销专业化和旅游服务精细化。要特别注重挖掘和释放民生需求的文旅消费潜力，推动旅游业与科技、教育、文化、卫生、体育等民生事业深度融合发展。

2. 打造旅游核心吸引物

无论是以龙头景区带动"景城一体化发展"、依托知名文旅小镇促进城乡旅游一体化发展，还是把整个区域看作一个大景区，整合资源实现"处处是景、时时见景"的全域覆盖一体化发展，都必须培育核心吸引物，抓重点、求突破，打造旅游核心吸引物。

3. 统筹推进精品线路建设

优化全域旅游空间布局，加强体验导向型文化旅游产品研发能力建设，突出抓好精品景区—文旅小镇—特色村寨三大环节，推动文化旅游资源向精品线路整合、文旅公共服务向精品线路配置、文旅市场监管向精品线路覆盖，打造体验导向型精品旅游产品线路。

4. 突出文化创意引领

从消费需求看，以城市人下乡为例，乡村旅游的消费主体是有较高文化素养、审美品位和较强消费能力的城市中青年人群，要注重乡村旅游的文化感知和氛围体验，组织开展文旅创意设计大赛，加快培育一批乡村旅游创客基地和旅游创客，充分挖掘透着乡情、乡俗、乡恋、乡愁的原生地域文化，将传统民俗与时尚创意完美融合，构建具有城乡景观反差的文旅新场景，以文创引领推动乡村旅游转型升级。

5. 发挥企业主体和项目带动作用

坚持政府推动、企业主体、市场化运作原则，重点培育一批全国一流、顶天立地的龙头骨干文旅企业集团和旅游服务品牌，引导支持发展充满创新活力、铺天盖地的文旅中小企业和旅游创客。要坚持重点项目带动，整合文旅资源，发挥文旅产业综合功能和乘数效应，撬动"通景公路""观光轨道"等重大基础设施建设，拉动房车、直升机、游艇游轮等装备制造业发展，促进"湘品出湘""湘品出境"。

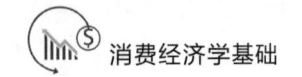

6.提升旅游目的地的社会治理能力

全域旅游是以旅游的名义、从旅游的角度对目的地社会治理进行变革。要深化体制改革，构建文化旅游综合产业综合抓的体制机制，推进多规合一，实施全域文明创建，坚持依法治旅，落实县级以上人民政府的属地管理责任、涉旅部门的监督责任、涉旅企业的主体责任，提高旅游目的地社会治理能力。

**相关问题**

（1）消费链在本案例中起到了什么作用？请结合案例具体分析。

（2）说说本案例给你的启示，试从在现实生活中如何运用消费链这个角度出发进行分析。

## 思考题

一、名词解释

恩格尔定律，可持续性消费，消费链，微观消费链，宏观消费链，二八规律，恩格尔系数。

二、简答题

（1）简述微观消费链的表现形式。

（2）简述微观消费链对企业的调节方式。

（3）简述宏观消费链的作用。

（4）简述微观消费链与不同层次消费的运动规律。

（5）简述可持续消费的原则。

# 第三章　消费结构

> 学习目标

（1）通过本章的学习，对消费结构进行分析，判断一个国家的宏观经济发展水平状况。

（2）学会利用一些指标来比较各国消费结构的异同，从而预期消费结构的变动趋势。

（3）了解消费结构的定义及相关概念。

（4）掌握消费结构的影响因素。

（5）明确消费结构与产业结构的关联。

# 第一节　消费结构的含义与影响因素

## 一、消费结构的含义与分类

### （一）消费结构的含义

在一定的社会经济条件下，人们（包括各种不同类型的消费者和社会集团）在消费过程中所消费的各种不同类型的消费资料（包括物质资料和服务）的比例关系，就是消费结构。消费结构有实物和价值两种表现形式。消费结构的实物形式是消费结构最基本和最原始的形式，指的是人们在消费中，消费的一系列消费资料和消费服务的实物名称以及它们各自的数量。研究实物消费结构既可以从吃、穿、住、行、用等满足基本需要方面进行分析，也可以从满足享受需要和发展需要方面等不同角度和不同层次进行分析。研究实物形式的消费结构有利于我们制定各种不同类型的消费资料生产计划和政策，为消费品的开发、生产和发展提供依据。消费结构的价值形式是以货币额表示人们在消费过程中消费的各种不同类型消费资料的比例关系，在现实生活中具体表现为各项生活支出。研究消费结构的价值形式可以计量不同类型消费资料和服务在消费总量中的支出比重，有利于组织消费品的生产和流通，实现国民经济的实物与价值的平衡。通常而言，实物形式的消费结构决定价值形式的消费结构，而价值形式的消费结构反映（或近似反映）实物形式的消费结构，而且可在一定程度上弥补实物消费结构中某些消费品不可比拟的缺陷。但是由于价格、分配方式的变化及商品化程度各自的差异，消费结构的实物形式和价值形式两者之间也存在一定程度的差异。

### （二）消费结构的分类

消费结构的分类可从不同的角度，依据不同的标准和目的来进行，从而构成一个消费结构体系。

（1）按人们实际消费支出的不同方面或消费的具体形式划分，可以分为吃、穿、住、用、行等不同形式的消费结构。

（2）按满足消费需要的不同层次划分，可以分为生存资料、享受资料和发展资料的消费结构。

生存资料是人们最基本的消费资料，一般是指维持劳动力简单再生产，保持劳动者体力、脑力以及抚育子女所必需的生活资料。享受资料是满足人们享受需要的生活资料。它是人们在满足了基本生活需要以后，能给人们带来舒适、安逸、愉快和幸福的生活资料；发展资料的消费能使人们增长知识、陶冶情操、提高素质，使人们的日常生活向较高的层次递进。享受资料和发展资料是较高层次的消费资料。人们在满足了生存需要后，会逐步要求满足享受需要和发展需要。

（3）按消费品能够提供的消费形态划分，可以形成实物消费、服务消费和精神消费的消费结构。

实物消费是有形产品的消费；服务消费一般是通过接受活劳动进行的消费，已成为人们日常生活消费的一个重要方面；精神消费是人们为满足心理需要、陶冶情操、促进身心健康而接受精神产品的消费形式，如知识、信息、理念、心理体验与审美情趣等的获得。

消费结构还可分为其他类型，如从消费的社会性质来区分，可以分为：公共或共同消费，私人或个人消费；自给性消费和商品性消费；家庭消费与非家庭消费等。从消费的作用或效用来区分，可以分为：必要的和必需的消费，奢侈、挥霍、浪费的消费。从消费对象价值的大小及重要性来区分，可以分为：低档次消费、中档次消费和高档次消费。

## 二、影响消费结构的主要因素

影响消费结构的因素有很多，既包括居民收入、价格、产业结构、人口总量等经济因素，也包括社会（阶层、家庭、关系集团）、文化、政策制度、自然环境、地理气候条件、民族宗教差异等非经济因素，其中，经济因素是影响其变动的最主要因素。这里只对一些主要因素做分析。

### （一）居民收入

影响消费结构的最重要、最基本因素是居民收入。居民收入水平的高低决定了居民购买力的大小，居民购买力提升了，消费需求层次也会随之提高，进而推动消费结构向较高层次发展，使消费结构扩大了内涵和外延，更加趋于合理。其内涵性发展体现了消费水平和消费质量的提高。其外延性发展体现了消费领域的扩大和结构升级。收入对消费结构的影响还表现在消费品的需求弹性方面。收入水平变化后，某些消费品的需求弹性变化大，而有些消费品的需求弹性变化可能不大，通过分析收入水平变化对不同消费者需求弹性的影响作用，可以看出消费结构的变化情况。

## （二）价格

价格的变化对消费结构也有着重要影响。不同消费品的价格会发生不同的变化，价格的高低影响消费品的供求，因而必然影响消费结构。在收入水平一定的条件下，消费者购买力的大小就直接取决于价格的高低，也就是说，消费者以同样的货币能购买多少不同类型的消费品，取决于这些消费品的价格状况。一般而言，某种消费品的价格上升，其需求会减少，同样，消费也会减少，反之亦然。特别是需求价格弹性大的消费品（如高档耐用消费品）更是如此。当然，某些消费者也有逆反的心理，买涨不买跌。但总体来说，价格的变化对消费结构的影响是非常直接的。

## （三）产业结构

这里需要说明的是，消费、消费需求创造了消费产业结构，产业结构把消费产业结构生产出来，并创造出消费方式、消费水平，二者是对立统一的辩证关系。

马克思关于生产与消费关系的理论指出，生产决定消费，而消费在一定程度上又影响着生产。从国际经验和产业结构演进的规律来看：因为生产的根本目的和出发点是消费，没有消费，生产是不存在的。生产使居民消费结构升级和促进消费需求的不断扩张，通过消费链上下关联度这一传导机制在产业间扩散，进而促进产业结构的调整和升级。消费、消费需求是消费牵动产业结构，调整产业结构，把消费结构和消费质量与水平生产出来。传统理论是生产决定消费和消费结构，其忽视了消费、消费需求是源头和原动力，消费主导一切这一根本，只知抓生产，导致生产过剩，从而引发了一次又一次经济危机，破坏了经济的持续发展。

## （四）人口总量与人口结构

人口总量对消费结构具有重大影响。在居民收入一定、各种消费品总量一定的条件下，人口数量影响人均消费数量，从而影响消费结构。如果人口多，人均消费品数量就少，消费结构中的"瓶颈"商品就多，因而必需品所占比重就大；反之，则奢侈品或精神消费品所占比重就大。人口结构也影响消费结构。人口的年龄结构、城乡结构、社会结构、职业结构、区域和性别结构等不同结构导致消费偏好的差异，从而使消费结构也有较大差异。当人口结构发生变化时，消费结构也会发生变化。

# 第二节　中国消费结构演变趋势

## 一、消费结构的动态变化

消费结构是一种与国情国力、社会经济发展水平和自然资源供求变动状况相适应、动态、不断发展的比例关系，在消费水平不断提高的前提下，消费资料（包括服务）的结构逐步实现向高层次、高水平的转变。消费结构还随着需求与供给的矛盾运动而不断变动。我国消费结构的变化自改革开放以来，总体经历了两个阶段，第一阶段是由供求式消费向温饱型消费转变，第二阶段是由温饱型消费向小康型消费发展。

### （一）食品类消费质量不断提高，恩格尔系数持续下降

我国居民的食品消费支出虽然一直在我国人均消费支出中占据最大份额，但随着人均收入以及生活消费支出的不断增加，食品消费支出的比重逐年下降，尤其是城镇居民食品消费支出的变化较为明显。根据联合国粮农组织的标准，依据恩格尔系数的数值，将居民生活水平分为五个等级：60%以上为贫困，50%～59%为温饱，40%～49%为小康，30%～39%为富裕，30%以下为最富裕。最能反映食品消费变动情况的居民恩格尔系数更是清晰地表明我国城乡居民的食品消费逐年下降，城镇已步入富裕生活水平，而农村也逐渐达到小康生活水平。食品消费水平不断提高，由过去简单的吃饱吃好，以谷物主食消费、油脂调味料支出为主，向品种更为丰富、营养更加全面转变。

### （二）衣着消费比重有升有降，目前趋于较稳定状态

在我国解决温饱过程中，消费结构另一个明显的变化特征是衣着消费支出总量不断增加，但无论是城镇还是农村居民，衣着支出占消费总支出的比重总体趋于下降；温饱问题解决后，向小康社会进军的过程中，居民尤其是城镇居民的衣着消费支出又逐渐呈现略微上升趋势。这表明人们已改变对衣着只需满足保暖、遮体、区分性别的基本功能的观念，并逐步转向对衣着功能的认识，讲究穿着的质量、档次、花色、品种，要求能带来美感、使人舒适、突出个性、体现身份和地位。

### （三）家庭设备及用品消费支出有所下降，但目前略有回升

随着我国城镇住房制度改革的全面开展，住房商品化的普遍推行，城镇居民住房消费支出大大增加，大大提高了居住水平和改善了住房条件。城镇居民最初随着收入的增加，对彩电、空调、洗衣机、冰箱等基本传统家用耐用品消费的需求不断增加，且支出比重也不断上升，但20世纪90年代后期开始，这些基本传统家庭耐用品消费的需求已基本饱和，支出比重逐年下降。人们对家用计算机、移动电话、家用汽车等较高消费层次、现代化创新产品的需求不断增加，同时，许多原有耐用品也进入了更新周期，国家出台的"家电下乡""家电节能补贴"政策对家电用品消费支出也有所刺激。农村居民由于消费环境的改善，农村基础设施建设的完善，而且随着农民受教育程度的提高，其接受新型消费产品、新消费方式的能力增强，对大件耐用消费品、高科技含量产品需求增加。

### （四）服务消费比重大幅提高

我国居民消费结构变化的另一个重要特点就是服务消费（包括医疗保健、交通通信、

文教娱乐）的比重大大提高。服务消费比重高低，不仅反映居民的消费水平，还反映一个国家的经济发展水平。1980年以前，我国服务消费比重极低，仅5%左右，随着人们生活水平的提高，这一比重逐年提高。总体来看，城镇居民用于文教娱乐、医疗健康保健、旅游休闲等发展型和享受型消费，带来人们生活便捷的服务型消费等支出逐年增加；但近几年，医疗保健比重略有下降，关键原因就在于生活水平的提高，生态文明理念健康生活意识的全面融入，使疾病的发生率降低或者疾病的严重程度得到缓解。

## 二、消费结构演变的规律

虽然不同国家、地区、收入、年龄居民的消费结构千差万别，但总体而言，消费结构有着共同的发展规律和趋势。随着社会科学的进步、经济的发展、居民收入的增加，消费结构的演变大体呈现以下规律。

### （一）*生存资料、享受资料、发展资料的消费结构升级规律*

从发展趋势来看，生存资料的消费总量虽会有所增长，但它在消费结构中的相对比重却会呈下降趋势，而享受资料和发展资料不仅总量会上升，在消费结构中的比重也会逐步上升。其主要原因是，生存资料的需求弹性小，而享受资料、发展资料的需求弹性较大。收入增加引起消费水平提高后，享受资料和发展资料的需求弹性会很明显地反映出来。

### （二）*实物、服务、精神文化等的消费结构升级规律*

尽管从总体上看，实物消费的绝对量有一定的增加趋势，但在人们的消费支出中，实物消费的比重呈下降趋势，而与人们日常基本生活相关的维修服务、购物服务等生活服务的服务消费，将会随着人们追求生活的方便、舒适，比重会逐步上升。另外，随着人们自身素质的提高，消费者对知识、精神文化、科技、信息在社会发展和自身全面发展中的作用越来越重视，人们在这些方面为增加技能、提高技术熟练程度的需求越来越多，投入会增多，因而人们对高层次的精神文化消费需求会大大增加。

### （三）*吃、穿、用、住、行、教育的消费结构升级规律*

根据前文对消费结构升级的分析，从长期来看，吃、穿、用、住、行、教育等消费依次作为主流商品形成消费潮流。首先，随着人们收入的增加，食物消费普遍遵循恩格尔定律，即在消费总量中的比重会逐步下降。在人们的生活消费中，吃的方面总要受到生理界限的限制，因而食物支出在消费总支出中的比重会逐步下降。这是消费结构变化的必然趋势。其次，继食物消费满足后，穿的比重会上升，然后趋于稳定，甚至略有下降。这是因为衣着方面虽日益丰富多彩，但一般有其数量限制，即增加不是无限的。当衣着需求得到基本满足后，其支出比重就会呈稳定或下降趋势。再次，随着人们吃和穿得到满足，用的支出比重会有所上升，然后趋于相对稳定。这是因为用的范围很广，产品种类不断增多，档次不断提高，而人们对用的需求是无限的。随着科技的发展，一些高档用品、耐用

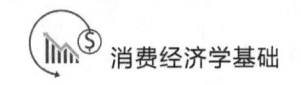

品的种类越来越多,而其价格一般较高,因此支出比重会有所提高。最后,在满足或基本满足了以上消费后,住、行和接受良好教育等需求作为支出性大的消费,在消费支出中的比重呈上升趋势。

# 第三节　消费结构与产业结构

## 一、消费结构的特征

### (一)消费结构的动力性

消费结构的动力性是指消费结构孕育着社会再生产的内在推动力。从一般意义上来说,人的需要是物质生产的推动力。马克思说:"已经得到满足的第一个需要本身、满足需要的活动和已经获得的为满足需要使用的工具又引起新的需要。"

消费结构对生产的推动作用受到特定的社会生产关系的制约,并通过该社会生产目的的中介表现出来。社会主义社会的生产目的是满足广大人民群众的物质和文化生活需要。因此,消费结构孕育着社会再生产的内在动力。因为人民群众是生产者和消费者的直接统一体。劳动力是社会生产的基本条件在直接生产过程中表现的两大要素之一(另一要素是生产资料),而且是最活跃的要素。在社会主义生产过程中,劳动者是具有生产和消费双重功能的基本要素,这决定着劳动者的消费需求可以直接转化为满足这种需求而生产的内在动力。消费结构从消费资料的构成上反映着消费水平,决定着与这一定的消费水平相适应的劳动力的再生产,从而对劳动者在生产过程中能量的释放产生重大影响。

### (二)消费结构的目的性

消费结构的目的性是指消费结构体现着社会生产的目的及其实现程度。从生产和消费之间的一般关系来说,消费是目的,生产是手段。但是,人们的消费总是在一定的社会经济关系下进行的;消费结构总是体现着特定的消费关系。一定的社会生产形式下的消费结构,从消费关系角度反映出该生产形式的生产的直接目的。社会主义消费结构体现着社会主义生产的直接目的,即最大限度地满足人民群众日益增长的物质和文化生活需要,这种需要的现实形态就是消费结构的良性变化趋势。

消费结构还反映着社会主义生产目的实现的程度。人们消费的生活资料,可以划分为生存资料、享受资料和发展资料。这三种不同的消费资料在人们消费中所占比重的变化,成为社会主义生产目的实现程度的衡量尺度。生存资料所占比重越小,享受资料和发展资料所占的比重越大,社会主义生产目的的实现的程度越高。

### (三) 消费结构的环境质量

消费结构的环境质量是指消费结构形成和发展对社会经济环境状况和自然环境状况的制约作用。任何消费活动，都必须具备三个基本要素，即消费主体（消费者）、消费客体（物质资料和劳务）和消费环境。人们的消费总是在一定的环境中进行的。消费环境对人的生存、享受和发展，对人的消费质量的提高，对消费结构的形成，都有十分重要的作用。消费结构的形成、消费结构的升级除了要受产业结构、居民收入、价格等因素的影响和制约，还要受消费环境的制约。例如，农村居民的消费结构要向小康型升级，提高家用电器的普及率，这就需要供电系统、供水系统的配合，也就是消费环境的配合。

消费结构的社会经济环境质量是指消费结构形成和发展起来的社会经济关系，特别是其中的消费关系的状况。不同的社会经济关系对消费结构的完善和优化产生不同的影响。凡能促进消费结构优化的社会经济环境，其质量就高；凡不利于消费结构优化的社会经济环境，其质量就低。

消费结构的自然环境包括两个方面：①纯粹的自然环境，如地理位置、气候条件等；②受人影响的自然环境，如大气、水质的污染程度，生态平衡的状况，噪声污染程度等。自然环境质量的好坏对消费结构的优化会产生不同的影响。为此必须创造一个良好的社会经济环境和自然环境。

### (四) 消费结构的经济效率

消费结构的经济效率是指不同类型的消费结构对社会经济发展所起的促进作用的大小。生产力发展的不同阶段制约着消费结构的阶段性特点和不同类型，但反过来，不同类型的消费结构对生产力发展的推动力的大小也是不同的。在饥寒型消费结构、温饱型消费结构中，吃穿两项消费支出在消费支出总额中占绝大比重。在小康型消费结构中，吃穿两项消费支出得到缓解，高档次的耐用消费品开始进入更多家庭。在富裕型消费结构中，吃穿消费退居次要地位，发展资料和享受资料等高档消费品占主导地位。根据消费支出的乘数效应，上述不同类型的消费结构对社会经济发展的促进效率有很大差别。但是，不同类型消费结构的选择是受诸多条件制约的。从宏观上看，不同类型的消费结构主要是由生产力发展水平决定的；从微观上看，不同类型的消费结构的选择主要是由人们的收入水平决定的，而不是人们主观随意选择的。但是，在社会生产力发展到一定阶段上，在特定的社会经济形态中，在消费品供应总量及其构成已定的条件下，关于消费结构的经济效率的选择还是有广阔余地的。选择的原则是：

(1) 消费者支出结构的最优化选择，必须与消费者需求体系内部各方面需求的发展程度的层次相适应；消费者在不同方面消费支出的比例关系与消费者对不同方面消费资料和消费服务的需求强度相适应，从而使消费结构对消费者不同方面的消费需求的满足程度最大化。方法是：通过消费者不同方面的消费支出在满足消费者不同方面需求中的边际效用的大小，判定各项消费支出的经济效率的大小。当消费支出总量已定时，经济效率最大的消费支出项目在消费支出总额中占的比重越大，消费者需求体系的整体满足程度就越高，消费支出总量的经济效率就越大。反之，则相反。

（2）消费者消费支出结构的最优化选择，必须考虑不同的消费支出的乘数效应的大小；而消费支出的乘数效应，必须有利于资源的最优化配置和充分发挥基于优势资源的产业部门的作用。

### （五）消费结构内部存量效应

消费结构内部存量效应是指一次性购买而在较长的时期继续使用的消费品对消费结构变动的影响。城乡居民生活消费的计算和统计，通常是以年为单位的，在一年的消费支出中，有些消费品是当年一次性购买，但在以后数年或数十年内能够继续使用。例如，我国居民的建（购）房支出，城乡居民购买彩电、冰箱、洗衣机、空调、汽车等耐用消费品的支出。另外，某些非耐用消费品因一次购买的数量较多，足够数年之用等，也属于这种情况。凡当年一次性购买而能在以后数年继续使用的消费品，实际上形成"消费品存量"。这种消费品存量越大，对消费结构变动规律的影响也就越大。

（1）在生活费收入和生活费支出已定的前提下，一次性购买耐用消费品支出的费用越多，对其他各项消费支出的影响就越大。耐用消费品支出在消费支出总额中占的比重越大，饮食消费、衣着消费等其他消费支出所占的比重就会相应地下降，从而引起整个消费结构的变动。

（2）在以后若干年内，即在该项耐用消费品的生命周期内，消费主体可以继续对该耐用消费品进行消费，但不需支出费用。因此，该项消费支出在消费支出总额中所占的比重会下降，而饮食、衣着和其他消费支出所占的比重会相应地上升，从而又会引起整个消费结构的变动。

（3）各种耐用消费品都有自己的生命周期。一旦它们的生命周期结束就要更新换代，上述过程就会重演。

（4）一个家庭购买的耐用消费品是多种多样的，它们购买的时间、使用的年限即生命周期是参差不齐的。因此，它们作为消费品存量对消费结构的影响是复杂的。

（5）全社会的消费者按生活费收入水平可分为若干组。由于各组家庭生活水平不同，它们购置耐用消费品的次序拥有量增长速度、更新换代的周期等也就各不相同。因此，在全社会范围内把握消费品存量对消费结构的影响就更为复杂。

（6）根据收入水平不同的各家庭组耐用消费品的普及率（每百户拥有量）和各组平均普及率的数据，可以大体上把握它们的更新周期，从而也就能把握消费品存量对消费结构变动的影响，揭示消费结构变动的规律，特别是阶段性变动的规律。由此出发来调节消费品供求之间的关系，进而搞好消费品供求之间的动态平衡。

## 二、产业结构对消费结构的影响

消费结构与产业结构是对立统一的辩证关系,消费需求创造出科研生产,科研生产消费创造出有使用价值的产品、消费方式、消费水平。产品在交换消费过程以耗散的运动规律创造出消费结构。消费结构的反作用创造出生产结构,表现在微观消费链和宏观消费链的活动过程。

### (一)产业结构的内部比例影响消费结构

由于满足人们生存、享受和发展的消费资料主要来自农业、轻工业和第三产业,因此,三大产业的结构合理与否直接影响到消费品的生产供求,从而影响到消费品的生产结构和消费结构。我国过去曾在一个时期忽视发展农业和轻工业,第三产业发展更是几乎为零,结果给提高消费水平带来一些不利影响。之后,我国调整了三大产业比例,加快了农业和轻工业,尤其是以服务业为标志的第三次产业的发展,使人们的消费水平有了较大提高,不仅基本解决了温饱问题,而且使不少城乡居民开始或已经步入了小康生活,享受资料、发展资料大大增加,消费结构有了较大变化,且逐步向更高层次发展。另外,现在正经历着以新兴的信息产业为标志的第四次产业结构的分化过程。随着科学技术的发展,知识和信息产业脱颖而出,导致新的消费品不断出现,人们的消费领域不断拓宽,将使消费结构进一步产生重大变化。

### (二)三大产业的内部结构影响消费结构

例如,农业内部种植业、畜牧业、水产业的构成对人们消费结构中的粮食、水果、肉、蛋、奶等的消费能产生直接影响。轻纺工业、食品加工业、家用电器制造业的发展会使人们的衣着、食品和日用品的消费比重增加。但是,如果纺织工业所占比重过大,而食品加工业的发展又不能适应农业发展和人们生活水平的提高,就会使基本生活的消费结构比例失调。第三产业中的生活服务业与人们的生活息息相关,其不断发展,提高了人们消费结构中劳务支出的比例,从而使消费结构产生变化。

### (三)不同的产业结构具有不同的就业和收入效应,从而影响消费结构

产业结构演进变化与就业结构变化有着密切关系,能引起劳动者报酬占比发生变化。通常,第三产业吸纳就业的能力远高于第一、第二产业,但若第三产业发展滞后会导致就业结构发生扭曲,阻碍农村剩余劳动力向第二、第三产业的顺利转移。另外,一般而言,第一、第三产业劳动者报酬占比较高,第二产业劳动者报酬占比较低。产业结构变化中,随着第二产业产值份额上升和第一产业产值份额下降,劳动者报酬份额相应下降,当第三产业在经济中占据主导地位时,劳动者报酬份额大幅上升。因此,产业结构影响就业结构和国民收入分配结构,而收入是消费的基础,由产业结构决定的就业和收入分配结构,必然影响居民消费结构升级。

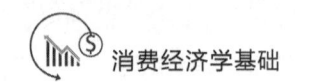

### 三、消费结构变动影响产业结构

消费与生产的关系决定了消费结构与产业结构的一般关系，马克思曾明确指出："消费创造出新的生产需要、生产的观念上的内在动机，生产的动力，生产的目的和对象。"可以说，"没有消费就没有生产，没有消费也就没有生产的动机，生产的过程是消费创造新的消费商品（产品）的过程"。因此，虽然影响产业结构变动的因素有很多，但最根本的原因还是消费结构的变动。国内外的许多经济学家们也从理论和实证的多个角度阐释了消费结构对产业结构的影响。

消费结构影响产业结构主要表现在下以几个方面。

#### （一）淘汰过时、过剩的产品和产业

消费结构变动产生出了新的需求，而需求又为生产提供目的和动力，当某种产品或某个产业的存在和发展失去了相应的市场消费需求，出现大量过剩产品，产品滞销，工厂停产，导致该产业或产品的生产不断缩小，竞争力越来越弱甚至退出市场，从而改变了各消费品产业部门在生产总量中所占比重，促进了产业结构的调整。

#### （二）刺激新产品和新产业的出现和发展

当一个国家的经济增长时，将带动国民收入增长，居民收入水平尤其是居民个人实际可支配收入水平得到大幅提高，使居民的购买力相应提高，必将推动消费结构的升级变动，消费需求在量上和质上得到大幅提升，居民需求偏好由解决生存温饱等低层次需求向追求安全、社交、尊重、自我实现等高层次需求升级，新消费需求不断涌现。此外，科学技术的进步使得高层次商品相对价格下降，高层次和低层次商品间的相对价格也会逐渐降低，在收入不发生改变的情况下，居民会用高层次商品来代替低层次商品的消费，导致居民消费结构变动。科学技术的进步，或是国际消费示范与模仿、国内外消费差异刺激等，使得产品不断创新，开辟出新的消费领域，人们不断增加对其相关产品的需求，从而引导大量人力、资本等要素转入相关产品的生产，形成新的消费品产业，而新的消费品生产部门的产品结构和产业结构的发展，又会影响与之有互补关系和替代关系的产业和产品的改变，从而刺激更多的新产业的扩张和新产品的拓展，促进产业结构有更大的调整与优化。

#### （三）调整资源流向，从而引导产业结构调整

产品结构、产业结构与消费结构不相适应，会使得一些产品供不应求，而另一些产品供过于求，造成社会资源的巨大浪费。要实现资源最优配置所必备的条件是价格体系，由于不同消费品的需求价格弹性和收入价格弹性有差异，将导致其价格也随着消费需求数量的变动呈现出或升或降的不同步变化。而价格变动会引起生产要素的转移，资源在各产业部门之间的流动。随着社会经济的发展，消费结构不断升级变动，当某一产品的居民消费增多、价格随之提高时，该产业产品的生产部门根据市场价格提高的信号将增加投资、

扩大生产，各种生产要素、社会资源从低级产业转移至高级产业，能更好地满足人们的需求，生产资料的产品结构和产业结构也得以优化、升级。随着高价位新技术产品产量的增加，成本逐渐降低，使价格降到较低水平，从而由享受型消费转变为一般消费。

## 四、合理调整产业结构，促进消费结构优化

产业结构与消费结构互相关联，产业结构变动直接影响消费结构变动，从而进一步影响产业结构和产品结构的调整，形成实现全面小康消费结构的供求基础。

### （一）合理调整农业结构

消费品的很大一部分直接或间接来自农业。要加大科技投入，调整种植业结构，继续保持粮食稳定增产，发展其他作物的生产；调整畜牧业和种植业结构，要大力发展畜牧业，发展草食动物饲养业，发展牛、羊、禽的生产；加速发展水产业，利用各种水域，如江河、水库、池塘和近海水面发展水产养殖。按照社会需求的方向来发展农业生产，合理调整农业内部结构，以符合日益优化的食物消费结构需求。

### （二）合理调整轻重工业结构

要发展食品加工工业，特别是要发展深度加工，继续开发营养品、保健食品、疗效食品和方便食品；调整纺织工业结构，发展毛纺、麻纺、丝织、呢绒、化纤等行业，发展中高档服装加工，并在花色、品种、式样、质量方面下功夫，使产品呈现多样化；合理调整日用品的生产结构，要稳定发展一般日用品的生产，稳定发展中低档家电用品、保健用品和文化用品的生产，促进耐用品的新产品开发和更新换代。另外，还要发展装饰材料和装饰用品等行业。此外，还应调整重工业及其基础工业结构，加强基础设施建设，加强新技术、新材料及新设备仪器工具和设备智能自动化发展，以及交通、能源、电力等设施建设，特别要加强农村公共基础设施建设，优化农民的消费环境，加快发展农村商贸服务业。

### （三）加速发展第三产业

在全面建成小康社会阶段，应重点改变第三产业内部水平不高，即第三产业内部过多地向生活服务业（如商业、餐饮业）倾斜，而高层次生产服务业（如金融、保险、信息技术服务等）比例过低的状况。无论是城市还是农村，这些行业的发展都仍落后于我国人均收入水平所决定的经济发展阶段的需要，特别是农村，信息服务业的发展空间很大，因为农业生产的市场导向加大了农业的市场风险，强化了农户对信息服务的需求。因此，大力发展信息服务业，有利于农业生产的发展和农民收入水平的提高。各级政府应加强对农村经济结构调整的组织指导，帮助农民分析、把握市场走势，选好适用品种，获得资金和技术、管理支持，找好销路等。在全面建成小康社会阶段，还应重点发展教育业。实现全面小康消费结构，教育娱乐支出比重应在 20% 以上。目前，我国居民这一消费支出的比

例还较低，教育状况还不理想，这对全面建成小康社会、实现全面小康消费结构极为不利。因此，在全面建设小康社会阶段，必须加大教育投入，落实消费政策，加强收费管理，加大对贫困生的助学贷款力度，同时注意教育消费的层次性，鼓励不同层次的教育共同发展，倡导国民终身教育，以全面建成小康社会和实现全面小康的消费结构。此外，还应以推动流通现代化为重点，进一步完善城乡消费品市场体系，形成四通八达、物畅其流、货真价实的消费品流通网络，方便城乡居民消费，并同时进一步优化消费环境。

### 本章小结

本章在明确消费结构概念及其影响因素的基础上，阐述了消费结构的演变趋势，说明消费结构对反映国经济发展阶段，衡量居民生活质量和福利水平的作用。进一步地将消费结构与产业结构联系起来，分析消费结构作为产业结构形成和演进的市场内生力量对产业结构的引导和制约作用，从而明确消费结构转换对引导产业结构高度化的意义。

消费结构是人们在消费过程中所消费的各种消费资料的组合和比例关系。消费结构的影响因素可以从微观和宏观两个层面分析。微观层面影响消费结构的因素，涉及的是影响个体和家庭消费选择与决策的因素。因此，从微观层面看，个人和家庭的收入水平和财富、商品和服务的相对价格、消费偏好和心理预期等因素都会影响消费结构。宏观层面的消费结构研究，是从总体（一个国家或地区）角度对消费者的支出状况进行的考察，解释不同国家（地区）之间在消费结构上呈现的差异。从宏观层面来看，受经济水平制约的消费水平、价格因素、金融市场成熟程度、福利制度，以及经济制度和政策因素、社会因素等，均会在一定程度上影响消费结构。消费结构与人均收入水平之间存在着趋势性的变化关系。恩格尔定律和恩格尔系数揭示了人均收入水平与消费结构之间的变动趋势。

居民消费增长、消费结构转换与经济增长之间存在着相互依存、相互影响的关系。消费结构是影响经济增长的一个主要的传导路径，是消费结构的转换引导产业结构的变迁，从而推动经济增长。也就是说，产业结构的变迁与消费结构的转换是高度相关的，消费结构是产业结构形成和演进的市场内生力量。

### 案例分析

2022年9月2日，京东超市联合京东消费及产业发展研究院发布《2022年礼盒消费趋势报告》，梳理了过去3年礼盒消费的整体趋势。报告发现，礼盒消费深受中国传统文化影响，"民以食为先"在礼盒消费中被集中表达，食品饮料、酒类、生鲜……80%的礼盒与吃有关；礼轻情意重，千里鹅毛是礼，岸上踏歌也是礼。礼盒最重要的是表达情意，价格亲民的礼盒更受欢迎；五花马千金裘，都不如来一杯美酒，近3年酒类礼盒消费占比的同比增幅为50%，远超其他品类。"礼"是礼品、礼物，也是礼节、礼貌，礼盒消费是一种典型的消费结构升级现象，随着居民消费水平的提升，礼盒消费的市场将持续扩容升级。

礼盒，是礼品、礼物的一种包装形式。中国人自古就讲究"来而不往非礼也"，礼尚往来既是一种礼节和礼貌，也是人际交往的一个基本原则。京东销售情况显示，近3年（2019—2021年）礼盒相关消费保持快速增长，2021年消费金额增长近50%。

（1）"民以食为先"，80%的礼盒与吃有关。京东销售情况显示，近80%的礼盒中装的是食品饮料、生鲜和酒类等与吃相关的商品，其中食品饮料礼盒的销量占比超过60%，"民以食为先"的传统饮食文化在礼盒消费中被集中表达。

（2）礼轻情意重，价格亲民的礼盒更受欢迎。京东销售情况显示，对比礼盒销量较高的几个品类，销量与均价成反比，价格亲民的礼盒销量更高，最受消费者欢迎。

（3）五花马千金裘，都不如来一杯美酒。京东销售情况显示，从礼盒的消费金额来看，食品饮料、美妆护肤、酒类、生鲜和家用电器是占比最高的品类。从近3年的变化来看，酒类礼盒消费占比的增长显著，同比增长50%，其次是美妆护肤、母婴、传统滋补和运动户外。酒，特别是白酒，是逢年过节的必备礼品之一。白酒礼盒产品在中秋期间尤为畅销，以2021年8月26日—9月23日中秋期间为例，白酒礼盒占比酒类礼盒销售的75%。2022年，白酒礼盒在年货节期间同比增长56%，在"618"期间增长30%。

2022年中秋，京东提供了3万多款白酒礼盒供消费者选择（包括茅台、五粮液、洋河、泸州老窖、剑南春、古井等1500个品牌），如茅台飞天中秋团圆季定制礼盒、五粮液中秋定制好事成双礼盒、伯珍此间珍味中秋定制礼盒等。通过一系列全方位、多层次的产品布局，真正实现了各个价格带全覆盖，以产品驱动增长。

（4）花好月圆，中秋和春节是礼盒消费旺季。京东销售情况显示，除了京东"618"和京东"双11"这样一年一度的重大消费节点外，礼盒的消费高峰出现在春节和中秋期间，花好月圆，万家团圆，节日礼盒一定要安排上！

（5）中秋尝鲜，春节小酌大补。中秋是消费者品尝时令生鲜美食的日子。京东销售情况显示，与全年礼盒消费情况相比，消费者更倾向于在中秋节购买生鲜和食品饮料礼盒；而在春节期间，跟中秋相同的是生鲜和食品饮料礼盒热销，不同的是酒类和传统滋补的礼盒更受欢迎。

（6）中国各区域礼盒消费偏好。从中国各区域的京东销售情况来看，在2021年购买礼盒的用户中，东北最偏好酒类的礼盒，华北和华东喜欢购买生鲜礼盒，而包括华中、西北、西南在内的中西部地区最喜欢美妆护肤礼盒，华南则最偏好食品饮料礼盒。

2022年中秋，京东食品生鲜准备了丰富多样、新潮好玩的礼盒产品，覆盖上百个三级类目，近万款中秋礼盒产品上新，重点IP合作款超12个，其中包括广州酒家与中国航天联名的月饼礼盒、美心与蜘蛛侠联名月饼礼盒、哈根达斯卢浮宫IP冰激凌月饼礼盒、大闸蟹与旺旺联名礼盒等，为满足消费者远程及便捷送礼需求，加速卡券类产品开发，从原有的大闸蟹卡券扩展到牛奶、鸡蛋、水果礼盒、月饼礼盒等，产品开发量同比增长64%。

（7）女性买得多，男性买得贵。京东销售情况显示，在2021年购买礼盒的用户中，

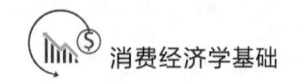

女性用户人均购买礼盒 2.6 个，是男性的 1.1 倍；而男性用户购买礼盒的均价为 138 元，是女性用户的 1.26 倍。

（8）30 岁以上人群买得多，50 岁以上人群买得贵。京东销售情况显示，在 2021 年购买礼盒的用户中，36～45 岁用户买得最多，人均 2.7 个礼盒；而 56 岁以上用户买的礼盒最贵，均价 145 元。

（9）礼尚往来，礼也悦己。随着人们生活水平的提高，悦己消费崛起。礼盒已经不仅仅用来相互馈赠，更多的礼盒被买来取悦自己。在环保理念的推动下，消费者对礼盒包装精美程度的要求降低，对其实用价值的要求提升。

礼盒已经成为京东超市的重点扶持对象，经过几年的发展，礼盒涉及食品生鲜、粮油调味、酒类、母婴、玩具等众多品类，总计数万款，其中 IP 礼盒已达到数千款。可以说，京东超市已经成为新品礼盒的孵化场、聚集地和首发阵地，引领礼盒消费新趋势。

未来，京东超市将投入百亿流量，并基于消费趋势洞察，联合品牌方打造近十万款礼盒商品，为消费者提供品质好物，形成消费者、品牌、京东三方共赢的正向循环。

相关问题：

（1）"礼盒消费是一种典型的消费结构升级现象。"请运用所学知识，对本句话进行解释说明。

（2）结合所学知识，就本案例谈谈你自己的看法。

## 思考题

一、名词解释

消费结构，消费支出结构，生存资料，消费结构的动力性，消费结构的目的性，消费结构的经济效率，产业结构，收入效应。

二、简答题

（1）简述产业结构对消费结构的影响。
（2）简述消费结构的特征。
（3）简述消费结构的分类。
（4）简述影响消费结构的主要因素。
（5）消费结构的动态变化指什么？
（6）简述消费结构演变的规律。

# 第四章　消费方式分析

# 第四章　消费方式分析

> **学习目标**
> （1）了解消费方式的基本内涵。
> （2）掌握影响消费方式的因素。
> （3）学习个体消费、家庭消费及社会公共消费相关内容。

## 第一节　消费方式的基本内涵

消费方式，即消费需求的满足方式，是在一定的生产力发展水平和生产关系条件下，消费主体（消费者）与消费客体（被消费的商品和服务）相结合以实现消费需求满足的方法和形式，是消费的自然形式与消费的社会形式的有机统一。消费方式回答了消费者怎样拥有消费手段与对象，以及怎样利用它们来满足需求的问题。由于消费需求的满足程度和满足方式最终会影响人类与自然资源和环境的关系，因此，对消费方式问题的研究和关注近年来从单纯的基于消费者的角度扩展到基于社会可持续发展的角度，关注消费方式对资源、环境和后代的影响。

消费方式有两层含义。

### 一、消费的技术方式（或称自然方式）

消费的技术方式即某种消费需求的满足是通过什么样的消费工具与消费资料的结合实现的。马克思在论述生产方式对消费方式的决定作用时曾经说："一定的对象，是必须用一定的而又是由生产本身所中介的方式来消费的。饥饿总是饥饿，但是用刀叉吃熟肉来解除的饥饿不同于用手、指甲和牙齿啃生肉来解除的饥饿。因此，不仅消费的对象，还是消费的方式，不仅在客体方面，还是在主体方面，都是生产所生产的。"马克思在这里所说的消费方式，我们称为消费的技术方式。从社会发展过程来看，消费工具的使用与发展反映了生产的进步和人类文明的发展；从横向来看，不同国家消费需求满足方式的差异，既反映了经济发展水平的差异，又反映了文化差异。例如，代步工具主要是马车、自行车还是汽车、飞机反映了经济发展水平的不同阶段；吃饭是用筷子还是用刀叉则是文化的不同。

### 二、消费的社会实现方式（或称社会方式）

消费的社会实现方式即消费需求通过什么样的途径来满足和实现。例如，消费需求的满足是通过家庭内部的个人消费实现，在某一范围内的消费者集合体内实现，还是在全

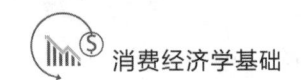

社会的范围内实现的。又如，用来满足消费需求的消费资料是通过何种方式取得的，即是由消费者自己提供的（自给自足），还是通过商品货币关系在市场上购买的。因此，消费的社会实现方式概括起来有两方面的内容：一是消费的社会实现范围，分为个人消费、集体消费（集团消费）、公共消费；二是消费的社会实现途径，分为自给性消费、半自给性消费、商品性消费。

消费方式的两层含义有一定的内在联系。剔除文化的因素，不科学、不文明的消费技术方式往往与自给性的消费社会方式相伴随。随着社会生产力水平和社会文明程度的提高，一方面，消费的技术方式会向更文明、更科学、更健康的方向转变；另一方面，消费的商品化程度不断提高，公共消费所占的比重增大，消费方式将更有利于消费者的全面发展。

消费方式作为生活方式的一部分，受到经济、文化、科技、社会等多重因素的影响。近30年来，随着经济的快速发展，城市化加速、互联网普及、发达国家消费观念传播等成为影响我国消费方式的最重要因素。

## 第二节　消费方式的影响因素

消费方式的存在是各种条件综合作用的结果，影响它的主要因素有以下几个方面。

### 一、影响消费方式的内在因素

#### （一）消费者消费意识因素

人类有本能的生存消费意识。人类自身的一切消费行为是由人类自身的消费意识决定的，即人的消费意识决定人的消费行为。个性的差异决定了消费意识的差异，直接影响其购买倾向和消费活动，从而导致消费方式的差异。健康的消费意识形成健康的消费方式有利于拉动高科技的发展，拉动社会的公共生活消费（如航空、高速公路、高速铁路的消费发展）。不健康的消费意识导致不健康的消费方式，如诈骗、收受贿赂、传播盗版的光盘、书刊、信息等。

在维持人类生存消费和生命延续的消费需要基础上，人类有不断提高消费需要的意识，牵动科研生产消费的发展，不断创造出新的消费品，从而导致消费方式的不断更新。

#### （二）消费者的人口学因素

消费者的人口学因素主要包括消费者的性别、年龄、文化程度、职业、种族等。消费者是理性活动的产物，不同性别、年龄、文化程度、职业、种族的消费者，其消费方式存在显著差异。

文化程度是消费者品位形成和区分的重要机制。品位是对物品的鉴赏判断力，不同程度的文化表现为不同品位的消费方式，而这些品位能从日常生活中表现出来。有学者曾经对高、中、低三种文化程度的家庭，就厨房消费品位进行实证研究。结果表明：文化程度较低的一组家庭，强调厨房的实用性、效率性，强调厨房物品颜色的统一；中等文化程度的家庭强调厨房的审美风格；文化程度高的一组家庭更强调自我表现的空间，厨房布置注重实用和个人表现之间的平衡。其实，消费者个人的文化程度，作为一种潜意识的因素，不仅表现在日常饮食、着装、购物、休闲娱乐等方面的消费行为的差异，还左右特定的消费行为，并且这种特定的消费行为在一定程度上界定了消费者个人在受文化教育程度上的自我认识，并通过消费方式建构自己的身份。

## 二、影响消费方式的外在因素

### （一）自然生态环境因素

自然生态环境主要包括地理环境、资源状况、气候及自然条件等方面。自然生态环境通过影响消费者的消费习惯，直接影响其消费方式。一定的消费方式总是具有一定的地域性特征。例如，饮食方式，由于我国不同地域的地理环境迥异，形成了南甜、北咸、东辣、西酸的饮食方式，并且各个区域资源条件不同，各区域的居民都有自己区域特色的消费习惯和消费方式，如沿海居民、江南水乡周围的居民对水产品情有独钟，而蒙古族人更钟情于牛羊肉。

人类的三大消费与自然生态环境息息相关。自然生态环境是消费的外部自然存在形式，人类在消费和创造消费的一切消费实践活动中，认识自然生态环境，适应自然生态环境，不断生产创造消费品，从而不断更新消费方式。

### （二）经济因素

经济因素主要是通过社会生产力水平、市场供求结构、市场价格等因素对消费方式产生影响。经济因素是影响消费方式的最主要和直接的因素。

从再生产的视角看，决定消费方式的主要因素是由一定的生产力和生产关系构成的生产方式。上层建筑的政府代表社会总的生产方式和生产关系，代表总的消费社会生产力，代表国民的根本利益，以法律法规、政策确定社会成员的收入方式和社会财富的再分配及社会保障方式，并依靠国家法律和政策制定规章、制度、纪律，依据三动力（物质动力、精神动力、信息动力）制定具体分配政策和奖励政策，严格制约着个人或家庭的支出规模和支出方式，进而直接影响个人或家庭的消费意识和消费方式。

市场供求决定了市场价格，而市场价格的变动直接影响到消费者的实际购买能力。在收入一定的情况下，商品和服务价格的波动与居民消费水平相关。一般情况下，消费者在选择商品与服务时必然考虑价格的变动情况，进而影响消费方式，如城市住房价格的大幅上升，催生了住房贷款消费方式。因此，某一特定消费方式的产生与发展，很大程度上取决于这一特定商品与服务价格的变革。

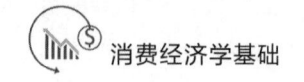

### (三) 社会因素

社会因素主要包括风俗习惯、宗教信仰、民族传统等方面。社会因素通过影响消费者的衣、食、住、行来影响消费方式。

就风俗习惯而言，风俗习惯是人类在长期的经济社会实践中，因思想、感情及其他社会活动的需要，历代相沿而形成的，具有一定的节奏性、稳定性、普遍性和长期性。例如，除夕守岁、元宵节吃汤圆、端午节吃粽子、中秋节吃月饼等。随着时代的变迁，一些旧的习俗被摒弃，新的习俗不断形成，人们的消费方式也因此不断变化。

从宗教信仰来看，宗教是人类社会的一个普遍现象，世界上许多民族都是从宗教开启自己的文明历程，因而出现不同的宗教信仰消费方式。由于宗教信仰中的各种活动不同，其消费项目也就不同，因此，宗教信仰中的消费方式形成了极为鲜明的特点。

### (四) 文化因素

文化是社会的个性，既包括价值观、道德、社会舆论等抽象的概念，又包括社会所生产和重视的实质物品和服务，如食物、衣服、艺术和运动等。文化是一面"镜子"，人们通过文化审视产品，决定消费者对不同活动和产品的总体偏好，从而影响消费者的行为和消费方式。

消费价值观是影响消费方式中文化因素的核心内容。消费者在消费需求的提出、消费资料的获取和消费实现的方式等一系列过程中，都贯穿着消费者的价值观念，并且，这种观念通过社会舆论、传统习惯和内心信念等调节着人们的消费方式，在一定程度上影响消费行为。因此，即使同一商品与服务，由于消费价值观的不同，不同国家、不同地区、不同民族群体的消费者仍然拥有不同的消费方式。

社会舆论与某种消费方式的价值判断相关，这源于消费者的趋众心理，社会舆论通过消费者的趋众心理，对某种消费行为产生作用，从而引导消费方式的发展。

### (五) 制度政策因素

消费方式与国家的各项方针、政策、法律制度等因素密切相关。例如，消费所有制规定了个人对消费资料的所有、占有和使用的关系，规定了现实消费的来源、性质及其多寡的不同，决定了消费的水平和结构的不同，从而决定了消费方式的不同。

任何社会的收入分配方式都是由一系列复杂制度因素决定的，如产权制度、税收制度、社会保障制度等。分配制度直接影响收入水平，而收入水平是影响消费方式的一个最重要的参数。经典的消费理论都表明，收入水平决定了消费者的有效货币支付能力，进而决定了消费者消费需求的满足程度及其实现方式。事实证明，改变消费者的收入分配格局以及消费者所拥有的资产状况，可以影响消费品价格变化与消费者预期，同时还可以影响消费市场的供求变化，进而影响和作用于居民的消费方式。

# 第三节　个体消费、家庭消费及社会公共消费

## 一、个体消费

个体消费是指消费基金归个人或家庭所有，家庭和个人根据自己的经济状况和审美情趣选择适合自身的具体的消费方式。

### （一）消费的对象

个体消费的对象包括个人及家庭的实物资产、金融资产及劳务服务的消费，具体包括：为个人及家庭消费而购买的食品、衣物、生活用品、文化用品、耐用消费品及非商品服务，还包括亲友馈赠、社会救济、困难补助、物价补贴及各种奖励、赞助等。个体消费并不是社会主义所特有的，它在从原始公社解体以来的各个社会形态中都存在。在社会主义阶段，个体消费和家庭消费方式作为社会主义消费方式的主体，有其深厚的客观基础，并将长期存在。

1. 自然基础

人作为一种十分复杂的自然动物和社会动物，既有与个人的生理机制和心理机制相联系的自然需求，又有与若干社会因素相关联的社会需求；既有不同的低层次需求，又有不同的高层次需求。因此，任何社会，基于民族、地区、职业、文化程度、性别、年龄的不同，个人的生理和心理活动、兴趣和爱好的不同，其消费需求总是千差万别，具有较强的个性特色，无法强求一致。人们之间这种具体的消费需求的差别，是社会主义个人消费方式存在和发展的自然基础。在社会主义初级阶段，生产力水平还很低，劳动还是个人谋生的手段，消费资料归个人所有，消费品实行按劳分配。所以，个体消费不仅实现了劳动者的个人物质利益，而且成为调动劳动者积极性的重要方式。

2. 物质技术基础

有一部分生活资料只适合个体消费而不适合群体消费。适应个人的消费需要，社会便生产出使用价值适合于个人分散消费的各种消费资料，如供个人使用的衣服、鞋帽、餐具、工具、自行车、手表等。如果没有这些直接供个人消费的生活必需品，个人消费方式就不可能实现。所以，只能供个人而不能供集体共同消费的生活资料的生产和供应，是个体消费方式赖以存在和发展的物质技术基础。

3. 经济基础

由于多种分配方式并存，人们的收入水平不完全一致，收入的差别在消费领域的反映必定是不同消费者的消费水平有高有低，享用的消费品有多有少，而且质量和档次也不一样，所以在收入不一致的情况下，不可能要求人们实行统一的公共消费。

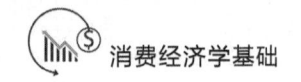

### （二）消费的意义

（1）它有利于社会主义公有制和劳动者个人物质利益的最终实现。通过个体消费，一方面保证个人的物质利益获得实现，另一方面可以增强个体的主人翁意识和责任感，从而充分调动和发挥人们的生产积极性和主动性，进一步完善和发展社会主义市场经济。

（2）个体消费的存在和发展，有利于劳动力再生产的顺利进行，从而有力地促进和推动社会主义物质生产和精神生产的正常发展。

（3）个体消费能够保证个人过美好、幸福的生活，实现社会主义生产的根本目的。

### （三）发展趋势

个体消费与群体消费既包括相互补充、相辅相成的方面，也包括相互矛盾的方面。

（1）两者是相互补充的，个体消费的充分实现及内容的不断充实，可以使消费者的利益得以实现，为更快更好地发展群体消费创造良好的条件；而群体消费的发展，可以使消费者获得自由全面的发展，在更广泛的意义上使个体消费得以实现。

（2）两者又是相互矛盾的，主要表现在现阶段个体消费不能完全取代群体消费，而群体消费同样不能完全取代个体消费。在总消费或消费总量一定的情况下，个体消费占的比重过大，群体消费就会相应减少；反之，群体消费所占比重过大也会挤占个体消费部分。

在我国现阶段，生产力的发展水平还不高，经济基础并不雄厚，个体消费还必须是人们消费的主要方式，国家还不具备大量举办群体消费并提高其比重的能力，任意提高群体消费的比重是不现实的。相反，我国近年来在不断缩小群体消费的范围，降低群体消费比重，适当提高个体消费的比重，这样做有利于促进社会主义市场经济的发展。发挥按劳分配规律的作用，调动劳动者的积极性和创造性。只有生产力发展水平大大提高，才可以逐步提高群体消费的比重。对群体消费的比重会逐步提高这一发展趋势，要从长期发展的动态中去理解，并不意味着在任何时候、任何条件下都要加大群体消费的比重，扩大群体消费的范围。

## 二、家庭消费

家庭是由婚姻、血缘或收养等关系所组成的社会生活的基本单位。家庭是社会最基本的细胞，是最重要、最基本、最核心的社会组织和经济组织，同时也是人们最重要、最基本、最核心的精神家园。

家庭消费是消费社会的基础。大多数消费者的消费经验，都是在家庭中积累而成的，因此家庭作为一个消费单位的重要性，其表现不仅在于家庭消费的过程具有一定的特性，还在于家庭成员的个人消费行为和模式会受到家庭消费观念的影响。

家庭是社会结构中最基本、最微小的单位，有单身家庭和多人家庭之分。在中国，普通居民主要是以家庭为单位参与社会活动，家庭是由血缘关系和家族制度形成的。一个村庄由若干家庭组成，一个乡镇由多个村庄组成，一个县由多个乡镇组成，一个地区或市由多个县（区）组成，一个国家是由多个省（自治区、直辖市）组成的上层建筑组织与系统的社会结构。

在商品生产和商品交换不发达的社会，消费主要是家庭自产自用的生产消费和生活消费形式。在奴隶社会、封建社会阶段，主要是家庭作坊式生产方式。到了资本主义社会阶段，家族私营企业仍然存在，同时社会生活消费基金的收入，也体现在个人和家庭收入上。生活消费的支出主要体现在家庭（全体成员）生活消费上。

生活消费分为三个部分：第一部分也是主要部分是家庭的生活消费；第二部分是社会集团（集体）组织的生活消费，它的费用支出由社会集团支付；第三部分是公共生活消费的基础投资消费和保障公共生活消费。

### （一）家庭消费的含义与分类

1. 家庭消费的含义

家庭消费又称居民消费或生活消费，是人们为了生存和发展，通过吃穿住行用、文化娱乐等活动，对消费资料和服务的消费。

家庭消费是家庭生活的一大主题，家庭消费主要是家庭的物质、精神文化和信息消费，是家庭生活的一个十分重要的职能。在家庭生活中，生育、抚养和赡养都离不开消费，家庭生产需要大量消费，而消费职能发挥得好不好又会直接影响家庭生活是不是幸福。家庭的消费职能是和家庭的消费目标密切联系的，而家庭的消费目标又是家庭生活目标的一个重要组成部分。家庭的生活目标包含许多内容，最主要的有这三个方面：

（1）归宿性的目标，如结婚、退休等。

（2）发展性的目标，如要受什么教育，获得什么样的职位，把子女培养成什么样的人才等。

（3）消费性的目标分为生存型、一般享受型、较高享受型消费目标。

以上三个目标如果能顺利实现，就会为家庭幸福提供坚实的物质基础，往往这样的家庭是兴旺发达、欣欣向荣的，而如果在归宿问题、发展问题或物质消费问题上受到什么挫折，往往会给家庭生活带来麻烦。

2. 家庭消费的分类

家庭作为一个基本的消费单位，其家庭消费基金是指一个家庭全部消费所需要的基金，包括现实消费和未来消费的基金。一般来说，家庭消费基金有七大部分，即家庭生活基金、家庭文化基金、家庭建设基金、家庭投资基金、家庭教育基金、家庭亲情基金和家庭休闲娱乐基金。

（1）家庭生活基金。主要用于吃、穿、住、行、用等日常基本生活开支，这一部分在全部收入中所占比例就是恩格尔系数的体现。

（2）家庭文化基金。主要用于家庭成员的体育、娱乐和文化等方面的消费。这一部分基金所占比例，因家庭的不同而不同。文化程度高的人该部分基金占的比例可能高一些，而文化程度低的人这部分基金占的比例可能会低一些，有的家庭也可能不设立这一部分基金。

（3）家庭建设基金。主要用于购置一些耐用消费品如家具、电器、音响设备等，以及房屋购买、装修等。这部分基金对于青年或中年人来说，可能所占的比例大一些。这部分基金可能在消费状态，也可能在储蓄之中。

（4）家庭投资基金。主要用于家庭投资，如储蓄，购买债券、基金、股票、邮票、古董、收藏、纪念品、书画等。一般以家庭固定收入的一部分作为投资基金。当然，此项基金的投入要与个人所掌握的相关专业知识、兴趣爱好以及风险承受能力等要素相结合。

（5）家庭教育基金。主要用于对子女的培养，如幼儿的早期教育，孩子上幼儿园、小学、中学、大学等的费用。还有就是个人在社会化过程中的再教育的支出，如进修费用、咨询费用等。

（6）家庭亲情基金。主要用于赡养和孝敬父母、对尚未经济独立的弟弟妹妹的培养、对亲戚朋友有困难者的接济、对有难处朋友的资助等。这项基金并非每个家庭所必需，要根据家庭的实际情况来确定。

（7）家庭休闲娱乐基金。主要用于旅游、参加娱乐活动、观看文艺演出、参加一些文化活动等。

以上七大类家庭消费基金，并不是所有家庭都一样，有的是不需要的。青年家庭、中年家庭、老年家庭的情况也是不同的，即使同一年龄段的家庭情况也有所不同，有的只有一种或几种基金。

有专家从不同的角度对家庭消费基金进行了分类。

（1）按照消费内容，分为物质生活消费、精神文化信息消费、劳务消费。

物质生活消费，主要是指吃、穿、住、用、行的消费。

精神文化信息消费，主要是娱乐身心，发展提高自身的各种消费。

劳务消费，是家庭花钱购买的各种服务。

（2）按照消费目的，分为生存资料消费、发展资料消费、享受资料消费和义务性消费。

生存资料消费，是指家庭生活消费中用来满足人们生存所必不可少的消费，既包括必要的物质生活消费，也包括有关的劳务消费。

发展资料消费，是指家庭生活中用于满足人们发展德育、智育、体育等方面需要的消费。

享受资料消费，是指家庭生活消费中，能够满足人们享受的物质生活资料消费、精神产品消费和劳务消费。

义务性消费，是指自愿给予他人帮助的消费，不求回报，力所能及。

一般来说，家庭消费主要受三个因素影响，即家庭收入水平、物价水平、家庭供养人口数量，当然，从根本上说，是受国家经济发展水平制约的。

提高家庭收入水平，是提高家庭消费水平的主要途径。物价水平，在居民收入水平不变的情况下，是影响家庭消费的重要因素。人口数量是影响家庭消费的重要因素，在收入总量和其他因素不变的条件下，家庭消费水平与供养人口成反比。

3.家庭生命周期与家庭消费类型

家庭生命周期是指家庭从建立到结束全过程所经历的时间。可分为七个阶段：单身期、初婚期、生育期、满巢期、离巢期、空巢期和鳏寡期。

处于家庭生命周期的不同阶段，家庭的收入水平是不相同的，家庭的人口负担也各异，家庭的实际消费水平也是不相同的。因此，处于家庭生命周期不同阶段的家庭的消费热点商品或劳务是有很大区别的。

家庭消费方式是指家庭消费所表现出的外在形式。从宏观上来说，家庭消费方式可以表现为自给自足，自我服务封闭、半封闭的形式，也可以表现为主要依赖于社会供应或社会服务开放的形式，还可以表现为由前者向后者过渡的形式。

随着经济的发展、社会的进步，宏观家庭消费方式从封闭、半封闭的形式不断向社会化、开放的形式转化。

家庭消费模式指的是家庭消费类型及其不同组合。从考察家庭文明或家庭目标的角度，对家庭类型可进行如下划分：

（1）以家为中心的家庭。消费一般以孩子为中心。重智力倾向，重视储蓄，重视孩子的早期教育投资。此类家庭一般以青年人为主。

（2）以事业为中心的家庭。主人有很强的事业心，精力和时间主要投放于事业的发展上。其家庭消费主要用于与自己的事业有关的支出，如进修、教育、社交活动等。此类家庭一般以青年、中年人为主。

（3）以提高生活质量为中心的家庭。主人重视不断改善和提高自己的生活质量。家庭的消费主要是围绕着与生活享受有关的商品，以及家政服务、家用电器和设备及保健、旅游、奢侈品等支出。此类家庭一般以有所成就、收入较丰以及具有现代消费观念的社会成员为主。

（4）以个人和家庭偏好为中心的家庭。家庭成员有收藏爱好、音乐爱好、乐器爱好、古玩爱好、旅游爱好、摄影爱好等。家庭消费开支主要是围绕着自己的爱好，其支出有时需要大量资金，几万、几十万甚至上百万元。此类家庭不分年龄段，青年、中年、老年人都有。

**（二）家庭生活消费基金**

在分析家庭生活消费基金时，我们需要明确个人消费基金和家庭消费基金的概念。

1.个人消费基金及其来源

个人消费基金是指社会消费基金中由个人（或家庭）消费的部分，它是城乡居民通过购买消费品（包括物品和劳务）实现的。个人消费基金是最终用于个人直接消费的基金，来源于居民最终可支配的收入。它包括生产领域和非生产领域工作者劳动报酬构成的收入。

消费社会的最基本主体是居民及其家庭，所以个人消费基金构成了社会消费基金中的最主要部分。居民个人需要的满足，是以个人消费基金来作为基本保证的，居民物质的、精神文化的、信息的消费水平的提高，也主要通过个人消费基金的增长综合地反映出来。

从分配角度考察，个人消费基金既有通过初次分配发放给劳动者的，也有通过再分配发放给劳动者的。前者主要在生产性部门进行，后者主要在非生产性部门进行。个人消费基金的增长取决于国民收入的增长，但同时又受人口增长的制约。

这表现在，当国民收入的增长与人口总数的增长互相适应时，个人消费基金也相应增长。当人口增长速度超过国民收入增长速度时，为保证社会成员的消费水平不至于降低，个人消费基金在整个消费基金中所占比重也应当相应增长，否则将降低社会成员的生活水平。

但是这将以降低社会消费基金的比重或者降低积累基金的比重为代价，从而影响国民经济发展的后劲。当国民收入增长速度超过人口增长速度时，整个消费基金总量会增加，个人消费基金的总量和人均量也会随之逐步增加，其增长幅度则视当时的政治、经济各方面的形势而定。

在消费基金的构成中，社会消费基金和个人消费基金的比例，社会消费基金各个组成部分之间的比例，反映着人民群众共同需要和个人需要之间的关系以及社会各种需要之间的关系。目前，我国劳动生产率还不高，人均消费水平较低，在这种情况下，个人消费基金占的比重较大，社会消费基金占的比重较小。在消费基金总量不变的条件下，社会消费基金增长了，个人消费基金所占比重就会下降；反之，如果个人消费基金增长了，社会消费基金就要减少。

在生产力发展水平较低，劳动者个人收入较少的条件下，如果不适当扩大社会消费基金，就会降低劳动者个人收入，影响劳动者生产积极性的发挥。当然，随着国民经济的发展和个人消费水平的提高，社会消费基金的比重将逐步增加。

2. 家庭消费基金及其来源

不同类型的家庭消费基金来源不同，一般来说，有以下几种。

（1）一般工资收入家庭。一般工资收入家庭的家庭消费基金来源主要依靠工资的收入（包括奖金和福利在内），其他收入为辅，如买卖股票、债券、基金、彩票等的收入，业余兼职工作的收入，投资企业入股分红的收入，投资、出租房地产的收入，以及年老退休的养老退休金和医疗保障金等投资收入。此种情况多见于一般工薪家庭。

（2）高薪收入家庭。高薪收入家庭的家庭消费基金来源主要依靠高工资收入。

（3）基本依靠投资经营利润的家庭。投资经营所得的利润一部分作为家庭生活消费基金，另一部分用于扩大再投入。此种情况多见于经营小规模生意的家庭。

（4）以投资利润为主，兼有工资收入的家庭。经营大中型规模企业的家庭，除了经营企业的收益，他们还同企业员工一样有工资收入。

（5）农村自给自足家庭。在农村，有的农副产品还没有完全商品化，仍存在小部分家庭自己生产的产品供自己消费，剩余大部分产品进入商品交换市场。在经济落后地区，仍然是以自给自足的收入和支出为主，剩余产品进入市场作为商品交换的比重较小。此种情况多见于农村家庭，他们既是自己消费的产品的生产者，又是销售者。

上述五种家庭消费基金收入来源各不相同，生活消费方式不同，对消费基金的管理也各不相同。

第一种家庭主要是依靠工资收入维持家庭生活消费。对收入管理有两种情况：一种情况是收入比较高的家庭，有的家庭把收入分成几部分来管理，首先交纳社保基金（企业交一部分，个人交一部分）或购买个人保险。剩余收入的分配：一部分维持日常生活消费；一部分是储备基金，作为子女上学的费用；一部分是为防止老年父母有重病时所需和自己到老年的生活消费补贴及防止有重大疾病时所需。后两部分储备金在理财管理中，根据数额的大小，有人定期存放在银行，获得利息增值，有的家庭会有选择地投资小本生意、房地产、股票、基金、彩票等，以获取更大的收益。另一种情况是收入比较低的家庭。除在企业所交的劳动保险金以外，个人无能力抽出多余的资金做其他理财安排，在安排好必需的生活消费外，如再遇到特殊困难时，只能依靠亲属的资助、国家补贴基金或社会支援来解决。

第二种是工资收入比较高的家庭，他们大多会抽出一部分资金进行理财，如基金理财、定期存款理财、房地产理财等。这些理财方式一般情况下能够使家庭获得更多的生活消费基金，从而提高这些家庭的生活质量。

第三种和第四种家庭是靠经营公司资本获取利润为主的家庭，其生活消费基金比较充足，生活消费水平比较高。这类家庭除获取红利外，还往往兼有工资和资金理财收入，如基金理财、股票理财、储蓄理财等。除用于享受型的生活消费外，还用于扩大投资经营的再生产。

第五种家庭，因为农村的养老保障制度还不完善，所以家庭生活消费基金来源基本还是依靠自己理财来保障。一部分生活消费基金靠国家补贴，如我国每年的扶贫资金用于帮助贫困地区农民脱贫、全民免费九年义务教育、国家支付每位农民医疗补贴保障金、贫困户及学生补贴保障金、赈灾基金、免农业税和种粮补贴基金等，都是生活消费基金的收入来源。另外一部分农副产品生产经营效益好的家庭（如养猪、养鸡、农产品加工等）有足够的生活消费基金保障，而且对消费基金的理财管理有经验，并能不断创收，增加消费基金。表4-1~表4-3分别为家庭消费基金理财管理表、家庭基金财政管理表（五年后）、家庭消费基金理财管理用途表（五年后消费）。

表4-1　家庭消费基金理财管理表　　　　　　　　　　　　　　　　　　　单位：元

| 家庭 | 消费基金收入 | 生活消费支出 | 节约基金 | 理财管理所得 储蓄 | 理财管理所得 投资基金 | 理财管理所得 企业投资 | 理财管理所得 其他 | 合计基金增值 |
|---|---|---|---|---|---|---|---|---|
| A家庭 | 120 000 | 72 000 | 1 440 | | | | | 49 440 |
| B家庭 | 72 000 | 48 000 | 300 | 5 000 | | | | 29 300 |
| C家庭 | 72 000 | 48 000 | | 10 000 | | | | 34 000 |
| D家庭 | 48 000 | 36 000 | | 3 000 | 1 000 | | | 16 000 |
| E家庭 | 72 000 | 60 000 | 300 | | | | | 12 300 |
| F家庭 | 120 000 | 120 000 | | | | | | 0 |

表4-2　家庭基金财政管理表（五年后）　　　　　　　　　　　　　　　　单位：元

| 家庭 | 收入 | 支出 | 五年总剩余 | 理财五年总增收收入 储蓄 | 理财五年总增收收入 投资基金 | 理财五年总增收收入 企业投资 | 理财五年总增收收入 其他 | 合计积累 |
|---|---|---|---|---|---|---|---|---|
| A家庭 | 120 000 | 72 000 | 240 000 | 7 200 | | | | 247 200 |
| B家庭 | 72 000 | 48 000 | 120 000 | 1 500 | 25 000 | | | 146 500 |
| C家庭 | 72 000 | 48 000 | 120 000 | | 50 000 | | | 170 000 |
| D家庭 | 48 000 | 36 000 | 60 000 | | 15 000 | 5 000 | | 80 000 |
| E家庭 | 72 000 | 60 000 | 60 000 | 1 500 | | | | 61 500 |
| F家庭 | 120 000 | 100 000 | 80 000 | | | | 10 000 | 90 000 |

表4-3　家庭消费基金理财管理用途表（五年后消费）　　　　　　　　　　单位：元

| 家庭 | 消费基金收入 | 消费基金正常支出 | 消费基金积累 | 消费基金用途支出 设施、交通工具 | 消费基金用途支出 购房 | 消费基金用途支出 旅游 | 消费基金用途支出 养老储备 | 结余 |
|---|---|---|---|---|---|---|---|---|
| A家庭 | 120 000 | 72 000 | 247 200 | 40 000 | 200 000 | | | 7 200 |
| B家庭 | 72 000 | 48 000 | 146 500 | | 140 000 | | | 6 500 |
| C家庭 | 72 000 | 48 000 | 170 000 | 100 000 | | 10 000 | 50 000 | 10 000 |
| D家庭 | 48 000 | 36 000 | 80 000 | | | 10 000 | | 70 000 |
| E家庭 | 72 000 | 60 000 | 61 500 | 30 000 | | 10 000 | | 21 500 |
| F家庭 | 120 000 | 100 000 | 90 000 | 30 000 | | 10 000 | 20 000 | 30 000 |

现在我们对假设的六户家庭生活消费基金收入和生活消费理财管理五年情况做一下分析。

A家庭因生活消费基金收入较高，对生活消费的安排较合理。每年收入120 000元，当年生活消费支出72 000元，剩余48 000元，存入银行，五年获取利息7 200元，五年累计生活消费基金247 200元。五年后，购房消费200 000元，家庭设施增添消费40 000元，结余7 200元，是一个精打细算，按常规安排收入、支出和积攒型的家庭（不参与冒险投资）。

B家庭年收入72 000元，每年生活消费支出48 000元，每年结余24 000元，也是较会安排收入、支出的家庭。但是它比A家庭冒险，但在冒险时，又留有保障余地，每年留10 000元存入银行获取利息，五年利息收入共计1 500元，14 000元冒险投资，五年投资获利25 000元，理财合计收入146 500元，又花费140 000元用于购房投资消费，结余6 500元。

C家庭属于善于投资的享受型消费家庭。年收入与B家庭一样多，生活消费48 000元，每年结余24 000元，全部冒险投入，幸运地获得了较好的收益50 000元，五年累计收入170 000元，五年后，购买交通工具支付100 000元，旅游花费10 000元，养老储备50 000元，结余10 000元。该家庭清楚冒险收入花钱要小心，为自己养老留下50 000元，是很理智的。

D家庭是年收入最少的家庭，也是最节俭保守型消费的家庭。

E家庭属于稳健型消费家庭。其收入与B家庭和C家庭一样多，但因不善于投资理财，消费基金的收入差异很大。

F家庭与A家庭收入一样多，但这是一个纯享受型消费的家庭。每年收入120 000元，第一年120 000元收入全部消费完，没有结余。从第二年到第五年积累资金80 000元，理财收入10 000元，累计90 000元。消费支出方面，用于设施、交通工具30 000元，用于旅游10 000元，用于养老投资仅20 000元，是理财能力较差的家庭。

以上是假设的六类家庭，生活中的家庭类型千差万别，虽然不全面，但有一定的代表性，从上面家庭理财和消费情况可以看出，一部分是善于理财和安排生活消费的家庭，一部分是不善于理财，靠积攒资金安排生活消费的家庭，一部分是较会理财和安排生活消费的家庭，还有一部分是享受型消费家庭，虽然收入很高，但是消费也很高。根据生命周期消费和创造消费的规律，合理安排家庭理财和消费是非常必要的，也就是说，在创造消费财富周期，个人需要积攒一定的养老储备金，以防国家养老基金不足时，储备的资金可以弥补养老金的不足，保障老年生活消费需求。

3. 家庭消费基金与生产消费的关系

人类在满足生存的生活消费后，便追求享受型的生活消费，这永远是无止境的，也是一个不断发展提高的过程，这一过程伴随着社会进步的过程。然而，满足生存的生活消费基金和享受型的消费基金（收入）是从哪里来的呢？人类社会自从以家庭为单位参加社

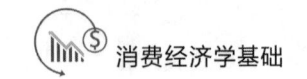

会群体组织的生产消费活动时，便不断地创造出物质的、精神文化的和信息的消费需要，也不断地创造出新的消费需求欲望，它同时又反作用于消费。人类创造物质的、精神文化的、信息的生活消费的生产消费过程，必然同时创造消费这些产品的消费基金，消费基金的收入和支出消费，是由社会制度和对社会财富分配政策的法律确定的，同时它还受生产条件、生产能力、个人的劳动价值等因素的影响。

### （三）家庭生活消费是三大消费的核心

家庭生活消费是三大消费的核心，社会公共消费和生产消费离开了个人和家庭的生活消费，就会变得毫无意义。由于个人和家庭的消费需要是不断提高的，而且这种生活消费需要是永无止境地向前发展的，这就要求国家对其加以保护和调节，以保证公平和公正，才能使人民的消费得到不断提高和发展，从而进一步创造出更多的消费产品，创造出更新的消费方式，不断提高国民的消费水平。

下面围绕家庭消费，分析一下家庭消费的特征。

1. 享受型家庭生活消费

享受型家庭食物消费只占其总收入的 20%～30%，这类家庭消费有着较高的标准，如高档住房、高档服装、高档汽车、高档家具等。关注精神文化、信息方面的消费，如欣赏音乐会，出入戏剧院等；常去高档酒店，消费高档烟酒类产品等；还重视出国旅游、送子女出国留学等。

但是，另一方面也反映出贫富差距所产生的问题和矛盾。一个国家或地区，享受型的生活消费可能会给社会财富造成浪费，而另一部分人仍处在贫困的生活消费水平，这是一种严重的、不公平的社会现象，会导致社会矛盾加重。

如何解决这一矛盾？这就需要国家进行总体控制，建立合理的社会财富分配政策和税收制度，提高贫困居民的生活消费基金收入，增加社会保障，全面提高全民的富裕水平。

2. 家庭超前消费

家庭超前消费有利于家庭生活的改善，有利于整个社会的经济发展，是对国家经济发展的贡献。但是个人和家庭生活超前消费是有条件的，否则盲目的借贷消费，势必会影响家庭和个人的正常生活。从整体社会角度来看，鼓励超前消费，但是作为个人家庭一定要有量入为出的消费意识，不能盲目地追求超前的享受型消费，特别是警惕以借贷的方式超前消费。

家庭超前消费应当是建立在家庭有一定的现实收入和预期收入这一基础之上的。如果家庭具有一定的固定收入，有基础保证的超前消费对国家经济的发展有巨大的贡献；反之，如果家庭没有固定收入，对于缺少基础保证的消费贷款，银行、证券公司则应以法律和行政手段杜绝，以防止造成金融、经济危机。同时还要严禁金融企业为了利润而随意发放和扩大超前消费贷款，包括发行缺乏保证的金融衍生品。

3. 家庭周期与家庭消费

家庭消费是有周期的，不同时期的家庭有不同的消费重点和消费方式。在中国，相当长的时间内，有相当多的家庭受世代相传思想的影响，养儿防老的观念根深蒂固。一对育龄夫妇，在创造消费财富期都会面临着上有老、下有小的生活局面，创造的财富基本都给子女和老人使用，很少有人专门为自己留下养老的资金或保险。直到改革开放后，这种状况才有所改变。家庭消费应遵循生命周期规律，在创造消费期合理理财并管理，使之增值，如存款、购买保险或购买有保本性质的基金等，供年幼的一代成长和受教育等消费使用，以及为年老失去劳动能力时保障生活消费水平不下降。

4. 世俗影响与家庭消费

受世俗观念的影响，耗费在婚丧嫁娶上面的钱越来越多。结婚是人一生中的大事，当然不能等闲视之，于是，婚礼就成了家庭中的一项较大开支。本来，这是人生一件大喜事，但是有的家庭受社会风气的影响，盲目追求超出个人及家庭消费能力的豪华婚礼，有的为了举办豪华婚礼而借贷，给婚后的正常生活带来困难。另外，近几年来，丧葬消费出现了铺张浪费的现象，有的花几十万元，甚至数百万元为长辈的过世大操大办。

当一个人和家庭的生活消费水平处在小康富裕以上阶段，家庭的收入和消费计划会出现两种情况：如果国家的社保制度完善，一般情况下他们会做享受型的生活消费安排，家庭储蓄相对减少；如果社会保障不完善或者没有社会保障，他们一般会做生存型的生活消费安排，并增加储蓄理财。例如，在美国、德国等国家，由于社会保障制度相对较好，居民个人家庭超前消费意识很强。在 20 世纪的中国农村，由于社会保障不完善，一般家庭都是做节约型的生活消费安排，储蓄攒钱，增加消费基金的比率较高。

### （四）家庭理财

1. 家庭理财的概念

家庭理财从概念上讲，就是学会有效、合理地处理和运用钱财，让自己的消费发挥最大的效用，以达到最大限度地满足日常生活需要的目的。简言之，家庭理财就是对自己的家庭收入和支出进行计划和管理，以增强家庭经济实力，提高抗风险能力，增大家庭效用。家庭理财是一门新兴的实用科学，它是以经济学为指导（追求极大化目标）、以会计学为基础（客观忠实记录）、以财务学为手段（计划与满足未来财务需求、维持资产负债平衡）的科学。

从技术的角度讲，家庭理财就是利用开源节流的原则，增加收入，节省支出，用最合理的方式来达到一个家庭所希望达到的经济目标。这样的目标小到增添家电设备、外出旅游，大到买车、购房、储备子女的教育经费，直至安排退休后的晚年生活，等等。

从广义的角度来讲，合理的家庭理财也会节省社会资源，提高社会福利，促进社会的稳定发展。

家庭理财包含三个层面的内容：①设定理财目标；②分析家庭收支和资产债务状况；

③如何利用投资渠道来增加家庭财富。

2. 家庭理财规划

一般来说，一个完备的家庭理财规划包括八个方面的内容。

（1）职业规划。选择职业首先应该正确评价自己的性格、能力、爱好、人生观，其次要收集大量有关工作机会、招聘条件等信息，最后要确定工作目标和实现这个目标的规划。

（2）消费和储蓄规划。必须决定一年的收入里有多少用于当前消费，有多少用于储蓄，与此规划有关的任务是编制资产负债表、年度收支表和预算表。

（3）债务规划。对债务必须加以管理，使其控制在一个适当的水平上，并且债务成本要尽可能降低。

（4）保险规划。随着事业的成功，拥有越来越多的固定资产，需要财产保险和个人信用保险。为了在子女离开后仍能生活幸福，需要人寿保险。更重要的是，为了应对疾病和其他意外伤害，需要医疗保险。

（5）投资规划。当储蓄一天天增加时，最迫切的就是寻找一种投资组合，能够使收益性、安全性和流动性三者兼得。

（6）退休规划。退休规划主要包括退休后的消费和其他需求及如何在不工作的情况下满足这些需求。只靠社会养老保险是不够的，必须在有工作能力时积累一笔退休基金作为补充。

（7）遗产规划。遗产规划的主要目的是使人们在将财产留给继承人时缴税最低，主要内容是一份适当的遗嘱和一整套避税措施，如提前将一部分财产作为礼物赠予继承人。

（8）所得税规划。个人所得税是政府对个人成功的分享，在合法的基础上，完全可以通过调整自己的行为达到合法避税的效果。

3. 家庭理财的类型

目前，随着社会经济的不断发展和家庭收入的不断增多，家庭投资理财市场有着更为广阔的发展空间，家庭投资理财的热点也很多。

常见的家庭理财大体可以分为以下几个类型：

（1）保本型。银行储蓄、传统保险。

（2）收藏型。邮票、纪念币、古董、名人字画。

（3）投机型。期货、期权、彩票、债券、股票等。

（4）收入型。两全分红类保险、万能型保险、投资连结保险等。

随着家庭收入和财富的增长，在市场的各种不确定性越来越大并且越来越影响到家庭消费的情况下，家庭理财（储蓄和投资）变得越来越受到各种类型家庭的重视。在现代社会里要维持一个家庭不容易，尤其是能使一个家庭的消费维持在一个良好的状态，从而使家庭成员过上好日子更不容易，因为要涉及必要的经济负担，因此，家庭理财是摆在每个家庭面前不可忽视的课题。

综上所述，一个家庭的消费基金收入，受国家的财富分配政策的重要影响。家庭生活消费是衡量家庭生活水平和富裕程度的标准，与家庭理财和生活消费有密切的关系。中国有一句俗语："穿不穷，吃不穷，算计（计划）不到一世穷。"就是说一个人、一个家庭对自己的收入要有计划性安排，并为之去奋斗；对生活消费要有计划性安排，才能富裕和不断发展，这是一个家庭的消费理财管理之大事。家庭消费与理财管理的重要性，在于它能提高消费水平，改善家庭的收入和消费，是和国家经济发展紧密联系在一起的，它牵动着消费链系统的发展，牵动着国家经济全面发展。家庭的生活消费是社会总体的生活消费的主体。离开了人类的生活消费，就没有人类的存在。所以说，满足人类日益增长、不断提高的、物质的、精神文化的、信息的消费需求，重视家庭收入和生活消费理财管理，是发展三大消费之根本。

**本章小结**

消费方式是指消费需求的满足方式，或消费主体与消费客体结合的方式。消费方式包含消费的技术方式（或称自然方式）和消费的社会实现方式（或称社会方式）。消费经济学重点研究消费的社会方式，即消费的社会实现范围和消费的社会实现途径。

从消费的社会实现范围来看，在相当长的时间里，以家庭为单位的个人消费都将是消费的主导方式，但是随着社会经济发展水平和消费水平的提高，公共消费所占比重将呈上升趋势。而从消费的社会实现途径来看，自给性消费是生产力水平较低时消费需求实现的主要方式。随着商品经济的发展，消费水平逐步提高，自给性消费所占比重将逐渐下降，商品性消费所占比重将逐渐上升。在自给性消费向商品性消费转化的过程中，消费品的商品化和消费服务的商品化（社会化）是两个关键的阶段。

消费服务商品化，是指个人消费领域的服务不是由消费者个人提供的，而是由社会提供的；消费者不是通过自己的劳动付出来获得服务，而是通过付费的方式从市场上购买服务。消费服务商品化也可以叫作消费服务的社会化或家务劳动的商品化（社会化）。

消费服务商品化程度的提高，将更多地增加消费者的闲暇时间，增加对公共消费的需求，由此带来消费方式的重大转变，对消费者个人的全面发展和社会经济的发展产生重大影响。在消费者的时间预算及其分配中，家务劳动时间是影响闲暇时间的主要因素。家务劳动时间的缩短，可以直接增加闲暇时间，闲暇时间的增加会带动休闲消费的增加，从而促进为休闲消费提供产品和服务的休闲产业的发展。

从根本上说，消费服务商品化的程度取决于一个国家的经济发展水平，而消费者的收入水平、时间价值的高低及社会服务产业的发展状况是影响消费服务商品化程度的主要因素。

由于消费需求的满足程度和满足方式最终会影响人类与自然资源和环境的关系，可持续消费自20世纪90年代以来受到越来越多的关注。可持续消费包括生态、公平、发展三层含义。从人与自然之间的关系看，消费的"可持续"主要是指人们对其消费需求的满足不能超过生态环境的承载能力，消费要有利于环境保护，有利于生态平衡；从人与人之

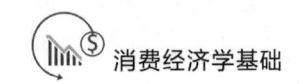

间的关系来说，消费的"可持续"要体现代内公平和代际公平；从人与时间的关系来看，消费的"可持续"要体现为发展，随着经济的发展和社会的进步，人们的生活质量要不断提高。

可持续消费倡导适度消费、低碳消费和文明消费的原则。作为可持续发展的基本内涵之一，可持续消费要求转变经济增长方式和消费方式。

## 案例分析

新零售未来已来　消费方式将受冲击 ❶

2018年4月2日，阿里巴巴集团、蚂蚁金服集团与饿了么联合宣布，阿里巴巴已经签订收购协议，将联合蚂蚁金服以95亿美元对饿了么完成全资收购。这不仅仅是一次财富故事，也不仅仅是阿里巴巴单纯的版图扩张的故事，这意味着互联网新零售战略完成了最重要的一块拼图，在本地生活服务方面形成了完整的闭环，必将进一步影响和改变城市生活。

饿了么是一家专注于餐饮外卖的快递企业。现代城市生活节奏较快，而外卖进一步减少了人们在吃方面所支付的时间成本，通过相关 app 就可以把食物直接送到家门，进一步提高了生活的效率。来自饿了么的数据表明，饿了么外卖覆盖全国 2 000 个城市，用户量达 2.6 亿，日均订单 1 000 万单。这是一个庞大的数据，基本上等同于对城市年轻阶层实现了全覆盖，也形成了围绕餐饮外卖为核心的生态系统。

阿里巴巴拥有淘宝、天猫等成功的电商平台，也拥有天猫超市、口碑、盒马鲜生等线上线下相结合的新零售平台，更有苏宁、银泰、大润发、居然之家这样的传统商业品牌，而这次成功收购饿了么，正好弥补了餐饮外卖这块领域，使得阿里巴巴的整个新零售体系更加完善。

饿了么将接入阿里巴巴的生态圈，从支付、线下门店一直到庞大的快递团队，都将得到阿里巴巴生态的支撑，无论是市场覆盖面还是对消费者的服务，都将再上一个层次。而阿里巴巴完成此次收购之后，将有更大的空间来完成整个新零售的布局。

2017年，阿里巴巴新零售提出打造"三公里理想生活圈"，计划通过新零售战略，促进城市商业基础设施线上线下一体化、智能化布局，从而创造未来的一个个城市生活组团。这是受美国卡尔索普"新城市主义"理论启发而提出的概念，这种理论对美国城市郊区化带来的一系列社会问题进行反思，强调回归城市，回归社区，城市资源集中利用，让城市全面协调可持续发展，已成为全球城市发展的共识。

这样的生活组团在物理上通常以 1 000～3 000 米为适宜半径，创造社区性；在数字空间内能被个性化赋能，从而被商业服务和公共服务洞察，体现智能化。最终要实现的是"三千米内解决一切生活需求"的理想生活体验。所以，盒马鲜生提出为门店周边

---

❶ 资料来源：钱江晚报，本文作者李晓鹏。

3 000米范围内居民提供最快 30 分钟免费配送服务，天猫超市则提出下单之后 1 小时内送达的口号，而其他品牌则提出"线上下单，门店发货，2 小时送达"的模式。

试想一下，当这一切都实现的时候，物理空间中个人的生活方式，将比目前更加深入地与数字空间的电子商务实现无缝对接，城市生活的消费场景和消费习惯，将受到更大的冲击，这也许才是此次购并对我们普通市民的真正意义所在。

**相关问题**

（1）结合材料分析，未来的消费方式将会怎样发展？
（2）结合所学内容，谈谈你对消费方式转变的理解。

## 思考题

一、名词解释

消费方式，消费的技术方式，消费的社会实现方式，消费的规模经济效益，消费服务商品化，个体消费，家庭消费，社会公共消费，家庭消费基金，家庭理财。

二、简答题
（1）什么是消费的技术方式？
（2）什么是消费的社会实现方式？
（3）如何理解个人消费与社会公共消费的关系？
（4）影响消费方式的内在因素与外在因素分别是什么？
（5）家庭生命周期与家庭消费有什么类型？

# 第五章 消费者决策行为分析

▷ **学习目标**
（1）掌握消费者的消费决策。
（2）熟悉消费者的储蓄决策。
（3）了解消费者的投资决策。

# 第一节　消费者的消费决策

## 一、消费者的消费选择与预算约束

### （一）消费的概念

关于消费的概念，我们的定义是：消费是人们在生产和生活中，对物质产品、精神产品、劳动力和劳务进行消耗的行为和过程。广义的消费包括生产消费和生活消费两个方面。生产消费也叫作中间消费，它归根结底是为了生产满足人们生活需要的各种产品和劳务。生活消费则是指人们为了满足个人生活需要而消耗产品和服务的过程，它属于最终消费，产品一旦经过生活消费，其使用价值便消失了。消费经济学所研究的消费主要是指作为最终消费的生活消费。

从理论上剖析，随着人类逐渐跨入高度发展和日益繁杂的经济社会，现代的科学研究活动也日益扩大和复杂，科学的发展更加分化和高度综合，学科分支越来越多，越来越专业化。消费经济学科的发展同样如此。作为一门学科，消费经济学是一个由不同的层次组成的复杂体系，其间既有宏观消费问题，又有微观消费问题。总而言之，它们都是我们需要研究的生活消费的一部分。

本章主要从微观角度探讨和解释消费领域的行为和活动，即消费者的个体行为和活动。本章所涉及的消费者选择和需求问题，与消费储蓄、消费投资、消费信贷以及消费者劳动供给决策一同构成了微观领域消费问题的研究重点。

从微观角度解释消费者选择和需求问题，是以经济学的理性人假设为基础的，即消费者的选择是理性的，目的是最大化个人的福利。基于经济学的理性行为假定，可以给出几个重要的推断：首先，每个人都是从大量的取舍中做出选择的。其次，在做出选择时，个人因为已经做出的选择而必须放弃一个或更多的东西。最后，个人总是会尽量从可以做出的选择中，选择最有利的来使满足程度最大化。

当以经济学的理性人为分析的假定前提时，对消费者选择和行为模式的解释就包括

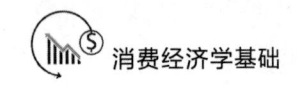

两个基本要素：一是消费者选择的限制性条件；二是满足程度最大化目标。前者与消费者的预算约束有关，后者与效用和偏好相关。

### (二) 消费者预算约束

消费者行为和选择是要受到外力的制约和影响的，因而消费者的选择是有限制的选择。构成消费者选择限制的一个因素是收入中位数，消费者总是选择他们能够负担的产品和服务。预算约束概念就描述了收入对消费者选择的约束和限制。

预算约束是指消费者使用个人收入能够购买到的所有可能的商品组合。假定消费者 A 每月可以花费的收入是 2 000 元。在现实生活中，消费者 A 要消费很多商品。但是为了方便起见，我们这里只考虑两种商品的情形：商品 X 和商品 Y。假设两种商品的价格分别是 100 元和 5 元。图 5-1 显示的就是消费者 A 的个人预算约束集，横轴表示消费者 A 购买商品 X 的数量，纵轴表示其购买商品 Y 的数量。预算线 EF 与 X 轴和 Y 轴围成的阴影部分就是消费者 A 的预算集，即消费者 A 能够购买到的所有商品组合的集合。

我们可以使用公式，从一般的意义上描述消费者预算约束。假设 $M$ 代表消费者收入，$P_x$ 和 $P_y$ 为两种商品的价格，$Q_x$ 和 $Q_y$ 分别表示消费者购买商品 X 和商品 Y 的数量，那么消费者的预算约束可以表示为：

$$P_x Q_x + P_y Q_y \leqslant M \qquad (5-1)$$

因此，消费者的预算约束要求花费在两种商品上的货币数量不超过消费者能花费的总数。

在图 5-1 中，曲线 EF 就是消费者 A 的预算线。预算线上的点所代表的商品组合，是在价格既定的条件下，消费者用完其所有收入能够购买到的商品组合。从而，阴影部分以外的部分是消费者现有收入所不能负担的商品组合；而出现在阴影部分中的任何一点是消费者能够负担且收入有剩余的商品组合。

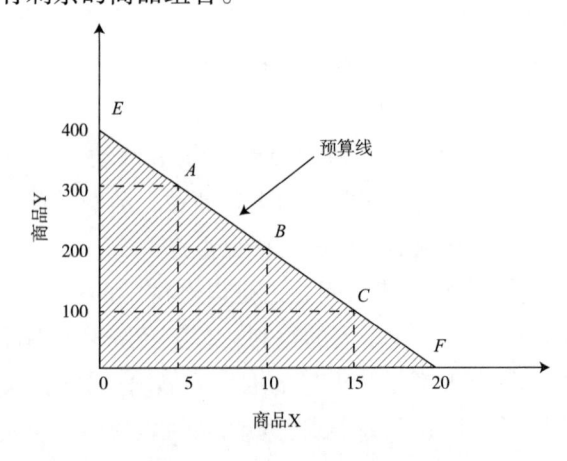

图 5-1 个人预算约束集

在这个例子中，如果消费者 A 将其所有的收入都花费在商品 X 上，那么他可以购买到 20 单位的商品 X（预算线上的 F 点）。如果消费者 A 将所有收入都花费在商品 Y 上，那么他可以购买到 400 单位的商品 Y（预算线上的 E 点）。消费者 A 也可以选择 EF 中的任何一点。例如，他可以购买 300 单位的商品 Y 和 5 单位的商品 X（预算线上的 A 点），或者 100 单位的商品 Y 和 15 单位的商品 X（预算线上的 C 点）。当然，他也可以选择预算集中的任意一点所代表的两种商品的数量组合。

虽然预算集中的任何一点都是消费者可以选择的商品组合，但实际上只有出现在预算线 EF 上的点，才是经济学所真正关注的，因为其所需费用恰好可以把消费者 A 的收入用完。

在图 5-1 中，我们看到预算线是一条向右下方倾斜的曲线。这表明消费者在购买时面临着一种取舍：为了多得到商品 X，就需要放弃一部分商品 Y；反之亦然。如图 5-1 中的 A 点和 B 点。在 A 点，消费者 A 购买 5 单位的商品 X 和 300 单位的商品 Y；但是如果他想得到 10 单位的商品 X，就只能购买 200 单位的商品 Y（预算线上的 B 点）。也就是说，为了多得到 1 单位的商品 X，消费者就必须放弃 20 单位的商品 Y。消费者 A 取舍或者权衡的比例是由两种商品的价格决定的。由于商品 X 的价格是商品 Y 的 20 倍，所以为多得到 1 单位的商品 X，消费者 A 就必须放弃 20 单位的商品 Y。

消费者的预算线可以用公式表示为：

$$P_x Q_x + P_y Q_y = M \tag{5-2}$$

公式（5-2）中预算线的斜率为 $-P_x/P_y$，即预算线的斜率等于两种商品的价格之比。由于预算线向右下方倾斜，所以预算线的斜率为负数。预算线的斜率度量了消费者为多消费一个单位的一种商品而必须放弃的另外一种商品的数量。斜率的大小告诉我们在不改变总支出数量的前提下两种商品可以相互替代的比率，即消费一种商品的相对价格。也就是说，预算线的斜率、相对价格以及替代比率，这三者是完全相同的。

### （三）预算线的变动

从图 5-1 可以知道，消费者预算集是由价格和收入决定的。当价格和收入变动时，消费者能够负担的商品组合即预算集也会变动。那么，价格和收入的变动是如何影响预算集的呢？

#### 1. 价格的变动

为便于分析，我们仍假定一种简单的情形：消费者 A 只在两种商品中做出选择，商品 X 和商品 Y。商品 X 的价格为 $P_x$，商品 Y 的价格为 $P_y$。如果商品 X 的价格发生变化，而商品 Y 的价格保持不变，消费者 A 的预算线会发生什么变化呢？图 5-2 显示了商品 X 价格变动时，消费者预算线的变化。

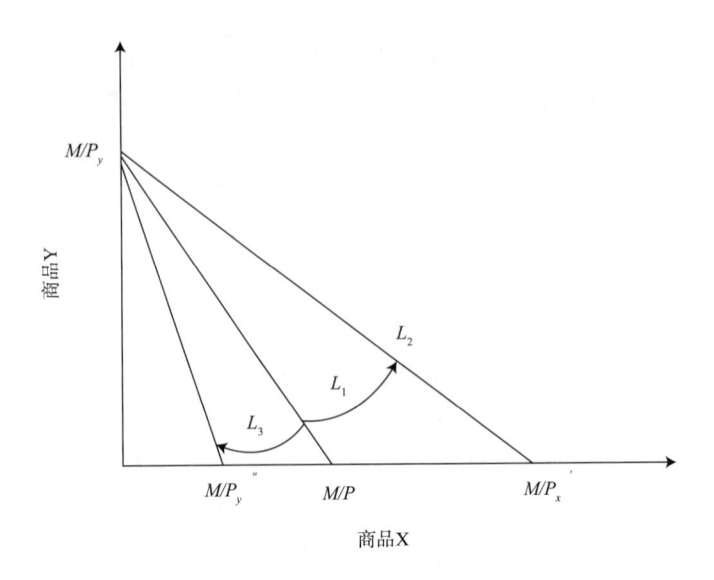

图 5-2　价格变动对消费者预算线的影响

对于消费者 A 而言，他能够负担的商品组合是花费不超过其收入 $M$ 的商品组合，从而，其预算约束线为图 5-3 中的 $L_1$，用公式可以表示为：

$$P_x Q_x + P_y Q_y = M \qquad (5-3)$$

由此，预算线的斜率为 $-P_x/P_y$。如果商品 X 的价格下降到 $P_x'$，那么预算线的斜率从 $-P_x/P_y$ 变为 $-P_x'/P_y$，预算线斜率减小（绝对值），从而消费者 A 的预算线从 $L_1$ 向外旋转到 $L_2$。如果商品 X 价格提高到 $P_x''$，预算线的斜率则从 $-P_x/P_y$，变为 $-P_x''/P_y$，从而消费者 A 的预算线从 $L_1$ 向内旋转到 $L_3$。

从上述分析中可以看到，价格变动对预算线的影响，表现为导致预算线发生旋转。当商品 X 的价格下降时，预算线出现向外的旋转，预算线会变得平缓；当商品 X 的价格提高时，预算线会出现向内旋转，预算线则变得更为陡直。显然，预算线的旋转反映了价格的变化引发的消费者购买能力的增大（预算线向外旋转）或者减小（预算线向内旋转）。这个结论也在告诉我们，消费者购买能力不仅取决于收入，也取决于价格。

2. 收入的变动

在商品价格保持不变的条件下，我们来分析收入的变化对预算线的影响。

如图 5-3 所示，如果消费者 A 的收入由 $M$ 增加到 $M'$，收入的增加会引起预算线 $L_1$ 平行地向外移动到 $L_2$，预算线没有发生旋转。这是因为两种商品的价格相对保持不变，那么两种商品之间的替换关系会保持不变，即预算线的斜率保持不变。预算线由 $L_1$ 移动到 $L_2$，表明消费者 A 的可选择集合扩大了，如果消费者 A 愿意，那么他可以购买更多的商品 X 和商品 Y。如果消费者 A 的收入由 $M$ 减少到 $M''$，收入的减少会导致预算线 $L_1$ 向内平行移动到 $L_3$，从而消费者 A 可选择的范围缩小了。

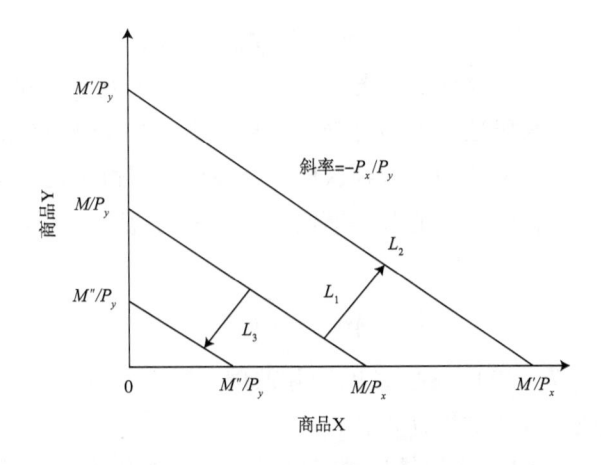

图 5-3　收入变动对预算线的影响

当价格和消费者收入同时变化时，又会引起预算线发生怎样的变化呢？当消费者收入 $M$ 与商品价格 $P_x$ 和 $P_y$ 同时变化时，预算线的斜率和截距会同时发生变动。如果 $M$ 减少而 $P_x$ 和 $P_y$ 提高，那么预算线的截距 $M/P_x$ 和 $M/P_y$ 一定会缩短，这意味着预算线将向内移动；如果商品 Y 的价格上涨幅度大于商品 X，那么预算线斜率 $-P_x/P_y$ 会减小（绝对值），从而预算线会变得更平缓（预算线向外旋转）；如果商品 Y 的价格上涨幅度小于商品 X，那么预算线会变得更陡直（预算线向内旋转）。

价格和收入的变动对预算线的影响，告诉我们什么因素会决定消费者的购买商品能力。显然，消费者购买能力不仅取决于其收入，也取决于商品价格。在一个通货膨胀的经济环境中，消费者收入和商品价格都会发生变动。在通货膨胀导致商品价格上涨的同时，消费者的货币收入也会增加。如果价格和收入水平都按相同比例上升，那么预算线的斜率和截距都不会发生变化。因此，一个价格和收入都按比例上升的通货膨胀，将不会影响消费者的预算线或者购买能力。

## 二、效用与满足程度

### （一）边际效用递减

经济学关于理性行为的命题，本质是消费者通过配置其个人收入购买产品和服务，以最大化满足程度或者效用。从而，经济学使用效用概念衡量消费者从产品和服务的消费中获得的满足程度。如果一个人认为，相对于一件衣服，他从三本书中获得了更大的满足程度，那么对于他而言，书比衣服有着更大的效用，从而他更偏好的是书，而不是衣服。在这里，我们看到效用提供了消费者偏好的信息，效用是描述消费者偏好的一种方式。

考察这样一个消费者，他正在消费某个商品组合（X，Y）。当商品 X 的数量增加一个单位时，这个消费者的效用会怎样变化呢？这种效用的变动率被称为商品 X 的边际效用。边际效用度量了消费者额外增加一单位商品的消费所获得的效用的增加。一般而言，个人从消费一单位商品中获得的满足程度或者收益,取决于他已经消费了的该商品的数量。例如,你购买了一份 2 个汉堡的快餐。显然,第二个汉堡带来的收益,即它的边际效用建立在你已经吃掉一个汉堡这一事实基础上。从而第二个汉堡带来的收益通常要低于第一个汉堡带来的收益。在这里我们意识到这样一个规律,即边际效用递减规律。它表明随着一种商品消费量的增加,额外多消费一单位商品带来的边际效用是趋于递减的。这一规律可以表示为:

$$MU_x = MU_y \tag{5-4}$$

式中,$MU_x$ 表示消费一单位商品 X 的边际效用,$MU_y$ 表示消费一单位商品 Y 的边际效用。边际效用递减规律适合于所有商品。

在表 5-1 中,第三列的数值就是消费者额外增加一单位商品所获得的边际效用。当他消费了一个商品时,额外增加一单位商品的边际效用为 80;当他已经消费了 2 个商品时,再额外增加一单位商品的边际效用为 60……表中显示出边际效用递减的趋势。

表5-1 消费者的效用

| 某一商品的消费量 | 效用 | 边际效用 |
| --- | --- | --- |
| 0 | 0 | — |
| 1 | 100 | 100 |
| 2 | 180 | 80 |
| 3 | 240 | 60 |
| 4 | 280 | 40 |
| 5 | 300 | 20 |

边际效用决定了消费者如何配置其收入以实现效用最大化。当面临既定的预算约束,要在不同商品之间进行选择时,消费者会根据等边际原则做出预算分配。也就是说,消费者会把预算配置到这样的状态使得每种商品最后一单位的边际效用相等。之所以在这一状态下消费者达到效用最大化,是因为任何改变都不能增加消费者的总效用。因此,这个状态也被称为消费者均衡,即消费者在实现个人效用最大化的购买方式下达到的稳定状态。用公式表达,在达到消费者均衡时:

$$\frac{MU_x}{P_x} = \frac{MU_y}{P_y} \tag{5-5}$$

式中,$MU_x$ 表示消费一单位商品 X 的边际效用,$MU_y$ 表示消费一单位商品 Y 的边际效用。$P_x$ 和 $P_y$ 分别是两种商品的价格。

显然,作为消费者的我们,在做出消费选择时不会想到效用和边际效用的概念,但这并不意味着我们没有对各种选择进行权衡，即并不意味着我们没有运用边际效用的概念进行衡量。例如，你走进餐馆之后，你要做的第一件事情就是看菜单，并且比较各种菜品的边际价值。在网上购物时，你会反复筛选放入购物车中的商品，以使得所花费的500元是最划算的。我们已经太习惯进行这样的决策，以至于我们已经觉察不出来使用边际效用在不同选择之间进行比较的行动了。

当然，现实中消费者并非可以做出精确无误的权衡，因此，消费者无法达到一个完美的均衡状态。消费者尽可能尝试达到均衡的状态，但其并不一定总能实现。

### （二）消费者剩余

通过上述分析我们知道，效用函数衡量和表达了消费者偏好，从而不同的偏好会产生不同的支付意愿，即消费者会愿意做出不同的价格支付。由此，就产生了消费者剩余。

消费者剩余度量的是消费者愿意支付的价格与其实际支付的价格之间的差额。以表5-1中的消费者效用为例。假定市场上某商品的价格为40元，那么按照边际效用等于价格的规律，消费者应该会购买4单位的该商品。当然，他所购买的每一单位的商品的价格都是一样的，尽管它们所带来的消费者效用是不一样的。这4单位的商品带给消费者的总效用（从而消费者愿意支付的总价格）是280元：他愿意为获得第一单位的商品支付100元，为获得第二单位的商品支付80元，为获得第三单位的商品支付60元，为获得第四单位的商品支付40元。但是，基于40元的价格，他为获得4单位的商品所做的实际价格支付是160元。这两者之间的差额（280元-160元），即消费者愿意做出的价格支付与消费者实际价格支付的差额就构成了消费者剩余。图5-4中的阴影部分代表的就是消费者剩余。

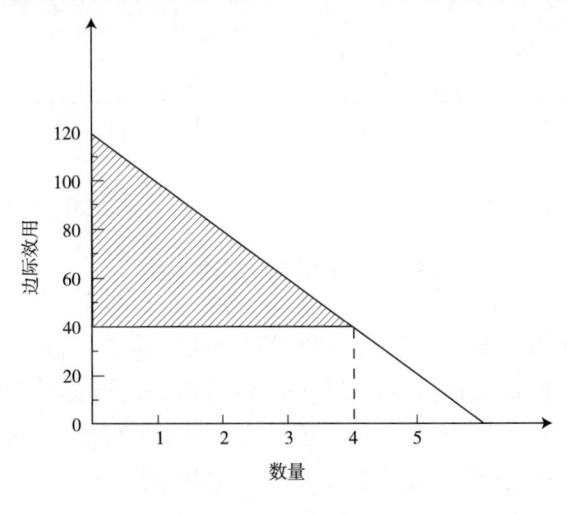

图 5-4 消费者剩余

显然，在上述例子中，120元的消费者剩余并非意味着消费者在购买中真的得到了120元，而是表明消费者得到了可以用120元衡量的获益或者满足感。消费者剩余并非有形的，而是无形的。作为一种额外的效用，消费者剩余仅仅是消费者的一种心理上的获

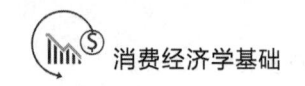

益感觉。虽然只是一种心理感觉或者主观感知，但是对消费者来说，消费者剩余如同亚当·斯密所说的"看不见的手"一样，左右着消费者的购买行为，从而影响消费者的需求。在购买行为自愿的前提下，消费者需要从购买中获得消费者剩余，否则，他将不购买。

### （三）收入与消费者选择

前面我们分析了价格和收入的变化如何影响消费者的预算线，解释了受预算约束的效用最大化如何导致消费者的最优选择。在此基础上，我们可以进一步明确收入和价格的变化将如何影响消费者的选择和需求。我们首先考虑当消费者收入发生变动时，消费者的选择和需求会怎样变动。

#### 1. 正常商品与低档商品

我们知道，当收入变动时，预算线会发生向外或者向内的平行移动。一般地，当收入增加时，消费者对商品的需求数量会增加，如图 5-5（a）所示。我们可以看到，当收入增加时，消费者预算线由 $L_1$ 平行移动到 $L_2$，从而消费者的最优选择由 $A$ 点移动到 $B$ 点，消费者对商品 X 和商品 Y 的需求都增加了。这表明商品 X 和商品 Y 都是正常商品。所谓正常商品是指需求随着人们收入增加而增加、随着收入下降而下降的商品。

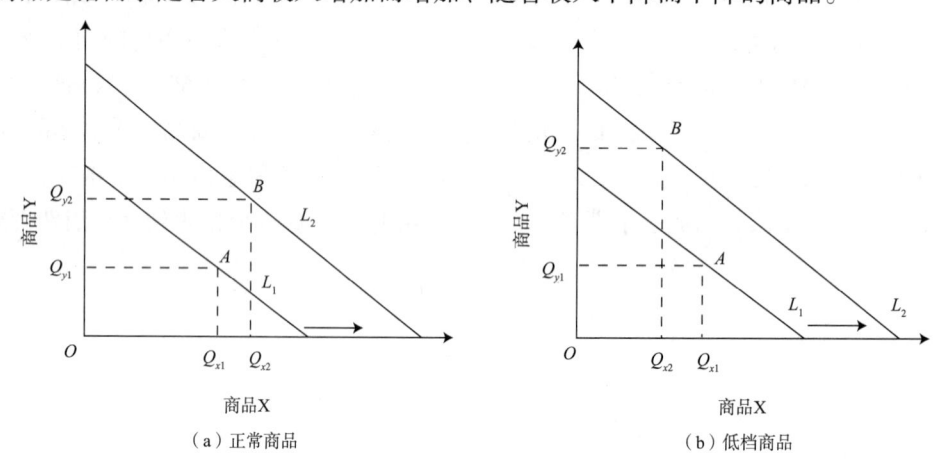

图 5-5　正常商品与低档商品

当收入增加时，也有一些商品的需求数量反而是下降的，如图 5-5（b）所示。我们看到，当收入增加时，消费者预算线由 $L_1$ 平行移动到 $L_2$，消费者的最优选择由 $A$ 点移动到 $B$ 点。显然，其只增加了对商品 Y 的需求，对商品 X 的需求反而减少了。这意味着商品 X 是低档商品。低档商品即需求随着人们收入增加而降低、随着收入降低而增加的商品。一些出现在现实生活中的例子，可以帮助我们更好地理解这种商品的特性。例如，刚开始工作的前几年，由于收入有限，你只好每天乘坐公共交通工具上下班。工作了一段时间后，随着收入的增加，你会追求出行的便利性和舒适性，选择出租车服务。再往后，你会购买一辆私人汽车作为出行工具。由此，你用于公共交通方面的费用，随着收入的增加不断地降低，公共交通服务是一种低档性的基本交通服务。

上述分析表明，收入变动对商品需求的影响取决于商品的属性。对于正常商品而言，更高的收入将导致更高的消费需求；对于低档商品而言，更高的收入将导致更低的消费需求。这在某种意义上意味着可以基于商品的属性预测收入变量对消费变化趋势的影响。

但是基于正常商品和低档商品的商品属性，却不能预测收入改变后，某一特定商品的需求变化情况。因为某种商品是正常商品还是低档商品，是由个人决定的。不同的消费者在不同的市场中，对正常商品和低档商品的判断是不尽相同的。公共交通服务对于一些消费者而言是低档性服务，但是对于某些消费群体而言，如环保主义者，则可能是正常商品。

2. 需求收入弹性：消费者对收入变化的反应

如果个人和家庭的收入增加了，需求和消费的各种商品的数量变化是一样的吗？这中间又有什么规律呢？这个问题涉及需求对收入变动的敏感程度。经济学选择"弹性"概念测量敏感程度。

在经济学中，弹性概念用来表明两个经济变量变化的关系。当两个经济变量之间存在函数关系时，作为自变量的经济变量的变化，必然引起作为因变量的经济变量的变化。弹性表示因变量的变化对自变量变化的反应程度或敏感程度。

需求收入弹性是指在其他条件不变时，商品的需求量对消费者收入变化的敏感程度。经济学在讨论需求收入弹性时排除了其他因素对需求的影响，如商品本身的价格、相关商品的价格以及消费者的偏好等。从定量的角度而言，需求收入弹性系数等于需求量变化的百分比与收入变化的百分比之比，用公式表示为：

$$需求收入弹性系数 = \frac{需求量变化的百分比}{收入变化的百分比} \tag{5-6}$$

如果用 $\eta_m$ 表示需求收入弹性系数，$M$ 表示消费者收入，那么上述公式可以表示为：

$$\eta_m = \frac{\Delta Q / Q}{\Delta M / M} \tag{5-7}$$

重新整理之后，可以得到更为一般的表达式：

$$\eta_m = \frac{\Delta Q / \Delta M}{Q / M} \tag{5-8}$$

回顾前面的内容，对于正常商品而言，需求量随着收入的增加而增加，$\Delta Q / \Delta M$ 大于零，从而正常商品的需求收入弹性系数为正值。对于低档商品而言，需求量随着收入的增加而减少，$\Delta Q / \Delta M$ 小于零，所以低档商品的需求收入弹性系数为负值。因此，需求收入弹性系数是正值还是负值，可以用来区分商品是正常商品还是低档商品。

需求收入弹性系数还可以告诉我们很多信息。对于正常商品而言，如果需求收入弹性系数大于1，那么表明需求量增加的百分比大于收入增加的百分比，该商品称为奢侈品或者说高档商品；反之，如果需求收入弹性系数小于1（但大于0），那么该商品称为必需品。这两种商品在需求收入弹性上的差异导致其恩格尔曲线的形状不同。

我们已经知道，预算线伴随着收入的增加而向外平行移动，如图 5-6（a）所示。由此，追求效用最大化的消费者所做出的最优选择是图中无差异曲线与预算线的切点。我们将一系列最优选择点连接起来，构成了图 5-6（a）中的收入扩展线，从而，收入扩展线描述了不同收入水平上的最优选择。如果商品都是正常商品，那么，收入扩展线是向上倾斜的，曲线的斜率一定为正值。

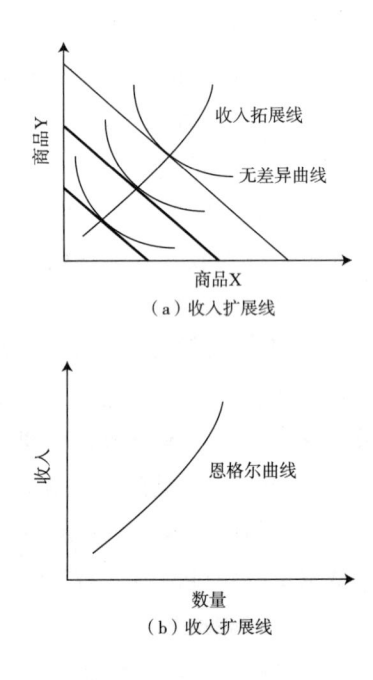

（a）收入扩展线

（b）收入扩展线

图 5-6　需求与收入变动

在图 5-6（b）中，当我们绘制出商品 X 对应于不同收入水平的最优选择时，就得到恩格尔曲线。显然，恩格尔曲线将一种商品的消费量与收入联系起来，是表示消费者的收入与达到消费者均衡时的消费量之间关系的曲线。

商品在需求收入弹性上的差异导致其恩格尔曲线的形状不同，如图 5-7 所示。图 5-7（a）表示的是商品需求收入弹性系数大于 1 的恩格尔曲线。该曲线是向上方凸起的，表明商品需求量随着收入的增加而增加，而且需求量的增长速度越来越快于收入的增长速度。图 5-7（b）表示的是商品需求收入弹性系数小于 1 的恩格尔曲线。该曲线向下方凸起，表明商品需求量随着收入的增加而增加，但是需求量的增长速度越来越慢于收入的增长速度。两类商品恩格尔曲线的不同形状，表明随着人们收入的增加，消费者会把更多的收入花费在非必需性商品上。也就是说，消费者在将增加收入的一部分用于购买更好的食品和生活必需品的同时，会把更多的收入配置在高品质的耐用消费品、娱乐、旅行、医疗保健和保险等商品和服务上。

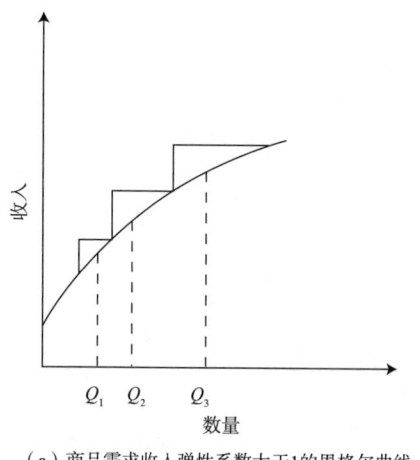

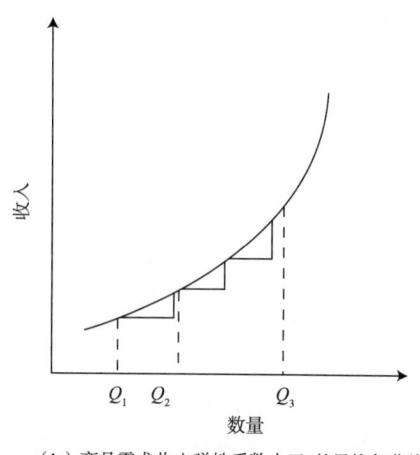

(a) 商品需求收入弹性系数大于1的恩格尔曲线　　(b) 商品需求收入弹性系数小于1的恩格尔曲线

图 5-7　恩格尔曲线

3. 预期收入

预期收入或者未来收入，是指消费者对自己未来收入水平的预期。虽然预期收入的变化不会直接影响消费者现期的需求和消费，但是预期收入能够调节消费者在现期消费与未来消费之间的选择。如果预期收入提高，消费者将提高现期消费支出的水平；如果预期收入降低，消费者可能会增加储蓄，以支持未来的消费水平。预期收入的变化会影响消费者的初次配置收入决策，从而影响消费者的再配置决策和购买决策。随着我国经济的发展和消费者收入水平的不断提高，以及我国资本市场各项金融服务品种和内容的不断丰富，预期收入对消费者当前的消费决策和选择将产生越来越深刻的影响。因而预期收入越发成为影响消费者行为的重要因素，这也使市场经济条件下我国消费者的消费决策和选择明显地区别于过去。

### （四）价格与消费者选择

1. 价格变化和需求曲线

需求曲线是作为消费者选择的结果而形成的，它描绘出在不同价格下，消费者对商品的最优消费数量。通过分析价格变动对预算线的影响，我们可以推导出消费者需求曲线。

如图 5-8（a）所示，假设商品 X 的价格是变动的，而商品 Y 的价格和收入保持不变，这会引起预算线的旋转。在既定的预算约束下，追求满足程度最大化的消费者最优选择是无差异曲线与预算线的切点，将一系列最优选择点连接起来，形成了图 5-8（a）中的价格提供曲线。这条曲线描述了在商品 X 不同的价格水平上消费者的最优选择点。

图 5-8（b）显示了一条相应的需求曲线。需求曲线将商品 X 的价格和需求量联系了起来，描述了对应于商品 X 的不同价格，消费者对商品 X 的最优选择点。需求曲线向右下方倾斜，从而商品的需求量随着价格的提高而减少。这表明价格和需求量二者变化的趋势是：价格提高，需求减少；价格下降，需求增加。经济学把价格和需求量呈相反方向变

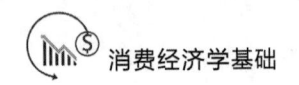

化的趋势称为需求定理。

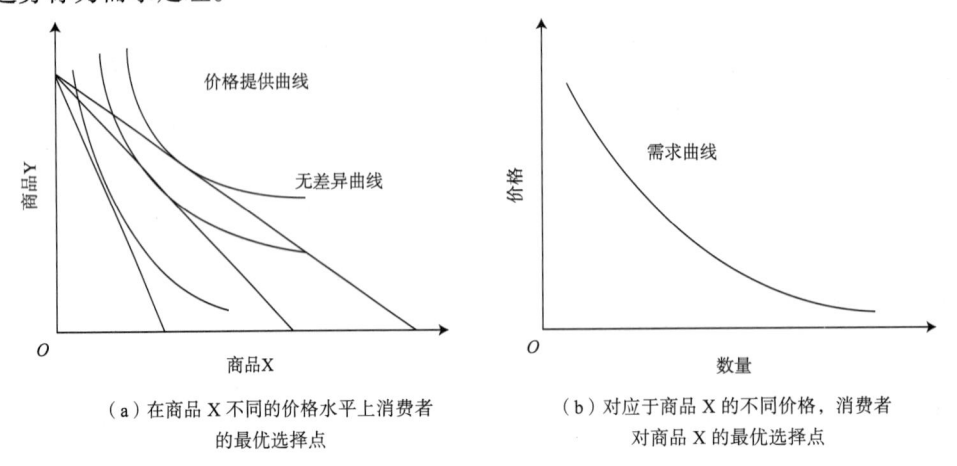

图 5-8 需求曲线的推导

(a) 在商品 X 不同的价格水平上消费者的最优选择点

(b) 对应于商品 X 的不同价格，消费者对商品 X 的最优选择点

可以将需求曲线表达的价格和需求量的变化关系，解释为替代效应和收入效应作用的结果。替代效应是指在收入保持不变的情况下，由于价格的变化引发的一种商品与其他商品取舍关系的变化。例如，当 DVD 的价格上涨后，消费者可能会转向租用 DVD，或者选择使用流媒体服务，以满足其对电影和娱乐的需要。如前文所分析的，当商品 X 的价格上涨时，消费者的预算线会向内旋转，从而个人为增加一单位商品需求，就必须放弃更多的其他商品。新的替代关系会导致消费者减少对这种商品的消费量，而用其他商品来替代该商品。即随着商品价格的提高，替代效应减少了消费者对该商品的需求量；当商品价格下降时，替代效应会刺激消费者增加对这种商品的消费。

价格提高导致预算线向内旋转的同时，也会缩小消费者可选择的集合。尽管消费者的货币收入没有改变，但使用这些收入能够购买的商品减少了，即消费者的实际购买力下降了，从而导致需求量减少，此时价格的收入效应便出现了。收入效应反映商品价格的变动导致消费者购买力发生变化，从而引起的需求的变化。

替代效应反映了由于价格的变化，使一种商品相对于其他商品更便宜而导致的需求量的变化；收入效应则反映和度量了消费者购买力的变化引起需求量的变化。对于正常商品而言，收入效应和替代效应的作用方向是相同的。当正常商品的价格下跌时，人们会用更便宜的商品替代其他商品，从而替代效应增加商品的消费量。收入效应也进一步促进了对商品需求的增加：随着商品价格的下降，个人的实际购买力增大，从而会增加对商品的需求。同理，当正常商品的价格提高时，替代效应和收入效应都导致人们对这种商品的需求和消费会随着价格的提高而降低。受到替代效应和收入效应的作用，正常商品的需求曲线一定是向右下方倾斜的。

对替代效应和收入效应的分析表明，价格和需求量的反向变化关系，包含了经济学的理性行为假定，以及随着价格的变动，消费者增加或者降低了商品购买的能力和意愿。

## 2. 吉芬商品的需求曲线

一般而言，商品价格和需求数量的变动方向是相反的，这表明典型的需求曲线具有负斜率，需求曲线向下倾斜。然而，对于吉芬商品而言，需求曲线不是向右下方倾斜，而是向右上方倾斜，即当商品价格下降时，需求将会减少而不是增加。吉芬商品是以19世纪英国经济学家罗伯特·吉芬的名字命名的。

吉芬对19世纪爱尔兰大饥荒中的土豆销售情况进行分析和研究，发现这样一种反常的现象：当土豆价格上涨时，市场对土豆的需求量随之上升；当土豆价格下跌时，市场对土豆的需求量也随之下降。

如何解释吉芬商品所呈现的需求量与价格之间的关系？假定你正在消费两种商品：方便面和牛肉饭。目前，你一周的消费数量是7包方便面和7碗牛肉饭。现在方便面变得便宜了，如果你每周的消费数量不变，你就会有更多的钱用来购买更多的牛肉饭。事实上，一旦有了因为方便面价格下降而节省的额外货币，你就会决定少吃方便面、多吃牛肉饭。因此，对于方便面这样的低档商品而言，价格变动引发的收入效应，导致当由于价格下降引发消费者购买力增大时，消费者会放弃低档商品，而转向选择正常商品，从而对低档商品的需求将会减少。

在这里，我们意识到，与正常商品不同，低档商品的替代效应和收入效应的作用方向是相反的，收入效应冲抵了一部分替代效应。但是对于低档商品，价格变动的替代效应仍然是主导性的，替代效应大于收入效应。因此，受到替代效应的作用，商品需求量与价格呈相反方向变动。

## 3. 需求价格弹性：消费者对价格变化的反应

需求曲线只反映了价格的变化对商品的需求量会产生反向作用，而没有表明价格变化会对需求量产生怎样的影响。从图5-9中可以看出，在$P_1$价格下，两种商品的需求量是相等的。如果价格上升至$P_2$，那么需求曲线$D_1$的变化要大于$D_2$。在$D_1$中，消费者的需求量减少到$Q_1$，而在$D_2$中，需求量仅下降到$Q_2$。

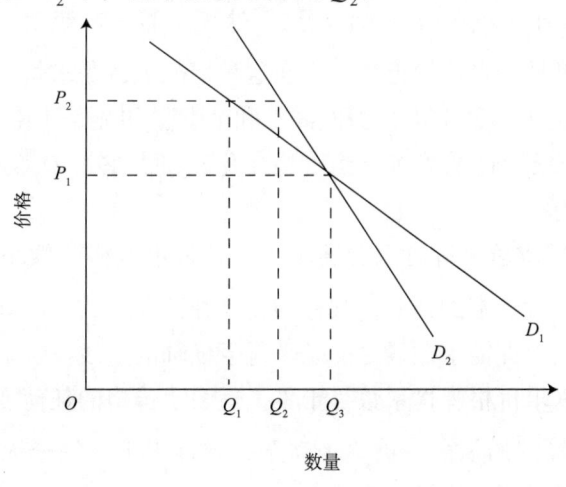

图 5-9 富有弹性和缺乏弹性的需求曲线

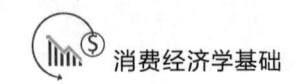

经济学将消费者需求量对于价格变化的反应程度称为需求价格弹性。需求价格弹性衡量了消费者需求对于价格变化的敏感程度。在解释消费者需求对于价格变动是敏感，还是不敏感时，可以通过计算需求价格弹性系数而得到。需求价格弹性系数可以用公式表示为：

$$需求价格弹性系数=\frac{需求量变化的百分比}{价格变化的百分比} \quad (5-9)$$

如果用 $\eta_p$ 表示需求价格弹性系数，用 $P$ 表示价格，需求价格弹性系数公式可以写成：

$$\eta_p = \frac{\Delta Q/Q}{\Delta P/P} \quad (5-10)$$

进一步整理后，得到更一般的表达公式：

$$\eta_p = \frac{P}{Q} \cdot \frac{\Delta Q}{\Delta P} \quad (5-11)$$

通常情况下，商品的需求曲线向左下方倾斜，即价格提高引发需求量减少，价格下降引发需求量增加，所以需求价格弹性系数为负数。为了便于分析，在计算价格弹性系数时通常取绝对值。基于需求价格弹性系数的绝对值，可以识别需求量对价格变动的敏感程度：

（1）$\eta_p > 1$，即需求价格弹性系数大于1。这表示需求量变动的百分比大于价格变动的百分比，称为需求弹性充足或富有弹性。在这种情况下，需求量对价格的变动是非常敏感的，价格的提高（降低）引发需求和消费量的显著下降（增大）。在图5-9中，需求曲线 $D_1$ 是相对富有弹性的需求。当价格变化时，需求曲线为 $D_1$ 的消费者比需求曲线为 $D_2$ 的消费者反应更为敏感。

（2）$\eta_p = 1$，即需求价格弹性系数等于1。这表示需求量变动的百分比变化正好等于价格变动的百分比，称为单位弹性。在这种情况下，消费者的总支出不变。

（3）$\eta_p < 1$，即需求价格弹性系数小于1。这表示需求量变动的百分比小于价格变动的百分比，称为需求弹性不足或缺乏弹性。在这种情况下，需求量对价格变动的反应是极为迟钝的。价格的提高（降低）不会引发需求和消费量的显著下降（增大）。图5-9中，需求曲线 $D_2$ 是相对缺乏弹性的需求。当价格变化时，需求为 $D_2$ 的消费者相对于需求为 $D_1$ 的消费者反应不敏感。

（4）$\eta_p = \infty$，即需求价格弹性系数无穷大。这表示价格的微小变化会引起需求量的无穷大的变化。这是一种极端的情况，被称为完全弹性需求或无限弹性需求。在这种情况下，需求曲线是水平的，即需求曲线是一条平行于横轴的直线。

（5）$\eta_p = 0$，即需求价格弹性系数等于零。这表示价格的任何变化都不会引起需求量的变化。这也是一种极端的情况，被称为完全无弹性需求。完全无弹性需求曲线是垂直的，即需求曲线是一条平行于纵轴的直线。

借助需求价格弹性的概念,我们可以观察当商品价格发生变动时,引发消费者的总支出发生怎样的变化。当商品价格提高时,消费者需求量将会减少。那么消费者的总支出将如何变化呢?当价格发生变化时,消费者总支出是上升、下降还是保持不变,取决于需求价格弹性。例如,当商品 X 的价格是 10 元时,消费者购买量为 50 件,从而消费者总支出等于 500 元。现在商品 X 的价格上涨到 15 元,这导致消费者需求量减少到 40 件,消费者总支出增加到 600 元(15 元 ×40 件)。然而,如果消费者对商品 X 价格变动反应敏感,从而价格提高导致购买量下降到 30 件,在这种情况下,消费者的总支出将会下降到 450 元(15 元 ×30 件)。

我们将上述分析中得到的结论做出如下归纳:

(1)当需求是富有弹性时,如果价格下降,消费者总支出增加;或者价格提高,消费者总支出减少。

(2)当需求是缺乏弹性时,如果价格提高,消费者总支出增加;或者价格下降,消费者总支出减少。

(3)当需求为单位弹性时,无论价格如何变化,消费者总支出不变。

4.替代品与互补品

消费者对一种商品的选择和需求,不仅受到这种商品价格的变动的影响,而且与其他商品的消费和价格相联系。例如,对新车的需求会受到二手车价格的影响,对电子阅读器的需求会受到电子书价格的影响。

如果商品 Y 价格上升时,商品 X 的需求增加,我们称 X 是 Y 的替代品。这里的含义是,当商品 Y 变得昂贵时,消费者会转向消费商品 X,消费者用较便宜的商品替代较昂贵的商品。显然二手车是新车的替代品,二手车价格的提高会引发对新车需求的增大。

如果商品 Y 价格上升时,商品 X 的需求下降,我们称 X 是 Y 的互补品,即两者是相互补充的关系。电子阅读器和电子书、剃须刀与剃须刀片、DVD 光盘和 DVD 播放器等就构成互补关系。我们意识到,构成互补关系的商品是需要一起使用的,因此,其中一种商品价格的变化会引起两个互补性商品的需求同时增加或者减少。

## 第二节　消费者的储蓄决策

在经济理论中,储蓄是指一个经济体(居民个人、企业或政府)为未来创造收入而留出部分产出的过程。一般情况下,居民个人、企业或政府均有储蓄行为,我们在这里主要讨论居民个人的储蓄行为。居民个人的这种货币收入在当前消费与未来消费之间的分配,也是一种基本的经济选择行为。

居民储蓄有狭义和广义之分,狭义的居民储蓄仅指居民在银行等金融机构的储蓄存款;广义的居民储蓄则指货币收入中未被消费的部分,包括银行存款、保险、有价证券、

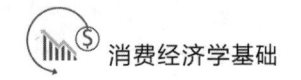

固定资产、实物投资以及现金等。

## 一、生命周期储蓄

人的一生要经历不同的阶段，从收入和消费的关系来看，大致有三个阶段：参加工作之前有消费没有收入（依靠父母支持）；工作期间有收入有消费；退休以后有消费没有收入。为了保证退休后的消费水平与退休前大致持平，人们需要在工作期间为退休后的生活（养老）进行储蓄，这个动机被称为生命周期储蓄。1985年诺贝尔经济学奖得主、美国麻省理工学院的佛朗哥·莫迪利亚尼教授在1963年发表的论文《储蓄的"生命周期"假说》（与A. 安多合著）奠定了其储蓄生命周期理论的基础，该理论成为西方各国分析其养老金制度的重要理论工具。

### （一）生命周期储蓄概述

储蓄对一国的经济十分重要，因此为了系统解释人们为什么要储蓄，经济学家们做了很多的努力。生命周期储蓄理论认为，消费者是在比工作时间更长的时间范围内计划他们的储蓄和消费行为的，人们以在整个生命周期内实现消费的最佳配置为目标，把储蓄看作为年老时的消费所做的准备。

图5-10是对生命周期储蓄模型的一个简单描述。在任何一个时间点上，一个人总的财富为过去储蓄的总和。

图5-10表明了李刚的储蓄和他积累的财富。他在25岁时得到第一份工作，到60岁时退休，预计可以活到90岁。假设李刚从25岁到59岁每年赚的钱和储蓄的钱一样多。在20岁时他没有储蓄，在60岁时储蓄达到顶峰，此时他开始花费自己的储蓄，直到90岁时花完为止。曲线的形态反映了复式利息，随着李刚财富的增加，他赚得的利息也在增加，这些利息每年都加到新的储蓄上。

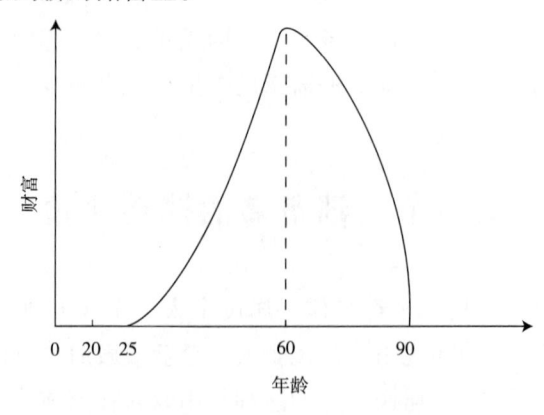

图5-10 生命周期储蓄模型

在现实生活中，大多数人的生命周期比这个简单图形所表示的要复杂得多。由于技能和经验的增长，大多数人在40岁到50岁时赚的钱要比他们在20岁到30岁时赚的钱多。

因此，许多人在20多岁这个阶段的储蓄相对较少，而在40多岁和50多岁这个阶段的储蓄相对较多。尽管如此，图形中的简化例子仍然为一般的储蓄行为方式提供了一个大致的趋势。

### （二）生命周期储蓄的决策过程

为了说明生命周期储蓄的决策过程，我们考虑一种最简单的情况，假定如下：

不存在不确定性因素；某人从其生命的第一年开始工作且没有积累任何财富；他预计能活 $N$ 年，其中要工作 $M$ 年，并且工作期间每年赚取收入 $Y$；储蓄不赚取利息，价格水平保持不变，从而当前的储蓄将等额地转换为未来可能的消费。

在这种假设条件下，我们可以通过提出并回答以下两个问题来制定储蓄或消费决策：

第一，个人生命周期的消费可能是多少？给定工作时间 $M$ 年，（来自个人劳动的）终生收入为 $Y \times M$，即每年的工作收入乘以工作的年数。某人整个生命周期的消费不可能超过其终生收入，因此其整个生命周期内的最大可能消费支出为 $Y \times M$。

第二，人如何在其生命周期内分配储蓄与消费？我们假定此人所偏好的消费是每个时期进行等量的消费。由于生命周期内消费等于终生收入，因此计划年平均消费水平 $C$ 乘以生活的年数 $N$ 就等于终生收入：

$$C \times N = Y \times M \tag{5-12}$$

两边同除以 $N$ 就得到每年的计划消费水平 $C$：

$$C = Y \times \frac{M}{N} \tag{5-13}$$

公式（5-13）中的比例系数等是一生中用于工作的时间比重。它说明在工作期间的每一年中，劳动收入的一部分用于消费，其所占的比重等于工作时间与生活时间之比。

与公式（5-13）相对应的是储蓄函数。我们已经知道储蓄等于收入减去消费，从而可得：

$$S = Y \times \frac{N-M}{N} \tag{5-14}$$

公式（5-14）说明工作期间的储蓄率等于一生中退休时间所占的比重。

假设某人从20岁开始工作且计划工作到65岁，此人在80岁时去世，因此工作时间 $M$ 为45年（65-20），生活年数 $N$ 为60年（80-20）（这里假定此人20岁之前的生活开支由其父母为其支付，不由自己支付）。每年劳动收入 $Y$ 为30 000元，那么：

终生收入 $= Y \times M = 30\,000 \times 45 = 1\,350\,000$（元）

该人在他的工作时期内将得到总计1 350 000元的收入，由于他计划在整个生命时期内均匀地消费这些钱，因而：

$$年均消费\ C = \frac{M}{N} \times Y = \frac{45}{60} \times 30\,000 = 22\,500\ (元)$$

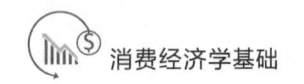

$$年均储蓄 S = \frac{N-M}{N} \times Y = \frac{60-45}{60} \times 30\,000 = 7\,500（元）$$

在这个例子中，此人工作期间每年劳动收入的 75% 用于消费。这是为什么呢？因为 75% 是他一生中（20 岁之后）工作时间所占的比例。每年收入的 25% 是他为一生中 25% 的退休时间的消费而进行的储蓄。

在工作期间（持续 $M$ 年）个人进行储蓄从而积累财产；退休后个人开始靠这些资产为生，在随后的（$N-M$）年进行负储蓄直到死亡。消费在整个生命周期内保持在水平 $C$ 上，所有资产在生命结束时全部耗尽。

图 5-11 说明了消费、储蓄和负储蓄的生命周期模式。在整个生命周期内，存在比率等于 $C$ 的均匀消费流，最终累计消费为 $C \times N$。工作期间的消费支出是由当前收入提供的，退休期间的消费支出则是通过花费工作期间所积累的储蓄实现的。因此，阴影面积（$Y-C$）$\times M$ 与 $C \times (N-M)$ 是相等的，即工作年限内的储蓄提供了退休期间的负储蓄（即消费）。

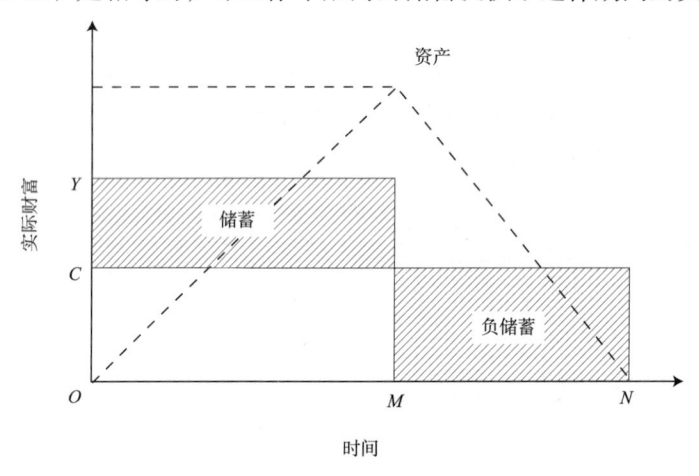

图 5-11　生命周期模型中的终生收入、消费、储蓄和实际财富

### （三）生命周期储蓄的政策含义

根据储蓄的生命周期理论，储蓄率与消费者的当期收入水平无关，与利率也基本无关，储蓄率主要由收入的增长率和人口结构的变化决定。该理论假定消费者是理性的，并且追求一生效用的最大化。但是，由于消费者可能是短视的，未来的收入和寿命也可能是不确定的，因此消费者个人可能会出现储蓄不足或储蓄过度的情况，需要社会对养老金有制度性的安排。研究表明，发达国家全国性养老金制度的建立将导致私人储蓄的下降。我国的研究也发现，养老金制度不健全是导致我国居民高储蓄率的重要原因。

**1. 预防性储蓄**

预防性储蓄是指风险厌恶的消费者为预防不确定性导致的消费水平的下降而进行的储蓄。凯恩斯在论述其储蓄的八种动机时首先提到"谨慎"动机和"预防"动机，其后的经济学家不断尝试寻找不确定性的收入对人们储蓄行为的影响和收入不确定状态的测量方法。20世纪90年代以来，预防性储蓄理论研究的发展使预防性储蓄的存在及重要性得到重视。

需要特别指出的是，未来的不确定性在制度变革、社会变革时期表现得尤为突出。中国自改革开放以来，由于向市场经济的制度转轨造成的收入不确定（失业、下岗）和支出不确定（医疗体制改革等）增强，因此预防性动机成为居民储蓄率提高的重要原因。

2. 目标储蓄

目标储蓄是指消费者为了实现未来特定的消费目标而进行的储蓄。目标储蓄的形成主要受未来收入不确定性、消费者家庭的财富目标和信贷市场流动性约束的影响。20世纪90年代以后，美国学者迪顿、卡罗尔提出了缓冲储备理论，该理论认为，消费者有一个与其收入相适应的财富目标，当实际财富低于该目标时，消费者的预防动机就会占主导地位，从而增加储蓄，减少消费；而当实际财富高于该目标时，就会减少储蓄，增加消费。该理论还假定存在流动性约束，当信贷市场不发达时，流动性约束使消费者很难将收入风险在各个时期进行分散，不仅使消费低于正常水平，还会增加储蓄。从严格意义上说，目标储蓄应归入由收入不确定引起的预防性储蓄，但是，由于有明确的消费（财富）目标，并且在中国，消费结构提升、信贷市场不发达的原因特别突出，因此我们将它单列为一类。

根据国家统计局对居民储蓄目的的调查，可以归入目标储蓄的项目包括"子女教育""买房""子女婚嫁""买车"等。

3. 遗产动机

遗产动机是指人们为了能给孩子留下一份遗产而进行储蓄。从某种意义上说，具有这种动机的人不以自利的方式行动，他们牺牲了自己本来可以消费的支出，来提高其子女或孙辈的消费。父母的消费越少，留给孩子的越多（也有另外一种解释：父母可以被看成以自利的方式行动，他们从对孩子的馈赠中得到快乐，他们的动机是增加自己的快乐，而不是利他性质的）。

遗产动机是形成储蓄的又一个原因。遗产动机对储蓄的影响主要表现在以下两个方面：①遗产动机越大，人们在有能力的工作期间进行的储蓄就越多；②遗产动机越小，人们在工作期间增加的储蓄就越少。

关于遗产储蓄的实际重要性，在经济学界有一些争论。除为孩子接受高等教育筹集资金外，大多数父母并不会给孩子留下很多钱。不过也有一些富人给孩子们留下巨额资金。富人储蓄常常大于其退休生活的需要。一些经济学家认为：在总量上，少数相对富有的人的遗产储蓄要大于多数较穷的人的生命周期储蓄。这对于政府制定政策很有意义：如果遗产动机比原来想象的更重要，为了保证政策有效，旨在刺激储蓄的政府政策也应当注意遗产储蓄。

### 4. 投资性储蓄

当人们进行储蓄是为了获利时，我们把这种储蓄称为投资性储蓄。投资性储蓄主要受利率（投资收益率）的影响。当市场利率（投资收益率）升高时，增加储蓄能带来更高的回报，消费者的储蓄意愿增强；当市场利率（投资收益率）降低时，储蓄的回报降低，消费者倾向于选择增加消费减少储蓄。

### 5. 其他储蓄动机

除上述几种主要的储蓄动机外，在一些特定的人群中还可能存在其他一些储蓄动机，如在中国老年人中比较普遍存在的节俭储蓄。受中国传统的节俭观念和长期形成的消费习惯的影响，很多老年人生活节俭，储蓄并没有特定的目的。随着西方消费观念影响的不断扩大，受中国传统文化影响的节俭储蓄动机对年轻人的影响会越来越小。

## 二、预算约束、利率与储蓄

储蓄决策是指关于把多少收入用于今天的消费，把多少收入用于储蓄以备未来之用的决定，它是每个人面临的一个重要消费决策。我们可以用消费者选择理论来分析人们如何做出这种决策，再进一步分析利率的高低如何影响人们的储蓄量。

### （一）两阶段的预算约束

让我们来看看提前为退休做准备的小王面临的决策。为了使问题简化，我们把小王的一生分为两个时期：第一个时期小王年轻而且有工作；第二个时期小王年老而且退休了。小王年轻时赚了10万元，他把这笔收入分为现期消费和储蓄。在年老时，小王将消费他的储蓄及利息。

假设利率为10%，即小王年轻时每储蓄1元，年老时可以消费1.1元。小王必须在"年轻时消费"和"年老时消费"之间做出选择。利率在小王的选择中占有很重要的地位。

图5-12显示的是小王的预算约束线。如果小王不储蓄，那么年轻时小王将消费10万元而年老时没有消费。如果小王把所有的收入都储蓄起来，那么年轻时小王没有消费而年老时有11万元的消费。这是两种极端的情况。预算约束线表示这两种及中间所有的可能性。

图5-12用无差异曲线代表小王两个时期（工作与退休）消费的偏好。由于小王偏好在两个时期都消费，因此他对较高无差异曲线上各点的偏好大于较低无差异曲线上的各点。小王在这种既定的偏好下选择生命两个时期消费的最优组合，便是既在最高可能无差异曲线上又在预算约束线上的一点。在这种最优状态下，小王年轻时消费5万元，年老时消费5.5万元。

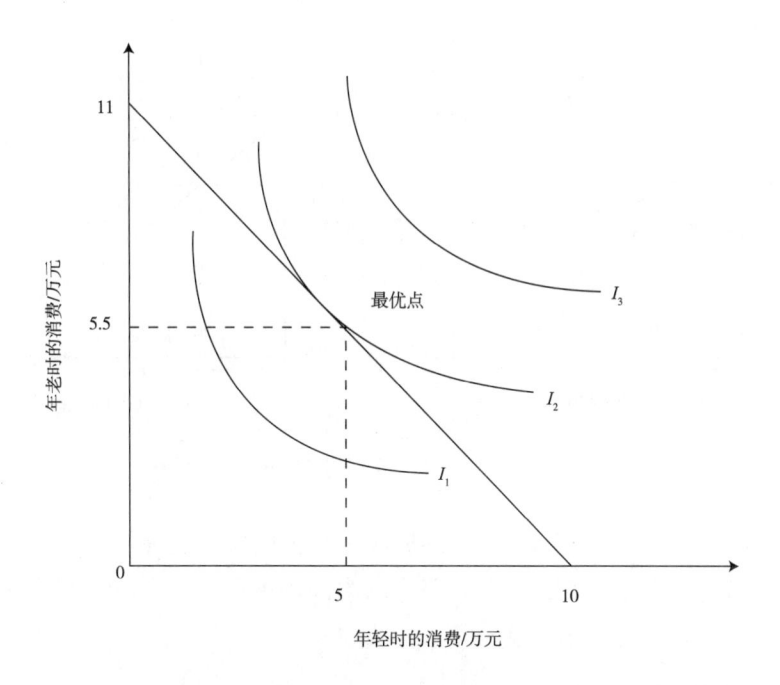

图 5-12　消费储蓄决策

现在考虑当利率从 10% 增长为 20% 时会发生什么变化。图 5-13 显示了两种可能的结果。在这两种情况下，预算约束线都向外移动，而且变得更加陡峭了。在利率更高的条件下，小王在年轻时放弃的每 1 元消费在年老时都将得到更多的回报。

1. 高利率增加储蓄如图 5-13（a）所示

（1）更高的利率使预算约束线向外移动。

（2）导致年轻时消费减少、储蓄增加。

（3）年老时的消费增加得多。

2. 高利率减少储蓄如图 5-13（b）所示

（1）更高的利率使预算约束线向外移动。

（2）导致年轻时消费增加、储蓄减少。

（3）年老时的消费增加得少。

图 5-13 表现出小王的不同偏好以及对更高利率的反应。两种情况下年老时的消费都增加了，但年轻时消费对利率变动的反应是不同的。小王的储蓄是他年轻时的收入减去年轻时的消费量。在图 5-13（a）中，小王对高利率的反应是年轻时减少消费，因此储蓄必然增加。在图 5-13（b）中，小王对高利率的反应是年轻时增加消费，因此储蓄必然减少。

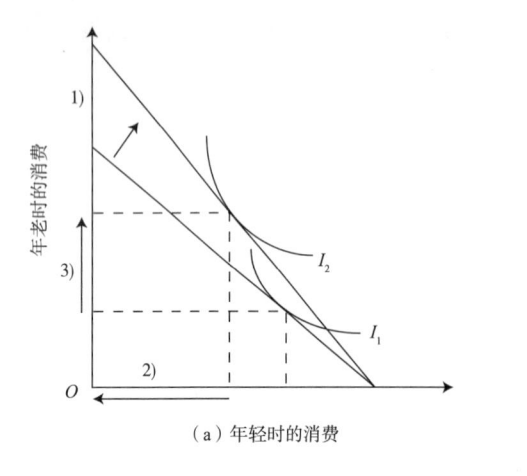

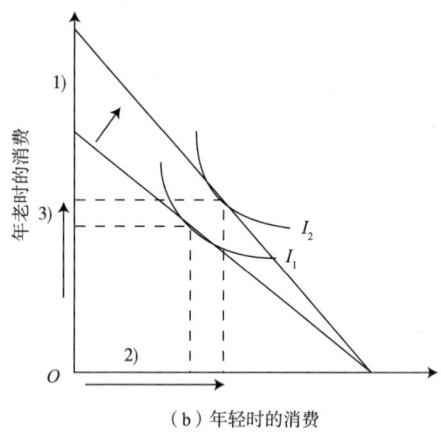

图 5-13 利率提高

在图 5-13（b）中，小王对利率上升的反应是减少储蓄。这种行为乍一看有点儿古怪，但进一步分析可以发现其中的原因。我们可以用高利率的收入效应与替代效应来说明这一点。

### （二）利率变化对储蓄的影响

明确了什么是收入效应、替代效应之后，让我们再回到前面"利率的变化对小王储蓄的影响"的例子。

利率变化通过收入效应和替代效应对储蓄产生影响，并且最终的结果取决于两者的对比关系。

1. 利率变化产生的替代效应

当利率上升时，相对于年轻时的消费而言，年老时消费的成本低了。因此替代效应使小王年老时消费得更多，而年轻时消费得更少。也就是说，替代效应使小王储蓄增加。

2. 利率变化产生的收入效应

当利率上升时，小王移动到更高的无差异曲线，他现在的状况比以前更好了。

只要两个时期的消费品都是正常物品，小王就会倾向于利用这种福利的增加在两个时期享受更多的消费。也就是说，收入效应使小王储蓄减少。

3. 利率对储蓄的最终影响既取决于收入效应又取决于替代效应

如果高利率的替代效应大于收入效应，小王储蓄增加；如果收入效应大于替代效应，小王储蓄减少。

由此可见，消费者选择理论说明，利率提高既可能鼓励储蓄，也可能抑制储蓄。虽然从经济理论的角度看这种不确定的结果是令人感兴趣的，但是从经济政策的角度看这种结果令人失望。税收政策的一个重要争论部分归结于储蓄对利率的反应。一些经济学家主张减少利息和其他资本收入的税收，认为这种政策变化会提高储蓄者可以赚到的税后利率，从而鼓励人们多储蓄。另一些经济学家认为，由于收入效应与替代效应的抵消，这种税收变化不会增加储蓄，甚至还会减少储蓄。目前，对利率如何影响储蓄还没有形成一致的看法。

### 三、影响储蓄的其他因素

#### （一）社会保障制度

1. 社会保障制度的含义

社会保障制度是一系列国家社会保障政策和措施体系的总称。社会保障是指国家通过立法，积极动员社会各方面资源，保证无收入、低收入以及遭遇各种意外灾害的公民能够维持生存，保障劳动者在年老、失业、患病、工伤、生育时的基本生活不受影响，同时根据经济和社会发展状况，逐步提高公共福利水平，提高国民生活质量。完整的社会保障制度包括社会保险、社会救济、社会福利、社会优抚和社会互助等内容，其中，包括养老保险、失业保险、医疗保险、工伤保险和生育保险在内的社会保险是社会保障的核心内容。

一个国家社会保障制度的完善程度及其具体的制度安排对人们的储蓄行为有重要影响：完善的养老金制度会降低人们的生命周期储蓄，健全的失业保险、医疗保险等制度则会降低人们的预防性储蓄。西方发达国家的社会保障制度在第二次世界大战后随着经济的快速发展和"福利国家"思潮的影响日臻完善，但自20世纪70年代以来受到人口老龄化和经济缓慢增长的巨大挑战。2010年希腊爆发的债务危机蔓延至欧元区许多国家，引发国际金融市场动荡，其背后的根源是养老金制度的危机。发展中国家的社会保障制度则大多不完善，覆盖面窄、保障水平低，同时随着人口老龄化的出现，也受到越来越大的挑战。

2. 养老金制度对储蓄的影响

不同的养老金制度安排（不同的筹资方式、受益方式及管理方式）会有不同的储蓄效应。20世纪70年代以来，由于美国储蓄率的下降受到格外关注，许多经济学家试图从不同的角度寻找导致储蓄率下降的原因，因而社会保障对个人储蓄的影响受到很多人的关注。此外，有关私人养老金计划的积累状况对个人储蓄影响的分析也时有所见。但总体来看，迄今为止，有关养老金制度对储蓄影响的分析更多地集中在现收现付的社会保障制度方面，对基金积累制储蓄效应的分析则较少；分析的背景多是以美国为代表的发达的市场经济，缺乏以市场不健全的发展中国家经济为背景的分析；缺乏对从现收现付制向基金积累制的制度转轨可能造成的储蓄影响的分析。

3. 现收现付的养老金对储蓄的影响

（1）对个人储蓄的影响。有关社会保障制度对个人储蓄的影响的研究是由费尔德斯坦首先进行的。他认为，社会保障会对个人储蓄产生两种方向相反的影响：其一是"资产替代效应"，即人们从公共养老金计划当中获得的养老收益会降低为退休消费而进行资产积累的需要；其二是退休效应，因为与生活状况有关的社会保障能够增加储蓄，因而可能诱使人们提前退休。提前退休意味着工作期的缩短和退休期的延长，这又反过来要求人们在工作期有一个比较高的储蓄率。个人储蓄的净效应取决于两种效应的对比。费尔德斯坦利用其理论所做的经验研究表明，1929—1971 年（不包括 1941—1946 年），美国的社会保障制度导致大约减少了 50% 的个人储蓄，即社会保障提供的公共养老金计划对个人储蓄具有"挤出效应"。此后，其他的经验研究也证明了"挤出效应"的存在。

"挤出效应"存在的前提是储蓄生命周期理论的退休储蓄（养老动机）假定。巴罗在引入遗产动机后认为，社会保障对个人储蓄的"挤出效应"可能有一部分为通过遗产形成的个人资源的代际转移所补偿。在不存在退休效应的情况下，通过遗产机制，社会保障对个人储蓄的"挤出效应"应该是零，因此，美国的个人储蓄因社会保障而减少的比例也许不会有费尔德斯坦估计得那么大。尽管其他人的一些研究也对"挤出效应"给予了不同程度的否定，但社会保障的"挤出效应"还是得到了更广泛的认可，有人根据社会保障制度不完善的国家或地区有较高的个人储蓄率的事实，从反面论证了"挤出效应"的存在。此外，对养老储蓄问题的进一步研究认为，无论是费尔德斯坦、巴罗的研究，还是其他的经验研究，都是在生命周期模型的完全确定性的前提下进行的，在引入了不确定性因素后，社会保障对个人储蓄的"挤出效应"可能要比以前估计得更大。另外，由于私人年金市场的逆向选择效应，人们难以通过购买年金来防范长寿风险，而更多地依赖社会保障制度，因而社会保障对个人储蓄有可能产生更大的"挤出效应"。

（2）对公共储蓄的影响。现收现付制是以近期的收支平衡为原则的，因此静态地看，能保障收支平衡的公共养老金计划不会对公共储蓄产生影响；但是动态地看，在现收现付的公共养老金制度建立初期，由于制度赡养率低，公共养老金计划可能会有盈余，因而增加了公共储蓄，或者通过较低的税率促进了私人储蓄的增加。无论哪种情况，都会部分地抵消公共养老金计划对个人储蓄的"挤出效应"。随着人口老龄化和制度的逐渐成熟，年金缴费和支出之间的差距不断扩大，在其他条件不变的情况下，不断扩大的年金赤字意味着公共储蓄的下降；如果这一赤字是通过增加税收来弥补的话，那么还意味着会降低私人储蓄。如表 5-2 所示，部分经济合作与发展组织（OECD）成员国，从 1990—2150 年间预计要支付的年金现值与预计可收入的缴费现值的差额，是这些国家国内生产总值（GDP）的 2～3 倍；如果保持现行的年金政策不变，在 1990—2150 年间七个国家都将出现财政收入缺口。

表5-2　部分经合组织成员国为年金债务筹资的多种选择方案

（1990—2150年）

| 国家 | 现收现付制（PAYG）"年金差额占 GDP 的百分比（%） | 需要增加税收占 GDP 的百分比（%） ||所需的工资保值程度（%） | 所需退休年龄的增长（岁） |
| --- | --- | --- | --- | --- | --- |
| | | 现收现付制不变 | 部分积累 | | |
| 加拿大 | 250 | 6.3 | 4.4 | 20 | 16 |
| 法国 | 216 | 5.5 | 4.0 | 60 | 8 |

续表

| 国家 | 现收现付制（PAYG）年金差额占GDP的百分比（%） | 需要增加税收占GDP的百分比（%） 现收现付制不变 | 需要增加税收占GDP的百分比（%） 部分积累 | 所需的工资保值程度（%） | 所需退休年龄的增长（岁） |
|---|---|---|---|---|---|
| 德国 | 160 | 6.2 | 3.6 | 50 | 11 |
| 意大利 | 233 | 11.9 | 5.3 | 40 | 10 |
| 日本 | 200 | 6.8 | 4.3 | 30 | 9 |
| 英国 | 186 | 4.8 | 3.5 | 50 | 12 |
| 美国 | 43 | 4.4 | 1.1 | 50 | 4 |

4. 资金积累的养老金制度对储蓄的影响

在规定受益的养老金计划中，受益水平通常是以雇员的工作年限及目标替代率水平为基础确定的，而不是直接受养老金计划的积累状况或投资收益率的影响。由此，雇员从养老金计划得到的累积养老金可以与计划的基金积累状况区分开来。养老金净缴费（总缴费－总受益支付）构成私人储蓄的组成部分，并形成可以对投资和政府赤字融资的可贷资金。

从规定受益计划提供者（企业）的角度来看，规定的受益是企业对雇员的应计债务，可以在某些假设条件下（假定某种利率、工资增长率等），计算出受益年金的贴现值，并与养老金资产的价值进行比较。由于养老金负债的资金积累具有确定的目标，基金资产的收益率越高，用于满足基金债务需要的缴费就越低。如果基金资产的实际收益率高于假定的贴现率，基金的缴费就会趋于下降。正如典型的目标储蓄中的情况一样，规定受益的养老基金的缴费对实际利率具有负弹性：利率提高，缴费下降；利率降低，缴费上升。

根据上述理论分析，有人认为20世纪70年代以来市场利率的提高，特别是养老基金投资收益率的提高，导致养老金净缴费的下降，是造成美国私人储蓄率下降的一个重要原因。

由于规定缴费的养老金计划具有完全积累的性质，因而会增加经济中财富的积累。但是个人储蓄的净效应取决于这种强制性储蓄对自愿性储蓄的边际替代率：如果边际替代率大于1，则会减少个人储蓄；如果边际替代率小于1，则会增加个人储蓄；如果边际替代率等于1，则不会对个人储蓄产生影响。戴维斯1995年在对12个OECD成员国及智利和新加坡的养老基金进行分析后，并没有发现养老基金对个人储蓄的规律性影响，因而认为："基金制养老金计划对个人储蓄的影响要依各个经济的具体情况而定。"

## （二）资本市场

1. 资本市场简述

资本市场作为中长期（期限在一年以上的）金融产品发行和交易的市场，是金融体系的重要组成部分,在促进储蓄向投资转化、有效配置资源、分金融体系风险、促进经济增长等方面发挥积极的作用。

成熟的资本市场主要体现在三个方面:①市场体系健全,包括股票市场、政府债券市场、公司债券市场以及场内交易市场,场外交易市场和全国性、区域性等多层次的股权交易市场;②金融产品丰富,包括股票、债券、金融衍生产品在内的各种金融产品能够很好地满足投资者和融资人多样化的投融资需求及风险管理需求;③市场效率高,即市场具有较好的流动性,交易成本低,定价效率高,市场的资源配置功能能得到较好的发挥。

从理论上来说,资本市场对储蓄的影响可能是双向的:资本市场的发展使投资的产品更加丰富,投资的回报率提高,使个人投资的风险得到更合理的估价、管理和分散。这一方面可能会刺激投资的积极性,增加消费者的投资性储蓄;另一方面其产生的财富效应也可能减少因未来收入的不确定而带来的预防性储蓄。有研究表明,资本市场的发展通过分流储蓄和财富效应两个渠道降低居民储蓄率。

2. 流动性约束

当消费者在高收入预期下无法借款来维持当前消费时,就存在流动性约束。大学生对流动性约束可能有特殊的感受。绝大多数学生都预期他们未来的收入要比现在当学生时高得多,而前面讲到的生命周期理论指出他们的消费应该建立在其终生收入的基础上,这就意味着他们当前的支出应该大大高于其收入。要做到这一点,他们就必须借钱。虽然他们能够在一定限度内借款,但是完全有可能无法充分借款来支持持久水平上的消费,这样的学生就受到了流动性约束。当他们大学毕业参加工作后,他们的收入将上升,消费也将相应上升。根据生命周期理论,只要他们收入的增加是可以预期的,他们的消费在收入上升时的增加就不应该太大。事实上,出于流动性约束的原因,消费在收入上升时会有大幅度的上升。由此,消费与当前收入的联系将比该理论所预示的更为密切。同样,若在收入暂时下降时无法借到款,人们也会受到流动性约束。

3. 资本市场对储蓄的影响

(1) 若存、贷款利率相同,那么资本市场不会对储蓄产生太大影响。让我们来考虑这样一种情况。张某今年30岁,她现在有50 000元钱,并且知道自己在40岁时会得到一笔500 000元的遗产。假定借款和储蓄的利率是相同的,如果张某今天放弃1元的消费,明天她将得到1+r元的更多消费;如果张某今天消费1元,明天她将放弃1+r元的更多消费。由于知道10年后自己有能力偿还债务,现在张某可能选择借钱而不是等到10年后再花费遗产。如果她当前的消费大于50 000元,张某必须借债;如果当前的消费小于50 000元,则张某在储蓄;如果张某当前的消费恰好为50 000元,那么她不需要借款,也没有储蓄。

这里假设借款者支付的利息和储蓄者(贷款者)得到的利息相同,但这并不是典型的情况。通常贷款利率要高于存款利率,两者的差额一般有3~4个百分点,用于银行的管理费用以及坏账损失,剩余部分体现为银行的利润。

（2）当存、贷款利率相差很大时，人们很少储蓄。一个人的借款利率和贷款利率不同，导致预算约束线有一个折点。

图 5-14 说明了当张某面临的存贷款利率不同时可做的选择。在这种情况下预算约束不是直线，而是有一个折点 H。在 H 点，张某当前消费为 50 000 元，没有存款也没有借款。通过放弃更多的现在消费（从 H 点向左移），张某在本期每放弃 1 元钱，在下一期将得到 $1+r_s$ 元。这里 $r_s$ 表示存款利率。如果张某想在本期消费较多，即移动到 H 点右方，那么每增加 1 元的本期消费，她必须放弃 $1+r_b$ 元的下期消费。这里 $r_b$ 为贷款利率。由于贷款利率高于存款利率，H 点下方预算约束的斜率大于 H 点上方预算约束的斜率。斜率的不同产生了折点 H。

为了考察折点的意义，假设存款年利率为 7%，贷款年利率为 12%。如果张某借款 10 年，那么她必须为所借的每 1 元钱偿还 $(1.12)^{10}$ 元；如果张某储蓄 10 年，那么她储蓄的每 1 元钱最后只能得到 $(1.07)^{10}$ 元。H 点左边和右边预算约束的斜率明显不同。

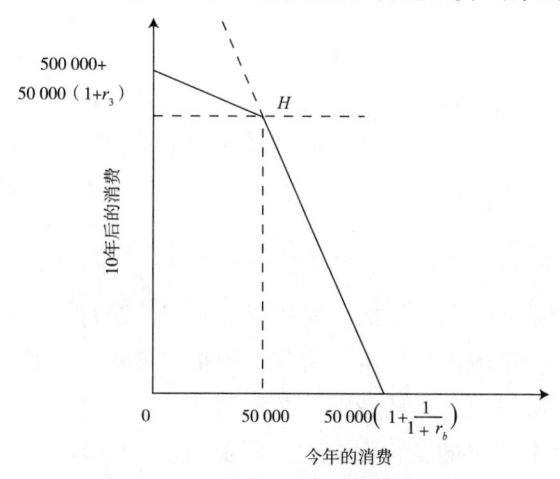

图 5-14 张某有折点的两时期预算约束

当预算约束有折点时，许多人既不借钱也不储蓄。他们能得到的储蓄利息率太低，不足以说服他们储蓄；而必须支付的贷款利息率又太高，使得他们不想借钱。对于这些人来说，存、贷款利率的小量变动没有什么实际意义，他们仍然既不储蓄也不贷款。

（3）当存、贷款利率差减小时，人们倾向于减少储蓄，增加消费。如果贷款利息率下降，因为存、贷款利率更为接近，折点不再那么突出。对于贷款者来说，贷款利息率降低的收入效应和替代效应都将导致现在的消费增加。

任何降低管理成本的创新都会减少存贷款利率之差，从图 5-15 与图 5-14 的对比可以看出这种创新的效果。假设最初贷款利率很高，H 点右方的预算约束看上去很陡，因此许多人会选择在 H 点消费。而现在经过改善的贷款机构降低了贷款利率，从而使得 H 点以下的预算约束变得更为平坦，折点的角度不再像以前那么大，存贷款利率更为接近。

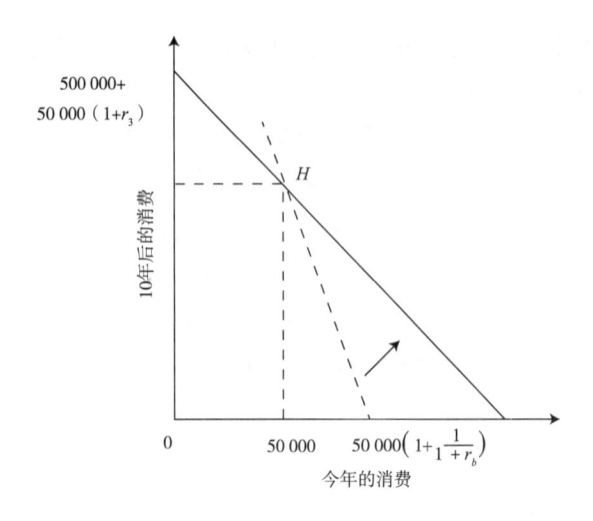

图5-15 资本市场改善后，张某的两时期预算约束

任何降低贷款利率的变动对贷款者既有收入效应也有替代效应。资本市场的改善使人们的处境变得更好，这意味着在今天和明天人们愿意消费得更多。收入效应使人们愿意增加对大多数商品的消费；替代效应使人们用现在的消费代替未来的消费，因为现在的消费相对便宜，更有吸引力了。资本市场就是通过这样一种方式来影响人们储蓄的。

### （三）消费观念

消费观念也称"消费意识"，是指支配和调节人们消费行为的思想、意识。它受到众多因素的制约和影响，包括政治、经济、文化、历史、道德、宗教及自然等因素，其中最根本的是社会经济发展阶段及其具体状况。某种消费观念总是一定社会经济发展状况的反映，并伴随社会经济发展状况的变化而变化。消费观念一经形成，又反过来制约和影响消费生活与消费环境。总的来说，消费观念受文化环境和人的价值观的影响较大，人们由于人生观、幸福观和价值观的不同，在消费观念上必然表现出差异。

（1）由生存型消费向发展型消费转变随着城乡居民收入水平的提高和消费结构的升级，用于吃、穿、用等生活必需品的消费支出比重会下降，用于耐用消费品和服务性消费的支出比重会上升，如用于文化教育、休闲度假、体育健身等精神文化的消费支出。从20世纪90年代开始，我国居民的消费水平逐渐由生存型向享受型及发展型转变。有资料表明，城镇居民人均支出增长最快的项目是交通、通信、娱乐、教育文化和居住。多年来吃、穿、住、行的单一生存型消费结构逐步为享受与发展并重的消费结构所替代。发展型消费主要体现在医疗保健、教育娱乐、交通通信等方面的消费。

（2）超前型消费被更多消费者接受，影响人们消费的因素是多方面的，有文化因素、社会因素、经济因素和心理因素等。其中文化是对人们的消费行为影响最为广泛、最为深远的因素，消费观念则是影响人们消费行为的文化因素的核心。改革开放以来，随着社会生产力的大幅提高，消费品日趋丰富，传统的消费观发生了巨大的变化，人们更普遍地接受消费信贷和超前消费。

（3）绿色消费等现代消费观念出现绿色消费，是指以节约资源和保护环境为特征的消费行为，主要表现为崇尚勤俭节约，减少损失浪费，选择高效、环保的产品和服务，降低消费过程中的资源消耗和污染排放。绿色消费观念是在消费者环境保护意识不断增强、更加注重健康的生活方式的背景下出现的。绿色消费观念将促进健康理性的生活方式，从消费端推动经济增长方式的转变，因而得到政府政策的鼓励和支持。消费观念对储蓄的影响是多方面的，从东亚文化圈各国的发展路径来看，随着消费水平的提高和消费观念的变化，居民储蓄会呈现下降的趋势。

## 第三节 消费者的投资决策

### 一、消费者投资的主要类型和方式

一般而言，消费者的当期收入可划分为三部分，即消费、储蓄及投资，用公式表示为：

$$Y = C + S + I \tag{5-15}$$

式中，$Y$ 为收入，$C$ 为消费，$S$ 为储蓄，$I$ 为投资。消费者的投资具有两个特性：一是时间性，即投入的货币或者说牺牲的消费是现在的，可能的收益则是将来的，从支出到获得之间有一个时间差；二是不确定性，即虽然现在支付的金额是确定的，但未来的收益却是不确定的。消费者的投资决策同样要受到预算约束的影响，作用方式与储蓄决策类似。在不考虑借贷的前提下，消费者的投资与储蓄是此消彼长的关系。

当消费者计划将储蓄用于投资时，他会面临多种选择。按投资对象的不同，消费者投资主要可分为金融投资、实物投资和教育投资三大类。

**（一）消费者投资的主要类型**

1. 金融投资

金融投资是以金融资产为对象的投资，包括银行存款、股票、债券、基金等。金融市场上的货币、资金作为交易对象，最终将投入实物市场上去，所以金融投资实际上是为生产性企业进行实物投资提供所需的资金。金融资产的偿还性、流动性和风险性等特点，导致金融投资具有以下特点：

（1）使用权与所有权的分离。在进行金融投资时，消费者让渡的是货币资金的使用权。无论是银行存款，还是股票、债券的买卖，转移的只是这些资金的使用权，资金的所有权仍然属于消费者。因此，大多数金融投资都是有偿还期限的，消费者的收益实际上是通过让渡使用权获得的。

（2）流动性强。流动性是指资产变为货币而不致遭受损失的能力。金融资产的流动性比实物资产等其他资产强。在所有的资产中，银行活期存款流动性最强，在变现时几乎没有任何损失。国家发行的债券、信用评级较高公司所承兑的商业票据、银行发行的大额可转让存单等，流动性也很强。

（3）波动性大。金融投资是为实物投资提供资金，而不是直接参与生产。它是建立在信用基础上的，因此投资者对未来的预期会对金融市场的收益产生很大影响。以股票市场为例，当人们对宏观经济走势的预期良好时，资金大量涌入，股票市场通常会显现为"牛市"；相反，当人们预期未来宏观经济会停滞不前时，资金大量撤出，股票市场通常会显现为"熊市"。除预期影响外，金融投资还普遍会受战争、疾病等突发事件的影响。与其他投资相比，金融投资产生信用危机的可能性更大。

2. 实物投资

实物投资指以有形资产为对象的投资，包括不动产投资、贵金属投资、珠宝古董及艺术品投资等。对于消费者而言，耐用消费品的支出在一定程度上可视为实物投资。美国消费经济学家玛格丽特·伯克认为，有些耐用消费品被买入后，既可作为家庭消费品，又可作为生产资料或物质资本，靠它们取得收入；有些耐用消费品被买入后，可以转卖或抵押。这些特点都使得耐用消费品的支出具有投资的性质。实物投资具有以下特点：

（1）流动性弱。实物资产在质上具有多样性，导致资产与资产之间不同质，难以准确比较。由于实物资产具有不可复制性，如建筑物的地理位置，加上实物的不可分割性、运输的高成本，以及消费者偏好的不同，因此实物投资变现的时间都比较长，从而降低了流动性。

（2）有保值功能。由于有形资产基本都不受通货膨胀的影响，因而实物投资具有保值的功能。通货膨胀是指由于流通中的货币量超过商品交易的需要量而导致的货币贬值、商品价格上涨。有形资产是以实物形态存在的资产，当发生通货膨胀时，它的价格也会随之上涨，所以可以在一定程度上避免通货膨胀的影响。因此，实物投资都具有保值的功能，这里的保值不包括因技术、消费偏好变化等因素导致的无形损失。

3. 教育投资

与金融投资、实物投资不同，教育投资的投资对象是人本身，所以它具有自己的特点：

（1）教育投资具有投资和消费的双重特性。消费者进行教育投资时不光是为了增加收入，还有满足自身发展的目的，如获得公众认可、提高社会地位等。举个典型的例子，许多老年人在退休后，如果身体及财力允许，依然要对自身进行教育投资。对于这些老年人本身而言，接受教育与其说是一种投资，还不如说是一种消费，因为他不是为增加自己未来的生产力而进行投资。然而，这又不同于一般物质产品的消费，他可以通过自身教育水平的提高来进一步加强对子女及后代素质的影响，从而使下一代的生产力增加，这又与投资有一定联系。通常情况下，教育投入的消费性质与投资性质是相互伴随的。

（2）教育投资的收益具有时间上的间接性。一般来说，一笔教育投资在投入和取得收益之间，往往需要一个过程。这既包括培训的时间（如培养一个中等文化程度的劳动者一般需要12年左右，培养一个合格的大学生则需要16年左右），还包括教育者寻找工作、适应工作，最终发挥其劳动技能、取得收益的时间。因此，教育投资的循环与投资收益的补偿有一定的时间间隔，具有间接性。

### （二）消费者投资的主要形式

1. 银行存款

我国可供居民选择的银行存款按币种不同可分为人民币存款和外币存款两大类。按存款期限的不同，居民存款可分为活期存款和定期存款两大类。定期存款可分为整存整取、零存整取、存本取息、整存零取、定活两便、通知存款、大额存单等类型。储蓄业务一般由银行和信用社办理。

与其他金融资产相比，银行存款的优点包括：

（1）品种多、档次全。如上所述，银行存款的种类很多，而且存款的期限也有很多种，如三个月、六个月、一年、二年、三年、五年等；存额大小自由，可满足社会上不同收入阶层的需要。

（2）变现能力强。与其他有价证券相比，银行存款的流动性是最强的，其中，活期储蓄在所有的金融资产中流动性最强。

（3）偿还性高，风险小。储蓄基准利率由国家统一制定，计算方法由中国人民银行统一规定。银行储蓄只存在国家降息和银行倒闭的风险。前者的幅度是有限的，后者的概率更是微乎其微。

（4）对消费者专业技能的要求低。虽然市场上有多家银行，银行存款有多个品种，但普通的消费者完全可根据自己的需要来选择合适的银行和存款方式。如果消费者选择股票、债券投资，则需要较强的专业知识。

2. 债券

（1）债券的发行人和持有人之间是债权与债务关系。债券持有人只能凭债券按期向发行人取得利息，到期收回本金，无权参与企业的经营管理。企业如果破产则按《破产法》的规定清偿。

（2）债券有明确的面值和利息率。这是债券最基本的特征。债券的面值指债券到期偿还的本金，包括计价货币和数量金额。发行者可根据资金市场情况和自己的需要，选择适当的面值。以美国国内债券市场为例，面额小的只有数十美元，大的高达上百万美元。利息是债券发行者必须向债权人支付的使用资金的报酬。利息率的高低直接影响发行人和持有人双方的经济收益，并常常影响债券的发行量和债券价格。

（3）债券有一定的期限。债券除规定面值和利息率外，还要规定一定的期限，即债券的借款期。到期时，债券发行人要向债券持有人偿还本金和利息。债券的期限长短不一，如短期国库券的期限可能只有91天，而期限长的债券可长达几十年。近年来，由于利率和汇率波动频繁且剧烈，许多投资者都不愿投资期限较长的债券，以免冒太大的风险。为适应这种情况，债券发行人也倾向于缩短债券的期限。

（4）债券可以买卖流通。当债券持有人需要资金时，可以向第三人出售债券，提前收回本金。那么，债券的流通价格是否会等于债券的票面金额呢？答案是不确定的。除票面金额外，债券的流通价格还要受到发行价格等因素的影响。首先，债券的发行价格可能与面值不一致，发行者根据自己的需要可以选择平价、溢价和折价发行。其次，债券进入二级市场流通以后，由于市场供求和银行利率等因素的影响，债券的价格常常偏离其发行价格。一般来说，随着债券到期日的临近，债券的价格会趋向于它的兑付值。

债券从最早发展到现在，种类已经相当多。下面简要介绍几种常见的分类方法。

（1）按发行主体来分，可分为政府债券和公司债券两种。政府债券包括国债和地方债。政府债券，顾名思义是由政府发行的债券，发行政府债券主要是为了满足财政开支的需要。政府债券的还本付息最终要依靠税收。由于借款人是政府，因此政府债券的安全性较好。公司债券是指由企业、公司发行的债券。公司债券多为半年付息一次。

（2）按偿还期限来分，可分为长期债券、中期债券和短期债券三类。长期债券是指偿还期限在五年以上的债券，中期债券是指偿还期限为二年至五年的债券，短期债券的偿还期限在一年以内。

（3）按发行方式来分，可分为公募债券和私募债券两种。公募债券是指在市场上公开发行，没有具体发行对象的债券。私募债券的发行对象是事先指定的，它只在小范围内发行。

（4）按利息支付方式来分，可分为付息债券和零息债券。付息债券是指按期（半年或一年）支付利息，到期还本的债券。大多数债券都属于这种形式。零息债券是指在债券到期前不支付利息的债券。债券的利息在发行时就从发行价格中扣除，到期日按债券面额偿还。发行价格与偿还的面额之间的差额即是债券持有人的利息收入。

（5）按币种所属国的不同，可分为外国债券和欧洲债券两类。外国债券是指甲国发行者在乙国以乙国货币为面额发行的债券。欧洲债券是指甲国发行者在乙国以第三国货币为面额发行的债券。

除上面的划分方式外，还可按担保方式分为担保债券、抵押债券和信用债券；按所含期权可分为可转换债券、可提前赎回债券等。中华人民共和国成立以来，我国发行了多种债券。

3. 股票

股票是股份公司发给股东的所有权凭证，是股东取得股息和参与分红的一种有价证券。它像一般商品一样，有自己的价格，可作为买卖对象，也可作为抵押品，是资金市场主要的长期信用工具之一。

股票按其性质可以分为普通股和优先股两类。优先股是按固定比率支付股息的。它兼有股票和债券两种投资方式的特性：从收益方面来看，它的收入是固定的，具有债券的一般利弊；从所有权方面来看，持有人是公司的所有者，即便公司不能按时支付利息也不算违约，而且它也没有期限，因而具有股票投资的特征。普通股与优先股不同，它的股息是随着企业利润的变动而变动的。在支付股息时，公司先支付优先股的股息，然后支付普通股的股息。如果公司经营状况好，普通股的股息会上升，反之股息会下降，甚至没有股息。此外，当公司破产时，优先股的持有者与其他债权人有权先于普通股持有人获得赔偿。

股票投资具有以下几个特点：

（1）风险较大。股票实质上是股东向公司进行的永久性投资。股票投资能否获得预期收益，完全取决于企业的盈利情况。利大多分，利小少分，无利不分，破产时可能连本金都保不住。正如《证券业务国际辞典》所指出的，"股票代表企业的具有风险的那部分资本，股票是持有人作为企业所有人的证明，股东们共同享受企业的利润，但同时也共同承担企业经营失败的风险。"[1]

（2）流动性强。尽管股票持有人不能退股，但可以在证券市场上通过买卖而兑现，还可作为抵押品向银行或其他金融机构申请抵押贷款。在股票市场发达、宏观经济形势稳定的环境下，持有股票与持有现金几乎没有区别。正是股票的流动性促进了社会资金的有效和高效利用。

（3）需要投资者具有较高的专业技能。公司的未来收入是很难估计的，它不仅由企业自身条件来决定，还会受到产业发展和宏观经济环境的影响，因而股息与股票价格经常波动。所以股票投资往往需要较多的专业知识。

4. 教育投资

教育投资包括正规学校教育（如小学、中学、大学教育）和职业培训（分一般培训和专门培训）两大类。前者主要提高受教育者的知识存量，后者主要提高受教育者的技能存量。作为一种与物质投资相对应的人力资本投资，教育投资具有一些不同于其他投资的作用。

总体而言，教育投资的作用体现在经济和非经济两个方面。其中非经济方面的作用体现在：教育使人们获得了知识、技能和文化，提高了素质，为国家和民族的后续发展打下基础。虽然这些作用无法量化，但意义十分重大。教育投资在经济方面的作用可以分为个人和社会两个方面。对于个人而言，教育投资在经济方面的作用主要体现为工资收益，即受教育程度较高的人的未来工资收入可能超过受教育程度较低的人。对于社会而言，受教育者知识的增加和技能的提高，将形成更高的劳动生产力，促进整体经济的增长。

---

[1] Stuart Vantine: International dictionary of the securities industry, Irwin Professional Pub, 1989。

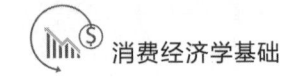

## 二、投资收益

### (一) 收益方式

投资收益可以分成两个部分：利息（股息或租金等）与资本增值。资本增值是指消费者购买资产的价格与出售价格之差。利息与资本增值之和构成了消费者的总收益。举例说明如下：

假定某个消费者在年初花 10 000 元购买了 A 公司的股票。年中，他得到了 200 元的股息。如果年末他以 10 600 元的价格出售了这些股票，那么他这一年股票的投资所获得的总收益为：200+600= 800（元）。

如果年末以原价出售这些股票，那么总收益为 200 元；如果年末以 9 200 元出售这些股票，那么总收益为：200-800=-600（元）。

根据收益内容的不同，收益的计算方式可以分为当期收益、持有期收益和到期收益三种。当期收益是指持有该资产在一定时间内的利息（股息或租金等）收入。当期收益率的计算公式为：

$$当期收益率 = \frac{利息}{购买价格} \qquad (5\text{-}16)$$

在上例中，如果年末以原价出售这些股票，则股票投资的当期收益率为 2%。如果当期收益是以一年为单位计算的，那么当期收益率就等于利息率。值得注意的是，债券的利息率不同于当期收益率。因为债券的利息率是根据债券的面值计算出来的，当期收益率则是根据购买价格计算的。

持有期收益指购买某特定资产一段时间后通过出售所获得的资本增值，即购买价格与出售价格之间的差额。持有期收益率可用公式表示为：

$$持有期收益率 = \frac{出售价格 - 购买价格}{购买价格} \qquad (5\text{-}17)$$

在上例中，假定没有股息，如果股票以 10 600 元的价格出售，那么持有期收益率为 6%；如果股票以 9 200 元的价格出售，那么持有期收益率为 -8%。

到期收益指当期收益和持有期收益之和。到期收益率的计算公式为：

$$到期收益率 = \frac{当期收益 + 持有期收益}{购买价格} = \frac{利息 + 出售价格 - 购买价格}{购买价格} \qquad (5\text{-}18)$$

以债券为例，假定某消费者以 9 000 元买了一年期、利息率为 6%、面值为 10 000 元的国债，那么它的当期收益为 600 元（10 000×6%），持有期收益为 1000 元（10 000-9 000）。这样，该债券的到期收益率为：

$$到期收益率 = \frac{当期收益 + 持有期收益}{购买价格} = \frac{600 + 1000}{9\,000} \approx 17.78\%$$

有些资产的到期收益等于当期收益，如银行存款。还有一些资产的到期收益等于持有期收益，如不派发股息和红利的股票。一般来说，在选择投资项目时，投资者比较的是到期收益，而不是当期收益或持有期收益。在比较不同项目的到期收益率时，还需要考虑另一个重要因素，即获得收益的时间。以不同时间为期限计算出来的到期收益率是不具备可比性的。例如，一年期到期收益率为 2% 的银行存款和两年期到期收益率为 4% 的债券，不能因为后者收益率比前者高，就简单地认为后者能比前者带来更高的收益。那么，这两个投资项目究竟哪个收益更高呢？这就需要了解有关货币时间价值的概念。

### （二）货币的时间价值

货币的时间价值是指当前持有的一定量货币比未来获得的等量货币具有更高的价值。换言之，今天拥有的一元钱比一年后拥有的一元钱更有价值。我们至少可以从两个方面来理解货币为什么会有时间价值：①货币可用于投资，获得收益，从而在将来拥有更多的货币量；②货币的购买力会因通货膨胀的影响而随时间改变。在不考虑通货膨胀的情况下，银行存款利息可以代表货币的时间价值。

在计算货币的时间价值时，需明白四个基本概念：

（1）现值：指在某个时间段资金的起始价值，通常用 $PV$ 表示。

（2）终值：指未来某一时间所获得的货币总额，通常用 $FV$ 表示。它等于资金的起始价值（现值）与利息之和。

（3）期数：指计算利息的次数，通常用 $n$ 表示。

（4）利率：一期的利息与资金的起始价格之比，通常用 $i$ 表示。如果利息按年计，那么 $i$ 就是年利率；如果利息按月计，那么 $i$ 就是月利率。

它们之间的函数关系为：

$$FV = PV \times (1+i)^n \tag{5-19}$$

货币的时间价值为终值与现值的差额，即 $FV-PV$。上述四项是影响货币时间价值的基本因素，其中任意一项的变化（假定其他三项不变）都将改变它的大小。举例说明如下：

假定年初某消费者存入银行 10 000 元，存款方式为一年定期，银行存款一年期利率为 3%，那么他在一年后可获得 10 300 元，其中利息为 300 元。如果年初他存入的不是 10 000 元，而是 1 000 元，那么这一年获得的利息只有 30 元；如果利率不是 3%，而是 2%，那么利息将是 200 元。同理，当利息不按年计，而按月计时，利息也不一样。

因为货币具有时间价值，所以终值是按复利计算的方法计算出来的。复利即利息的利息。复利计息指本期末形成的利息计入下期本金，也计算利息。举例说明如下：

假定年初存入银行 10 000 元，一年期利率为 3%。那么，年末这笔钱的终值为：10 000×1.03=10 300（元）。

假设这笔钱连本带利继续存在银行，那么第二年末的终值为：10 300×1.03=10 609（元）。

这一年的利息为309元,它可以分解为两部分:一部分为单利,即10 000×0.03=300(元);另一部分是前期利息的利息,即复利,300×0.03=9(元)。同理,第三年末这笔钱的终值为:10 609×1.03=10 927.27(元)。

第三年的利息为318.27元,其中单利300元,复利18.27元。

从这个例子我们可以看出,单利保持不变,而复利却逐年上升。期限越长,利率越高,复利上升的速度也就越快。

在$PV$、$FV$、$n$和$i$这四个基本要素中,只要知道其中任意三项,就可以推算出第四项。例如,在计算收益率时,即是通过$PV$、$FV$和$n$来计算$i$。

### (三)收益率的计算

当我们需要比较不同投资的收益率时,可以把它们的收益率转换成同样计息时间的,然后比较它们的大小。

假定你面临两个投资选择:一是售价为9 000元、两年期、面值为10 000元的零息债券;二是两年后到期、面值和售价均为9 000元、年息为5%的其他债券。你应该选择哪一个呢?

先来看零息债券。我们知道,零息债券是不支付利息的,它的收益就是购买价格与面值之差,所以零息债券的到期收益率为:

$$到期收益率 = \frac{100\ 000 - 9\ 000}{9\ 000} = 11.11\%$$

但这是两年的总收益,所以不能直接与另一债券的年息相比。实际上,投资零息债券等于$PV$为9 000、$FV$为10 000、$n$为2的投资。根据公式(5-19),我们可以得到:$10\ 000 = 9\ 000 \times (1+i)^2$。

可以算出$i$约等于5.4%,略高于另一债券。当两者风险相同时,应该选择购买零息债券。

## 三、投资风险

### (一)风险的类型

**1. 按照风险是否可以避免,可分为系统风险与非系统风险**

系统风险又称不可分散风险,指某一投资领域内所有投资者都将共同面临的风险,是无法避免或分散的风险,如战争对整体经济环境的影响,政府新出台的证券管理政策对证券市场的影响,利率的变化对债券市场的影响等。系统风险是由一些共同因素所导致的,将影响某一系统内所有的投资,人们不可能通过多样化的投资组合来避免。

非系统风险又称特定风险或可分散风险,指由影响某一投资对象的某些独特事件的发生而引起的风险,如某一公司新产品研发的失败、市场营销计划落空、重大项目投标失利、竞争对手的出现、生产工艺技术老化、合同违约、劳资纠纷等都属于非系统风险。由于这些因素或事件的发生在本质上是随机的，因而此类风险可以通过多元化的投资来分散或消除。

系统风险和非系统风险如图 5-16 所示。从图中看出，投资的总风险可以分解为系统风险和非系统风险。随着投资者投资的分散化，非系统风险会逐渐减少，最后趋向于零。

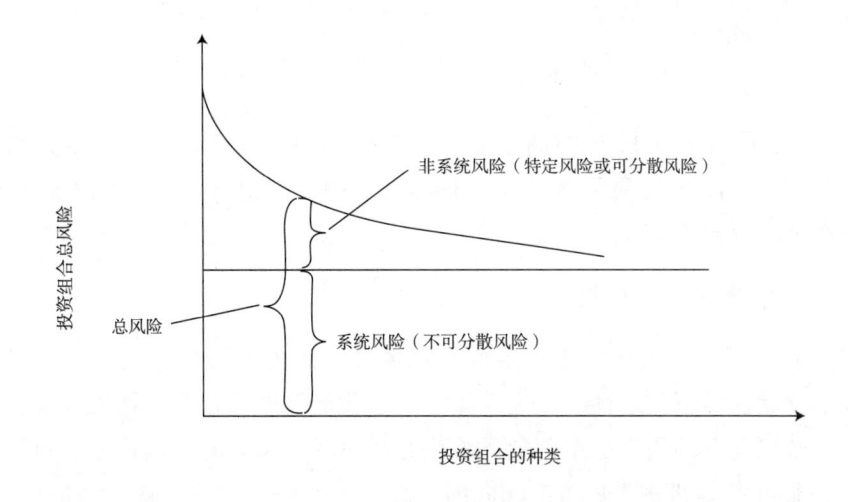

**图 5-16　风险的种类**

2. 按照投资风险产生原因的不同，可分为市场风险和经营风险

市场风险是指由于投资市场各种因素（如利率升降、外汇价格涨跌、购买力的强弱等）而导致投资者亏损的可能性。这是由投资者市场环境的变化引起的。当市场的各种因素变化较大或较频繁时，投资者遭受损失的数额或可能性就会变大。自 2000 年以来美国股市危机造成的养老金大幅减值是投资者所面临的市场风险的一种。

经营风险主要指投资过程中对未来的预期出现偏差，导致决策不当，操作失误，从而遭受损失的可能性。经营风险强调投资者在管理投资过程中遭受损失的可能性，其原因主要是主观判断、操作及管理失误。

3. 按照风险的大小，可分为高风险和低风险

衡量风险的大小有两个指标：一是出现坏结果的可能性；二是出现坏结果所造成损失的大小。高风险指坏结果出现的概率大，或一旦坏结果出现会造成较大损失的风险；低风险指坏结果出现的概率小，或坏结果出现所造成的损失较小的风险。人们常常用预期收益率（即各种可能收益率的加权平均）的大小来表示风险的大小。但这是不正确的。两个投资项目的预期收益率相同，并不代表两者的风险是一样的。两者中谁的方差（反映各种可能结果与预期收益之间的偏离程度的指标）大，谁的风险就大；谁的方差小，谁的风险就小（图 5-17）。

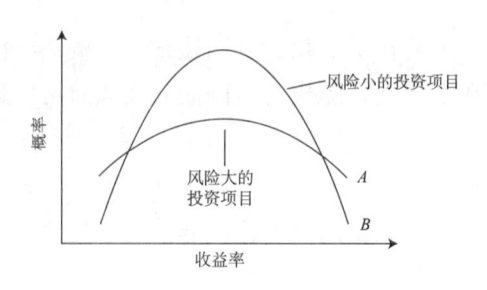

图 5-17 用概率分布描述风险

图 5-17 中项目 A 和项目 B 的概率分布都是对称的，有着相同的中点，因此两者的预期收益率相同，但曲线 A 显示项目 A 取得非常低的收益和非常高的收益的概率都更大，因此项目 A 的风险大于项目 B。

### （二）投资者对待风险的态度

风险是一种不确定性，这种不确定性可以通过一定的方法测量出概率，但我们大多数情况下都不喜欢这种不确定性。在现实生活中，我们可能会花几元钱去购买彩票或是摸奖，但在大多数情况下，我们都在避免风险，并尽量降低风险的严重程度。对于厌恶风险的人而言，如果可以得到预期收益率相同但风险更小的资产，他们肯定会选择风险小的。多数人都厌恶风险这个事实意味着投资者们在承担风险时，会要求更高的预期收益率。一般股票的风险大于公司债券的风险，公司债券又比政府债券的风险大，这就是股票的平均收益比公司债券高，而公司债券的平均收益要高于政府债券的原因。

总的来说人们是厌恶风险的，但在一些情况下，我们观察到有些人是喜欢风险的，属于偏好风险的人。对于他们而言，在预期收益相同的情况下，风险高的项目更有吸引力。有的时候，他们甚至可能不计较收益率，而追逐那些高风险的投资，如美国拉斯维加斯的赌徒们。虽然他们能在冒险中获得快乐，但在经济学家或整个社会看来，这些风险偏好者不断地用他们的收入或财富来从事高风险活动，是目的不明确且不合乎理性的表现。

还有一种人介于厌恶风险与偏好风险之间，他们是风险中性的人。风险中性的人只关心预期收益率，他们在预期收益相同而风险不同的两种资产之间是没有偏好的。当投资只占财富的很小一部分时，人们的选择可能是风险中性的。

### （三）风险与收益的关系

在现实中，我们观察到收益与风险一般呈正相关。这是由于人们多数都厌恶风险，因而只有提高投资收益率，投资者才会选择高风险的投资项目。也就是说，投资者对于其承担的风险，要求有一定的额外收益作为补偿。这种额外的补偿是指超过货币时间价值的那部分额外报酬，又被称为风险溢价或风险价值。在没有通货膨胀的条件下，投资者所要求的报酬率就当是无风险收益率（货币的时间价值）与风险溢价之和：

$$\text{期望投资报酬率} = \text{无风险收益率} + \text{风险溢价} \qquad (5-20)$$

通常无风险收益率用银行存款利率或政府短期债券的利率来表示。

只有提高收益率才能吸引投资者投资高风险项目，反过来说也是如此，投资者如果要高收益就必须承担高风险。风险与收益的替换关系，可以用证券市场线来表示（图5-18）。

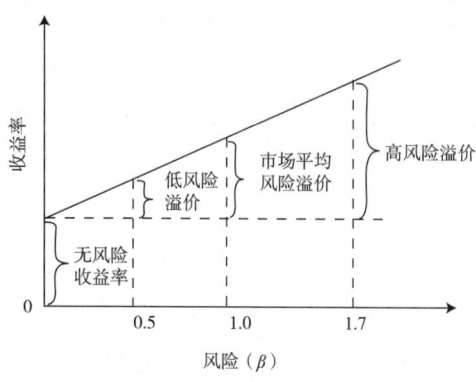

图5-18 证券市场线

从图5-18我们可以看出，在无风险收益率一定的情况下，投资的风险越大（即风险系数 $\beta$ 越大），投资者要求的收益率就越高；反之，风险越小，要求的收益率就越低。可见，风险与收益之间存在正相关关系。需要指出的是，在无风险收益率一定的条件下，证券市场线的斜率是由市场平均风险溢价决定的。市场平均风险溢价与投资者对风险的厌恶程度有关。厌恶风险的程度越高，市场所要求的风险溢价就越高，证券市场线的斜率就越大，从而证券市场线就越陡峭；反之，风险溢价就越低，证券市场线就越平坦。

证券市场线反映的是单个投资项目的风险与收益之间的关系，即没有进行分散化的非系统风险与收益之间的替换关系。系统风险与收益之间的替换关系可以用资本市场线来表示，它的形状与证券市场线类似，也是一条向右上方倾斜的直线，即系统风险与收益之间也呈正相关关系：系统风险越大，要求的风险溢价就越高；系统风险越小，风险溢价就越低。

资本市场线和证券市场线是在一定模型假设条件下得出的，其中包括假设市场上没有交易费用、没有税负。但在实际生活中，交易费用和税负是存在的。虽然现实与理论模型的不一致并不影响其理论的正确性，即风险与收益呈正相关，但交易费用和税负的存在会对投资的收益产生影响。

## 本章小结

本章主要对消费者的消费、储蓄和投资三种决策行为进行分析，了解消费者在不同情况下的决策特点。第一节从消费者的消费选择出发，从微观的角度解释消费者的选择和需求问题。以经济人的理性假设为基础，分析消费者的预算约束及其变动规律、影响因素；接着分析消费者满足程度最大化——无差异曲线中收入和数量的最佳组合，从而达到效用最大化；随后在边际效用递减的基础上分析不同价格下消费者的不同支付意愿带来的

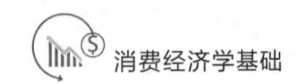

消费者剩余;最后解释了收入和价格的变动如何影响消费者的选择和需求。第二节从生命周期储蓄角度出发,分析了人们进行储蓄的不同动机;随后用消费者选择理论来分析人们如何做出储蓄决策,再进一步分析利息率的高低如何影响人们的储蓄量;最后描述了影响储蓄的其他因素,如社会保障制度、资本市场以及消费观念等,这些因素的变化都会导致不同的储蓄决策。第三节先介绍了消费者投资的主要类型,如金融投资、实物投资、教育投资等;接着介绍了消费者投资的主要形式,如银行存款、债券和股票,并介绍了各自的特点;然后对投资收益的计算方法进行了讲述;最后介绍了不同类型的投资风险、风险和收益的关系以及人们对于不同风险的态度。

**案例分析**

绿松石珠宝为何越贵越好卖

美国人罗伯特·西奥迪尼写的《影响力》一书中有这样一个故事:

美国亚利桑那州的一处旅游胜地新开了一家售卖印第安饰品的珠宝店,由于正值旅游旺季,珠宝店里总是有很多顾客,各种价格高昂的银饰、宝石首饰都卖得很好。唯独一批光泽莹润、价格低廉的绿松石总是无人问津。为了尽快脱手,老板试了很多方法,如把绿松石摆在最显眼的地方、让店员进行强力推销等。然而,所有这一切都没有收到很明显的效果。在一次到外地进货之前,不胜其烦的老板决定亏本处理掉这批绿松石。在出行前她给店员留下一张纸条:"所有绿松石珠宝,价格乘二分之一。"等她进货归来,那批绿松石全部售罄。店员兴奋地告诉她,自从提价以后,那批绿松石成了店里的招牌货。"提价?"老板瞪大了眼睛。原来,粗心的店员把纸条中的"乘二分之一"看成了"乘二"。

**相关问题**

结合经济学原理解释为何绿松石珠宝涨价却能卖得更好?

**思考题**

一、名词解释

边际效用,消费者剩余,需求收入弹性,预期收入,生命周期储蓄,预算约束,流动性约束,优先股,无风险收益,强有效市场,弱有效市场。

二、计算题

(1)假定某消费者以9 000元买了一年期的利息率为6%、面值为10 000元的国债,计算该债券的到期收益率。

（2）假如某人 20 岁时存入银行 1 000 元，以 8% 的年利率连续存 45 年，那么当他 65 岁时，户头下会有多少钱？其中单利多少？复利多少？

（3）假定某人准备两年后买房，首期付款需要 60 000 元。如果他选择投资两年期的银行定期存款，年利率为 10%，那么现在需要存多少钱？

（4）假定某人面临两个投资选择：一个是售价为 9 000 元的两年期、面值为 1 000 元的零息债券，另一个是两年后到期、面值和售价均为 9 000 元且年息为 5% 的其他债券。他应该选择哪一个呢？

# 第六章　消费信贷分析

> **学习目标**
> （1）了解消费信贷的种类与特征。
> （2）熟悉消费信贷风险与管理的基本概念。

# 第一节　消费信贷的种类与特征

根据贷款的发放机构，消费信贷可分为银行信贷和非银行信贷；根据贷款的方式，消费信贷又可分为封闭式信贷和开放式信贷。

## 一、银行信贷的种类与特征

### （一）封闭式信贷

封闭式信贷的特征：具有特定的用途，常以合同形式规定偿还金额、偿还条件、支付次数等，通常在偿还债务前，销售方拥有商品所有权。

目前，我国商业银行个人消费信贷处于起步阶段，种类还不是很多，主要有以下几种。

**1. 个人汽车贷款**

汽车贷款是指贷款人向申请购买汽车的借款人发放的专项贷款，也叫汽车按揭。汽车贷款由贷款人向在特约经销商处购买汽车的借款人发放用于购买汽车，以贷款人认可的权利质押或者具有代偿能力的单位或个人作为还贷本息并承担连带责任的保证人提供保证，在贷款银行存入首期车款，贷款金额最高一般不超过所购汽车售价的 80%，贷款期限一般为 1 年至 3 年，最长不超过 5 年。

**2. 个人旅游贷款**

个人旅游贷款是贷款人向借款人发放的用于支付旅游费用、以贷款人认可的有效权利做质押担保或者有代偿能力的单位或个人作为偿还贷款本息并承担连带责任的保证人提供保证，借款金额为 2 000 元至 50 000 元，期限为 6 个月至 2 年，且提供不少于旅游项目实际报价 30% 首期付款的人民币贷款。

**3. 国家助学贷款**

国家助学贷款又分为一般助学贷款和特困生贷款，是贷款人向全日制高等学校中经济困难的本、专科在校学生发放的用于支付学费和生活费并由教育部门设立"助学贷款专户资金"给予贴息的人民币专项贷款。

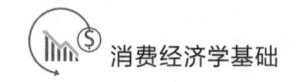

#### 4. 商业性助学贷款

商业性助学贷款是银行对正在接受非义务教育学习的学生或直系家属或法定监护人发放的商业性贷款，适用于学生出国留学、再教育进修等。商业性助学贷款根据用途，可分为学生学杂费贷款、教育储备金贷款、进修贷款和出国留学贷款。各家商业银行在商业助学贷款的条款上可能有所差别，但基本内容相同。商业性助学贷款额度由银行根据借款人资信状况及所提供的担保情况综合确定，最高不超过50万元。贷款最短期限为6个月，最长期限不超过8年。与国家助学贷款相比，商业性助学贷款的利率水平、申请条件以及还贷期限等都提高不少。

#### 5. 大额耐用消费品贷款

大额耐用消费品贷款是指向消费者个人发放用于购买大额耐用消费品的人民币贷款。大额耐用消费品是指单价在3 000元以上（含3 000元）、正常使用寿命在2年以上的家庭耐用商品，包括家用电器、计算机、家具、健身器材、洁具、乐器等（汽车、房屋除外）。大额耐用消费品贷款只能用于购买与贷款人签订有关协议、承办分期付款业务的特约销售商所经营的大额耐用消费品。贷款期限一般在1年以内，最长为3年（含3年）。贷款额度起点为人民币2 000元，最高不超过10万元，借款额度最高不得超过购物款的80%。

#### 6. 家居装修贷款

家居装修贷款是指贷款人向借款人发放的用于借款人自用家居装修的人民币消费贷款。贷款期限一般为1～3年，最长不超过5年（含5年）。贷款额度一般不得超过家居装修工程总额的80%。

### （二）开放式信贷

开放式信贷的特征：开放式信贷无须像封闭式信贷那样需要事先申请，只要不超过信用额度，可以随意使用开放式信贷进行购物，循环发放。信用限额是贷款人允许使用的最高额度，可能要支付利息或者手续费，一般可以享受若干期限的免息还款待遇。

开放式信贷的主要形式是信用卡。

#### 1. 信用卡的概念

信用卡又称贷记卡，指具有一定规模的银行或金融公司发行的，可凭此向特定商家购买货物或享受服务，或向特定银行支取一定款项的信用凭证。

1981年，中国银行将信用卡这一支付方式引进国内。

信用卡的大小与名片相似，卡面印有信用卡和持卡人的姓名、卡号、发行日期、有效日期、每笔付款限额、发卡人等信息，背面有持卡人的预留签名、磁条和发卡人的简要声明等。

#### 2. 信用卡和借记卡的区别

信用卡和借记卡的区别详见表6-1所示。

表6-1 信用卡和借记卡的区别

| 信用卡 | 借记卡 |
| --- | --- |
| 信用卡（消费信贷产品）是先消费后还款 | 借记卡是先存款后使用 |
| 信用卡可以透支 | 借记卡不可以透支 |
| 信用卡有循环信用额度（循环信用就是银行给持卡人核定可使用的额度，持卡人在额度内使用的欠款无须全额还款，只还规定的最低还款额，就可以保持良好的信用记录，可以重复使用持卡人的信用额度） | 借记卡没有循环信用额度 |
| 信用卡持卡人在最后还款日前全额还款的，消费享有免息还款期 | 借记卡没有免息期 |
| 信用卡存款不计息 | 借记卡存款按储蓄利率计算 |
| 信用卡属于负债业务 | 借记卡属于资产业务 |
| 信用卡发卡需符合相关条件（如工作单位的情况、还款能力的考核、个人信用记录的审评等），信用卡有防伪标识和银联标识 | 借记卡有身份证就可以办理，借记卡只有银联标识 |

## 二、非银行机构信贷与特征

### （一）典当融资贷款与特征

所谓典当是指当户将其动产、财产权利作为当物质押或者抵押给典当行，交付一定比例费用，取得当金，并在约定期限内支付当金利息、偿还当金、赎回当物的行为。通俗地说，典当就是要以财物作为质押，有偿有期借贷融资的一种方式。这是一种以物换钱的融资方式，只要顾客在约定时间内还本并支付一定的综合服务费（包括当物的保管费、保险费、利息等）就可赎回当物。

### （二）消费金融公司贷款与特征

与银行相比，消费金融公司具有单笔授信额度小、审批速度快、无须抵押担保、服务方式灵活、贷款期限短等独特优势。消费金融公司经营的业务包括：个人耐用消费品贷款，一般用途个人消费贷款，信贷资产转让，境内同业拆借，向境内金融机构借款，经批准发行金融债券，与消费金融相关的咨询、代理业务，银保监会批准的其他业务。

### （三）保险公司贷款

保单贷款也称保险质借。在投保人需要时，保险公司可以在保单已经具有的现金价值的范围内，以保单做质押，向投保人提供贷款。我国保单质押贷款的期限较短，一般不超过6个月，最高贷款余额也不超过保单现金价值的一定比例，这个比例各个保险公司有不同的规定，一般在70%~80%；银行则更为宽松，一般可达到90%。期满后贷款一定要及时归还，一旦借款本息超过保单现金价值，保单将永久失效。

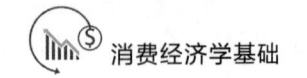

# 第二节　消费信贷风险与管理

## 一、消费信贷风险概述

### （一）消费信贷风险的概念

在现代资产理论中，风险是指实际收益与预期收益的背离，无论何种因素引起的风险，最终都将体现在收益的变化上。消费信贷风险主要是指银行在开展个人消费信贷业务过程中，信贷放出去的款项，借款人到期不能偿还银行本息而使银行蒙受损失的可能性和幅度。它是风险因素变量的各种可能值偏离其期望值的可能性和幅度。从消费信贷风险的定义可以看出，可能值可能低于也可能高于期望值。因此，对风险的理解决不能将其理解为损失的同义词。风险既包含对银行不利的一面，也包含着有利的一面。换句话说，有些风险大的消费信贷资产，其最终实际收益可能要比风险小的消费信贷资产高，也就是人们常说的高风险高收益，故有收益与风险相当之说。

消费信贷风险与消费信贷损失不同，前者是一种可能性，而后者是现实的损失，两者的区别在于，消费信贷风险是消费信贷资金损失的可能性，而消费信贷资金损失是实际已发生的损失，也可称为风险损失。而损失的可能性要转化为现实的损失需要具备一定的条件，即消费者完全丧失偿还能力，又无其他补救来源，致使消费信贷资金最终无法收回。因此消费信贷风险高，并不一定会造成损失，不造成损失，就可能带来收益，这种收益称为风险收益，风险管理的目的也在此。将风险的可能性降至最低点，尽量避免损失的出现。

由于银行管理者所处的环境背景不同、在决策中所处的地位差异，对风险的认识也不同，这在很大程度上取决于决策者的主观因素。主观因素决定了决策者对待风险的态度，其态度不外乎三种情况：①拒绝风险，放弃盈利机会。这是一种保守型作风，但它会使银行降低其市场占有率，降低盈利率，不利于开拓市场，这种经营作风是不可取的；②承担风险，追求利润。这是一种冒险型经营作风，这种经营作用将使银行风险加大，甚至付出巨大代价，这种经营作风也是不可取的；③合理地规范其所承受风险的程度，不因高盈利而冒大的风险，也不因小风险而放弃盈利的机会。积极稳健地进行风险控制，这是一种较好的对待风险的态度。

### （二）消费信贷风险的特点

商业银行开展消费信贷业务与一般的银行信贷业务最大的不同在于其授信对象不是工商企业而是消费者个人，由于授信对象的差异，决定了其风险不同于一般的信贷业务。

1. 不确定性因素较多

作为消费信贷资金的使用者—个人，其还款来源一般是个人的工资收入、奖金、利息、股息等。而这些收入是极不稳定的，它受国际、国内经济形势变化，企业经营状况，个人身体健康状况及意外情况的制约。

2. 风险较其他信贷资产高

在银行的各种信贷业务中，一般来说，消费信贷的风险最大，损失也最多。这与个人收入的极不稳定以及欺诈行为的盛行有关。另外，消费者个人及其家庭成员因生病、意外事故的发生更容易使贷款难以按时足额收回，增加了商业银行信贷的风险。同时，由于信息的不完全性，消费者个人更容易隐瞒与贷款清偿能力有关的重要信息、自身财富及未来就业状况等，这无疑增加了银行的消费信贷风险。

3. 利率较工商贷款高

消费信贷的利率很高，其利率与其他贷款不同，不会随着市场条件的变动而变动。消费信贷利率高的原因在于消费信贷是一种成本最高、风险最大的贷款。同时，消费者个人与家庭的贷款需求几乎无利率弹性，许多消费者对利率的变化反应不灵敏，如信用卡业务，大多数银行对持卡人收取年度使用费，而且信用卡贷款的利率最高，风险也最大。在其他消费信贷业务中，由于消费者往往是提前消费，但苦于手中资金不足，愿意付出较高的成本代价满足现时消费，所以很少对利率作出反应，尽管利率的高低对贷款额的大小有一定影响，但在消费信贷中利率不是重要的决定因素。由于近几年来金融机构之间竞争加剧，商业银行贷款的利差缩小，但风险上升，使银行盈利率下降。因此，消费信贷成为金融机构竞争最为激烈的场所。但也应该看到，高收益背后隐藏着高风险，世上没有免费的午餐。消费信贷的经营成本较高，在经营规模快速增长的同时，经营风险也在增加。

### （三）消费信贷风险的来源

当前，影响我国消费信贷风险的主要因素概括起来主要有外部环境风险和内部经营风险两大类。

1. 外部环境风险

所谓外部环境风险是指由于商业银行外部经济因素变化而给其造成的信贷资金风险。对银行来说，消费信贷的外部环境风险主要包括以下几个方面：

（1）宏观经济运行状况的变化对消费信贷的影响。在市场经济条件下，宏观经济往往带有周期性的运行规律。在经济繁荣时期，社会经济运行状况良好，生产产品增加，销售扩大，企业利润增长，人们的收入提高，因此消费信贷风险相对减少。而在经济萧条时期，经济发展速度减慢，生产产品积压，销售量急剧下降，企业利润降低甚至发生亏损，人们的收入减少，借款人生活状况发生变化，造成消费信贷风险增大。

（2）借款人各种违约的行为造成银行的消费信贷风险。消费信贷的贷款对象是消费者个人，由于信息的不对称，个人拥有大量的信息，而银行对借款人的信息拥有得较少，

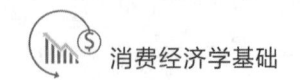

因而银行对个人的资信状况很难调查清楚。个人财务状况容易伪造，同时个人收入预期不稳定，尤其是在经济体制改革的深化和结构调整过程中，失业的潜在威胁加大，增加了借款人违约的可能性，造成了银行的消费信贷风险上升。

（3）金融市场价格变化给银行带来的消费信贷风险。与工商信贷相比，消费信贷贷款期限普遍较长，如住房抵押贷款一般为10～20年，最长达30年，在如此长的时间内，利率会发生变动，由于利率波动而导致银行贷款成本增加或机会收益减少，都会给银行带来一定的风险。

（4）自然因素的变化给商业银行造成的消费信贷风险。由于消费信贷期限较长，而贷款的对象是消费者个人，若消费者发生人身意外，往往会造成银行贷款本息难以收回的风险。

2. 内部经营风险

（1）对借款人的资信调查不够。由于消费信贷与商业信贷相比，每笔贷款的额度较小，若对每个借款人进行全面详细的调查，成本太高。因此，只能按某一标准进行评估，而对个人资信的评估，由于个人资料由自己提供，不免有虚假成分，在评估机制不健全的条件下，会导致对某些借款人的资信调查缺乏准确性，对其信用等级的划分产生失误，为风险的发生埋下隐患。

（2）内部机制不健全。有些信贷人员业务素质低，工作不负责任；有些信贷人员不会或不去分析借款人的个人收入来源、支出状况、偿还能力，对消费信贷资金回收与否心中无数；还有些信贷人员思想品德恶劣，与客户串通，蓄意同谋，逃避制度约束，为谋取私利铤而走险，增大了银行的消费信贷风险。

（3）经营指导方针出现偏差。银行主要领导过分强调盈利性，降低信贷资金管理条件，盲目选择客户进行贷款发放，加大了风险。

（4）由于消费信贷是目前各银行争相承揽的业务，银行一些分支机构在激烈的竞争中为了扩大市场占有率和业务范围，不惜以降低贷款条件来拉拢客户，埋下了巨大的风险隐患。

### （四）消费信贷的风险控制

商业银行对消费信贷风险的控制，就是要使消费信贷风险的管理做到经常化、制度化和系统化。为了达到这一目的，银行应该设立专门的信贷风险管理部门，银行的主要领导要亲自抓。因为银行风险的控制是关系到银行经营管理成败的关键，要使消费信贷风险管理成为银行经营的头等大事，该部门的活动不应受其他部门的制约，直接向行长或董事会负责。在风险管理过程中，风险管理部门应与内部审计、财务、数据处理部门及个人密切合作，全面搜集信息，对各类风险进行系统的识别、分析、估价和控制。

在风险管理方法上，风险管理部门可定期或不定期地举行各种形式的讨论会，邀请专家对银行可能面临的各种风险进行分析，寻求解决问题的途径；培训职工，增强风险意识，使全行上下每一个人都了解风险、重视风险，对可能出现的风险提前进行防范，把风险消灭在萌芽状态；拟定风险管理的对策和目标，并将它层层分解，落实到每一个部门、每一个人员身上，并进行定期检查和监督，提前做好风险的预防措施和风险发生后的应急计划，防止风险的进一步蔓延和扩大。

在内部机构的设置上，应着重从银行的利益和安全性角度出发，避免直接与客户打交道的信贷人员权力过大，防止个人以贷谋私、内外勾结、侵吞银行资产；避免主要业务由个人或小集团垄断，应进行适当的权力分散，建立起相互监督与制约机制；实行各笔贷款业务的审核、决策、发放，通过不同的人员完成；贯彻贷款发放的第一责任人制，第一责任人负责每笔贷款的贷前调查、贷中审查、贷后检查，即谁贷出的款项，谁负责收回的原则；实行审贷分离，贷款调查部门负责对贷款的贷与不贷、贷款金额大小、期限长短、贷款方式等提出初步意见，以书面报告形式加附消费者贷款的资料，送贷款审查部门，并对调查情况的真实性负责；贷款审查部门对提供的资料、数据的准确性、完整性进行审查和核实，并对贷款的准确性和完整性负责。

在内部机构设置合理的基础上，不仅要从经验出发，对消费贷款进行审查决策，而且要建立科学合理的指标体系，对授信的额度、期限、利率等进行量化管理，并根据个人财务收入状况及引起消费信贷风险的内、外因素的变化，对贷款的额度、利率、期限、担保品等及时作出调整，使风险有一个可控的界限，将风险控制在商业银行所能承受的范围内。

## 二、消费信贷的风险管理

### （一）消费信贷的风险管理

风险管理是一门新兴管理学科，产生于20世纪30年代，并在第二次世界大战后得到迅速发展。但时至今日，风险管理理论仍然是不成熟和不完善的，原因就在于引起风险的原因是多种多样的，外部环境的多变性和各经济变量的不确定性，都是影响风险的因素。因此，如果我们不对风险进行全面系统的研究、分析和识别，仅凭经验办事，将会给银行带来重大的经济损失，并引发更大的风险。从银行经营管理的角度出发，风险管理是银行经营管理的重要组成部分。

消费信贷是银行信贷的一个主要部分，对银行信贷风险的研究要重视消费信贷风险的管理。银行消费信贷风险，就其本质内涵来说是银行为防止和减少消费信贷资金损失，采取有效的防范、消化和控制风险的措施，保障消费信贷资产安全和获利能力的活动过程。由于消费信贷风险的存在，银行只有加强对消费信贷风险的管理，防止和化解风险，才能减少消费信贷资金的损失，保证银行信贷资产的安全。

因此，消费信贷风险管理的目标与银行经营管理的目标一致，在坚持信贷资产安全性和流动性的前提下，争取银行利润的最大化。也就是说，银行消费信贷风险管理的目标

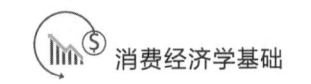

就是以最小的机会成本代价，获取最大的盈利，使银行资本处于足够安全的状态。

各国中央银行和国际银行监管部门也相应制定了一系列确保银行安全的标准，最为典型的是《巴塞尔协议》。《巴塞尔协议》为银行业的风险控制提供了国际趋同化的标准。尤其为发达国家创立和完善适合本国国情的风险管理制度提供了原则和指南。随着金融的区域化和国际化，该协议所确立的原则和标准被广泛运用于国际银行风险管理领域。

在《巴塞尔协议》对风险管理大的框架下，具体到每一个银行也都拥有自己的安全标准，这一标准各银行是不相同的。它与银行经营者的经营作风、银行的实力以及承受风险的能力有关。一般来说，保守稳健的银行对安全水平的要求就比冒险进取的银行要高；而那些实力强、分支机构多、风险承受能力强的银行的安全标准可以相应地低一些，反之，则会高一些。但无论如何，对于银行经营安全性的保证，主要从以下两个方面入手：

（1）银行要保证有足够的流动性资产和充足的资本金，一旦风险真正发生，银行有足够的能力承担风险而不会危及银行安全。这是一种消极的防御措施。

（2）银行要具有足够的获利能力，以弥补因风险可能造成的损失。这是一种积极的防范风险的措施。

但也应该看到，银行在经营消费信贷业务过程中，只要有消费信贷风险存在，就必然存在消费信贷风险管理问题，因此银行必须重视防范和化解消费信贷风险。

消费信贷风险管理的目的不仅在于事后分析，更主要的在于事先控制。实际操作中可根据历史数据和资料对未来可能出现的风险进行预测。但应注意的是，已发生的历史数据和资料并不一定与未来将要发生的完全吻合，因此，银行所面临的最大难题是如何准确地测量和控制风险。风险是不可能完全消除的，惧怕风险而缩小业务范围并不能给银行带来收益，也是不可取的，银行必须正视风险，加强风险预测和控制，以最小的成本代价取得尽可能大的经济收益。

**（二）银行消费信贷风险管理的地位与作用**

1. 银行消费信贷风险管理的地位

银行的消费信贷作为银行信贷的重要组成部分，其资产质量高低直接影响到银行信贷资产的质量和银行的经济效益。从目前银行经营现状及发展趋势来看，银行信贷风险管理在银行经营管理中居于核心地位。随着消费信贷业务范围的逐步扩大，消费信贷将成为银行主要的盈利性业务，也将成为我国扩大内需的重要手段，因此消费信贷风险管理将会在银行经营管理中占据重要地位。

（1）消费信贷风险管理是银行信贷管理的核心。目前，我国的专业银行正在向商业银行转变。按照国际惯例，商业银行在资金的营运过程中要充分体现"三性"原则，即安全性、流动性、盈利性。银行要实现盈利性的目标，就必须使其营运资金在业务经营活动中保持最大限度的流动性。而银行要确保资金的盈利性和流动性，其基本前提是资金必须安全，即在资金保值的前提下实现增值。我国银行的主要业务是信贷业务，而在信贷业务中，消费信贷业务所占的比重逐步增大，并将出现持续增长的趋势，因此保证消费信贷资金的安全归还是整个信贷管理的核心。

（2）市场竞争要求加强消费信贷风险管理。从银行体制改革的发展趋势来看，各专业银行逐步向商业银行转变以后，各银行间按照市场经济原则展开激烈的竞争是不可避免的。但如何在竞争过程中把握机遇，选好客户，发放风险适度的盈利性消费贷款，如何正确处理贷款数量和贷款质量之间的关系，获得最大的盈利将是竞争的焦点，也是各国所有商业银行所面临的最大挑战。也就是说，商业银行必须协调好安全性、流动性和盈利性的关系。从这个意义上说，银行应当重视消费信贷风险管理。

2. 银行消费信贷风险管理的作用

随着我国社会主义市场经济的发展，专业银行正朝着商业银行转变，消费信贷风险作为银行信贷风险的一个重要部分，其重要作用主要表现在以下几个方面：

（1）加强银行消费信贷风险管理有利于保证银行信贷资金的安全。信贷风险与信贷资金损失具有直接的内在联系。消费信贷风险越大，信贷资金遭受损失的可能性就越大。因此，加强消费信贷风险管理，尽量减少或降低消费信贷风险，可以减少乃至避免信贷资金损失，保证信贷资金安全。

（2）加强消费信贷风险管理有利于贷款经济效益的提高。信贷风险管理与贷款经济效益有密切联系，贷款经济效益的实现必须以减少和避免消费信贷风险为前提。一般来说，降低和避免信贷风险，贷款的经济效益就会比较好。而贷款经济效益好，意味着贷款投放有效，信贷资金归流顺利；相反，如果贷款经济效益差，则意味着银行信贷资金投放有误，贷款使用不合理，贷款将不能按期如数归还。由此可见，加强信贷风险管理与实现贷款的经济效益要求是一致的。因此，只有加强信贷风险管理，才能有利于贷款经济效益的提高。

（三）消费信贷风险管理的基本原则与内容

1. 银行消费信贷风险管理的基本原则

消费信贷风险管理原则是银行对贷款进行全程管理所必须遵守的基本准则。它主要是根据信用的本质属性以及信贷资金的安全性、流动性和盈利性的基本要求而制定的，并对消费信贷风险的度量、监测、考核以及风险防范和消除等具有制约作用。总的来说，银行在消费信贷风险管理中应当遵守以下五项基本原理：

（1）坚持预期风险防范与事实风险消除并重的原则。预期风险防范是银行在信贷资金运动过程中借助有效的运动机制、管理办法以及严格的信贷约束，尽量将信贷预期风险发生的可能性降到最低限度，预期风险防范是银行进行消费信贷风险管理的重点，但银行也应采取积极措施对已形成的非正常贷款加以清收或对其可能造成的损失进行转移、消化和补偿，把事实风险造成的损失降到最低点。

（2）坚持开拓经营与防范风险相结合的原则。银行只有积极开拓各种经营业务，才能取得收益，而在经营过程中又会面临各种风险。因此，商业银行一方面为了取得最大收益要广泛开展各种经营业务，另一方面在经营过程中要防范、消化信贷风险的发生，二者不可偏废，既不能为了收益而不顾风险，又不能为了防范风险而缩小经营业务范围。

（3）坚持权、责、利相统一的原则。在消费信贷风险管理过程中，坚持权、责、利相统一的原则就是将权利、责任、利益落实到人，每个人要明确自己拥有权利、义务和所承担的风险，奖惩分明，谁的责任谁负责。只有这样，才能调动银行信贷管理人员的积极性，搞好消费信贷风险管理。

（4）坚持贷款风险度管理与存款稳定度管理相配套的原则。对消费信贷风险度的管理是银行采用量化的手段，对消费信贷预期风险发生的可能性，以及消费信贷事实风险造成的损失规模作出的评价。在消费信贷风险管理中，由于银行贷款的资金来源是所吸收的存款，因此，在对消费信贷风险度管理的同时，要对存款的稳定度进行管理，若银行存款不稳定，存贷款期限等不匹配，将对银行信贷资金的流动性产生影响，造成银行信贷风险。

（5）坚持统一目标、分类指导、梯度推进、不断完善的原则。对于消费信贷风险管理，在银行内部，首先要统一目标，只有目标明确，才能制定出合理的管理策略，对不同类型的贷款，要分别采取不同的指导方针，逐步建立和完善有效的管理方针、政策和制度。

2. 银行消费信贷风险管理的主要内容

银行消费信贷风险管理是对导致银行资产风险诸多因素及其可能形成损失的程度的分析和控制活动。由于受多种因素影响和制约，使银行信贷资产发生风险几乎是必然的，从而决定了银行必须对各种风险做事前估计和事后的迅速反应。消费信贷风险管理的目的是通过对导致商业银行消费信贷风险的诸多因素及其发生频率与其可能形成损害程度的分析、预测、控制、疏导和防范等管理活动，来分散、降低和转移风险，使信贷资金安全化，保障银行收回本息。加强银行消费信贷风险管理，关键在于形成一套制度化的严格的管理办法。具体内容包括：

（1）资信评估制度。资信评估是指银行对申请贷款的个人进行资信方面的评估，客观公正地评定借款人的个人财务状况、还贷能力、工作情况、居住状况以及与银行的往来情况等，通过对这些方面的考查分析，确定不同信用等级的消费者偿还贷款本息的能力，以便确定相应的贷款条件和贷款额度，确保消费信贷资金的安全收回。

（2）贷款调查制度。贷前调查是正确发放贷款、减少贷款风险、保证贷款安全的基本前提。消费信贷调查的主要内容包括基本情况调查、贷款风险性及个人财务状况调查和个人资信调查三个方面的内容。

借款人的基本情况调查。其内容主要包括：①个人提供的资料是否真实、合法、有效；②抵押物是否完全可靠、有无重复抵押现象，担保人（单位）是否具备担保能力。

贷款风险性及个人财务状况调查。其主要内容包括：①调查个人消费贷款的真实用途，资金使用与贷款申请是否一致；②调查个人还款能力和还款收入来源构成；③贷款期限是否合理，还款计划是否可行；④贷款风险度的测算，从贷款方式、贷款对象、贷款管理等方面判断贷款的风险程度。

借款人资信调查。其内容主要包括：①借款人的经历及背景，有无长期拖欠债务不还的历史记录，有无毁约的记录；②调查个人财产的质量和数量，即对借款人的信用等级调查；③贷款的审批制度。

贷款的审批过程就是贷款决策的过程。消费贷款的审批人员应认真审查信贷员的调查意见，进行贷款审查。审查的主要内容应当包括：①贷款对象、用途、原因是否符合贷款条件；②贷款的归还计划和措施是否可行；③担保人是否具有经济实力并符合担保条件，贷款抵押物是否符合规定要求；④贷款的额度、期限和利率是否适当，是否与本行资金运用相协调等。

严格贷款的审批制度，加强贷后的服务工作，也是加强消费信贷风险管理、防范风险的重要工作。

（3）贷款的监督检查制度。贷后检查和监督是贷前检查和贷中审核的继续，是消费信贷风险管理的重要环节。银行通过对借款人的监督、检查、分析，如果发现消费者个人财务上出现了问题，贷款面临着风险，则应及时分析风险根源，修改借款合同，安排归还期限。

总之，严格执行贷款的检查、监督制度，是为了保证消费贷款正常有效地使用，防止银行消费信贷风险的发生。

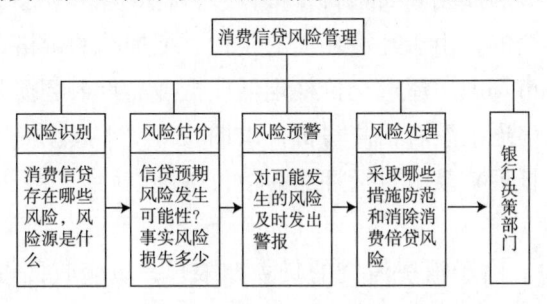

## （四）银行消费信贷风险管理的方法

商业银行消费信贷风险管理系统包括消费信贷风险识别系统、消费信贷风险的估价量化分析系统、消费信贷风险预警系统和消费信贷风险处理系统，如图6-1所示。

图6-1 银行消费信贷风险管理的方法

1.消费信贷风险识别系统

利用各种风险识别手段，在各种消费信贷风险发生前，对风险的类型及风险的原因进行判别分析，以便实行对消费信贷风险的度量和处理，它是消费信贷风险管理的第一步，是对消费信贷风险进行的定量分析。

（1）消费信贷风险的类型。消费信贷风险主要有以下几种类型：

第一，信用风险。信用风险是指借款人违约而导致银行的消费信贷资金损失（到期不能收回贷款本息）的可能性。消费信贷与工商企业信贷不同，一方面，消费者个人申请贷款所提供的财务资料质量差，可信赖程度低，个人报告不经过审计，贷款者很容易隐藏其他负债，同样也很容易夸大其财产价值，而银行对个人资信的实地调查很难开展。由于我国个人信用制度不健全，所以银行无法了解贷款者的信用好坏；另一方面，消费者还款的资金来源是现金收入，包括工资、奖金、利息、股息等。而这些收入来源极不稳定，特别是当前我国处于经济转型时期，随着经济体制改革的深化和结构的调整，失业的潜在威胁逐步增大，使得个人还款的来源缺乏长期的稳定性，偿债风险增加，因此信用和道德风险成为我国目前消费信贷风险中的最主要风险。

第二，利率风险。利率风险是指由于利率水平变化给银行消费信贷资金带来损失的可能性。商业银行经营过程中所面临的最大挑战是利率风险，在消费信贷业务中也是如此。因为贷款的利息净收入是商业银行最重要的收入来源，利息的变化会引起利息净收入的变化，从而影响银行的利润。现行的消费贷款利率调整期最短的为一年，最长的为整个贷款期，如利率市场化的进程加快，对于整个利率缺口的风险程度难以预测，都会给银行的经营管理带来风险。

第三，估价风险。估价风险是指商业银行在办理个人消费信贷抵押业务时，由于对抵押品估价不准，当借款人无力偿还银行贷款时，抵押品不足以补偿银行贷款损失的可能性。对这种风险反应最为敏感的是个人住房抵押贷款。个人住房抵押贷款是一种不动产抵押贷款，当购房者在支付首期规定的价款后，由贷款银行代其支付其余购房款，而将所购商品房作为履行债务担保品抵押给贷款银行，在消费者未还清本息前，房产证书或契约交由银行保留，实质上是一种以所购房屋作为抵押的消费贷款。若消费者由于各种原因不能按时还本付息时，所购房屋则归属银行，银行可自行处置，补偿银行贷款损失。但是抵押品的价值不是一成不变的，由于经济环境的变化，抵押品的价格会受市场价格变动的影响。若在一定时期内，市场上房屋成交价格走低或抵押品年久磨损等原因，都会给银行带来损失。另外，房产商串通消费者抬高房价，以期获得"十成按揭"等欺诈行为都会使商业银行在办理个人住房抵押贷款时对抵押品的估价基础难以把握，最终导致银行产生消费信贷风险。

第四，流动性风险。由于消费信贷的贷款期限长，资金收回慢，降低了银行资产的流动性，使银行到期不能支付债务或不能满足储户临时提取存款的需求而使银行蒙受信誉损失或经济损失甚至存在被挤兑倒闭的可能性。

流动性风险包括：①国内消费信贷中的长期贷款，如住房抵押贷款和汽车贷款，期限一般在5年以上，最长可达30年之久，由于缺乏政府担保或保险制度及抵押贷款的二级市场，债权不能迅速转移；②住房抵押贷款由于是将所购房屋产权作为抵押，其流动性较差，对依法收回的房屋售卖困难，不能迅速变现，造成银行的流动性风险。

第五，经营管理风险。主要包括决策风险和操作风险。决策风险是指银行对申请消费贷款决策失误而给商业银行带来的消费信贷损失的可能性。例如，决策者片面追求盈利性，为提高本行在消费信贷市场中的市场占有率，放松对贷款对象的信用评估、资信调查，致使消费信贷资金无法按时收回的可能性，或在人员素质、管理手段、市场调查等各方面均不具备条件的情况下，草率决定扩大贷款对象，增加贷款额度，使消费信贷资金面临巨大的风险，或者是银行的消费信贷结构不合理，银行所发放的贷款过于集中于某一地区或某消费信贷品种，当该地区出现经济衰退或该项消费信贷出现风险时，将造成银行信贷资产的损失。

操作风险是指商业银行工作人员违反操作规程未严格审查借款人的各项资料，致使贷出的款项到期无法收回，造成贷款可能遭受的损失。

由于我国消费信贷业务开展的时间较短，缺乏一批既精通业务又有丰富管理经验的专门人才，加上消费信贷的监管机制还未健全，经营风险将在相当长的时间内存在，甚至有时会表现得相当突出。

（2）银行消费信贷风险的主要识别方法。银行在实际的消费信贷管理活动中，贷款的各种风险往往交织在一起，引起消费信贷风险的原因是错综复杂的，往往给正确地识别消费信贷风险带来一定的困难。因此，银行在进行信贷风险管理过程中，必须采取一些科学有效的方法来识别风险。常用的消费信贷风险识别方法有以下几种：

第一，个人收入状况分析法。消费信贷的贷款对象是消费者个人，而个人还款的来源是个人收入。通过对个人收入状况的分析，可以获得借款人大量的财务信息。不仅要对借款人个人收入现状进行分析，还要对借款人的信息资料进行跟踪调查，了解借款人是否有稳定的收入来源，并对其今后的收入状况进行预期分析。因为消费信贷尤其是住房贷款期限较长，若个人收入状况发生变化，将对消费者还贷能力产生重大影响。

第二，风险树搜寻法。这是一种以图解的方式进行风险分析的方法，它将银行的消费信贷风险逐层予以分解，以便可以顺藤摸瓜，找到银行所承受的风险的具体形态。因此种方法风险分散后图形呈树状，故人们形象地称它为风险搜寻树。采用这种风险识别方法，银行可以清晰、准确地判明自己所承受风险的具体形态及其性质，简便、快捷地认清自己所处的境地，为以后的相关决策提供科学的依据。

第三，德尔菲法。德尔菲法又称专家调查法，是以专家为信息索取的对象，组织各领域的专家运用其各种专业方面的知识，对消费者可能出现的影响重大且原因复杂的消费信贷风险进行识别的一种方法。其程序为：①由信贷管理人员制定调查方案，确定调查内容，并以调查表方式向被聘请的专家提出问题；②被聘请专家根据调查表所列内容，并参阅反映个人资信状况方面的有关资料，对消费者可能出现的信贷风险提出自己的意见和看法；③信贷管理人员将各种不同意见搜集起来，再反馈给专家提出意见，经过多次反复，使其看法和意见基本一致。需要指出的是，这种方法是20世纪40年代末由美国兰德公司提出并采用的，目前已在各种经营管理和预测决策中普遍采用。此种风险分析的方法在缺

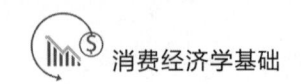

乏足够的统计数据和原始资料的情况下，可起到集思广益的作用，对预测对象的未来状况作出有效的推测，并被证明是一种行之有效的方法。

第四，筛选—监测—诊断法（古德曼法）。此方法是银行通过对消费贷款发放后借款人个人财务资信状况的观测、记录和分析，及时发现消费信贷风险的信号，对银行贷款面临的风险借助筛选、监测和诊断三个紧密相连的环节进行反复循环来识别风险的一种方法。其程序为：①筛选。由信贷管理人员对企业内部和外部存在的各种风险因素进行分类，并确定哪些因素会直接引发消费信贷风险，哪些因素暂时不会引起消费信贷风险，哪些因素还需进行观察才能作出判断。通过筛选可以排除干扰，将注意力集中到一些可能导致重大风险的因素上；②监测。根据筛选提出的结果，由信贷管理人员以这些结果进行观测、记录和分析，以掌握其活动范围和变化趋势；③诊断。通过对企业信贷风险症状与可能起因之间关系进行分析和评价，并对可疑的起因进行排除，才能真正达到识别消费信贷风险的目的。

2. 消费信贷风险的估价量化分析

银行消费信贷风险的估价，是在确认银行消费信贷可能面临何种风险之后，对这些风险给银行消费信贷资金造成的影响程度及其结果进行估计和测定，是银行进行消费信贷风险管理的第二阶段。消费信贷风险估价的前提是假定一切消费信贷风险是可以量化的。

银行消费信贷风险的估价是银行对消费信贷风险发生的可能性及其损失程度作出的评价，实际上，它是度量银行消费信贷风险损失对银行经营状况的影响程度。消费信贷风险估价既是消费信贷风险管理的重点又是难点，其地位十分重要。

消费信贷风险估价之所以成为消费信贷风险管理的重点，是因为消费信贷风险估价关系到信贷风险管理目标的制定，关系到信贷风险评价与处理方法的选择。在实际工作中，由于对消费信贷风险估价的错误，会导致消费信贷风险损失的实际发生。

消费信贷风险估价之所以成为消费信贷风险管理的难点，是因为消费信贷风险估价不仅涉及各种变量之间的逻辑关系，而且所掌握的信息资料必须准确，同时需要借助于一定的技术方法来揭示它们之间的数量关系，其难度不可低估。

就消费信贷风险估价的基本要求而言，主要有两个方面：一是估计某种消费信贷风险发生的可能性（概率）；二是度量消费信贷风险可能带来的损失规模。例如，某银行信贷部门对某消费者发放了一笔10万元20年期限的住宅抵押贷款，这笔贷款的风险度究竟有多大，消费者违约的概率有多少，都要通过一定的数量关系表现出来。银行信贷部门一定时期内消费贷款的风险度是多大，关系到银行消费信贷风险管理成效，也关系到能否制定出正确的措施抑制风险的发生。

消费信贷风险量化估价的方法主要有以下两种：

（1）概率法。概率法是运用概率的方法估价借款人实现预期收入可能性大小的一种定量分析方法。消费信贷风险的主要来源是借款人的违约风险，银行发放贷款的安全与否，能否按期收回，关键在于借款人能否实现预期收入，并以此按时归还银行信贷资金本息。从这个意义上说，借款人实现预期收入的可能性（概率）越大，其违约的可能性就越小，银行的消费信贷风险也越小；反之，银行的消费信贷风险就越大。使用此方法对消费信贷风险进行估价的基本条件是：银行对借款人预期收入的估价要准确，不可有较大偏差。

使用此方法首先是估计借款人预期收入及其相对应的概率。对借款人实现预期收入进行估计时，要有比较完整的历史统计资料，但在对消费者个人的收入状况进行分析，这一点很难做到。

补救的办法是，在搜集有限的信息资料基础上，通过征求各方面专家的意见，并凭借信贷人员个人经验对各种可能结果作出估价和判断。严格地说，这种估价方法在一定程度上具有主观估价的性质，但个人经验并不意味着随意猜测，而是在已掌握的信息资料和实践经验上进行分析和估价。

其次是预测期望值。期望值是指各个随机变量与其各自发生概率的加权平均数，是考虑风险程度计算的期望估计值，以 $E(x)$ 表示，计算公式为：

$$E(x) = \sum_{i=1}^{n} x_i P_i \tag{6-1}$$

式中，$X_i$ 为第 $i$ 种可能结果出现后的预期收益值；$P_i$ 为第 $i$ 种可能结果出现的概率；$n$ 为所有可能结果的总数目。

再次计算标准差。标准差是指某事件各种可能值（随机变量）与期望值的综合偏离程度。它们之间的差距越大，说明随机变量的可变性越大，意味着各种可能情况与期望值的差别越大，风险也越大；反之，它们之间的差距越小，说明随机变量越接近于期望值，意味着风险越小。标准差可用下列公式表示：

$$\sigma = \sqrt{\sigma^2} = \sqrt{\sum [x_i - E(x)]^2 P_i} \tag{6-2}$$

标准差是随机变量偏离期望值的绝对值，它可以说明某方案的风险程度，也可以比较相同期望值的各种方案风险的大小，但对于比较期望值不同的各种方案的风险程度，则需要引入变异系数。

最后比较变异系数。变异系数是用来衡量实际收益偏离其期望值的相对程度，变异系数越大，说明该方案的风险性越高。计算公式为：

$$v = \frac{\sigma}{E(x)} \tag{6-3}$$

（2）系数法。系数法是运用基础系数、变换系数和过度系数来估价借款企业信贷风险度的一种方法。这是一种对工商企业贷款的风险估价方法，用来衡量借款企业贷款违约可能性的大小，以此制定相应的风险防范措施。对消费信贷风险的管理也可借鉴此方法，商业银行信贷风险的来源主要有：一是贷款方式运用不当；二是贷款对象选择失误；三是贷款占用形态的转化与变化。基于此，银行从风险管理的角度将这三种因素概括为三种系数。

第一，基础系数。基础系数是指贷款方式对消费信贷风险的影响程度。其风险系数参照《巴塞尔协议》规定的一般原则，分别按信用贷款、抵押贷款、贴现和担保贷款设定。

第二，变换系数。变换系数即消费者信用等级变换系数，是对消费者信用等级进行评定。根据借款人的居住情况、收入状况、就业状况、履约情况、与银行的关系、工作的稳定性、年龄、工龄以及消费者持有信用卡情况九个方面设置评定参数，信用等级划分为六个档次，并设置出相应的风险权重指标。

第三，过度系数。即度量消费贷款占用形态转换与变化对消费信贷风险的影响程度指标。其风险系数按正常、关注、次级、可疑和损失五种占用形态来设定。

把贷前监测消费信贷风险度与贷后检查消费信贷风险度结合起来，是系数法的核心所在。

贷前审查时，计算公式为：

$$消费信贷风险度 = 基础系数 \times 变换系数 \qquad (6-4)$$

由计算出的消费信贷风险度的大小，银行可以比较不同的消费贷款申请人的信贷风险程度，为贷款的合理决策提供科学的依据。

3. 消费信贷风险的监测与预警

贷前审查并不意味着消费信贷资金就无风险了，由于各种不确定因素的影响，会使借款者所面临的财务收入状况发生变化，影响借款人偿还贷款的能力。因此，银行有必要对借款人的财务收入状况进行监测、预警，以便在发现问题的苗头后及时解决，以免问题真正发生后造成银行贷款的现实损失。

风险预警并不是风险发生时的警报，而是在风险出现以前，当出现风险的迹象或苗头时即发出警报；与消费信贷风险相对应的紧急措施就是特别关注，发出预警即意味着采取特别关注措施。在跟踪监测的过程中，一旦发现问题，有可能导致风险出现，就要发出风险警报。风险预警和特别关注是跟踪监测的继续，必须在加强消费信贷管理和风险监测的基础上，制定风险警戒线。早期的消费信贷风险预警对商业银行来说关系极大，它往往是成熟银行消费信贷风险管理成败的关键。

（1）来自消费者的消费信贷风险早期报警信号。

第一，借款人个人收入状况的早期报警信号。个人消费信贷的一大特点是消费者用其个人收入作为偿还贷款的主要来源，为此，消费者能否按时还本付息，关键在于对其个人收入的逾期上。消费信贷风险的预警则将观测的重点放在个人收入的监测上，主要跟踪监测消费者个人收入是否发生明显变化；第一职业的工资收入是否减少；第一职业以外的其他收入有无大的变化；其他渠道的个人收入是否锐减；外部经济环境的变化是否可能影响其个人收入等。

第二，借款人财务支出状况的早期报警信号。消费者收入与支出的变化直接影响消费者偿还贷款的能力，因为当消费者的收入基本固定不变的情况下，经常性的支出越大，用于偿还贷款的部分就越小；当必要的支出大于或等于个人收入，或者是当收支差额低于每月偿还额时，就会出现偿还风险。因此，银行要考察消费者在支出方面有无发生变化，是否有超出个人支付能力购买大宗消费品；依靠消费者个人收入生活的人口是否增加；消费者及其依靠其收入生活的人口是否发生大的疾病，额外需要大笔的医疗费用支出，如此等等。这些因素都将可能影响消费者按时足额偿还贷款，银行的信贷人员一旦捕捉到这些信号时，应及时反馈给决策阶层，及时采取措施，出台对策，防止类似信贷风险的发生。

（2）消费信贷风险监测与预警的方法。消费信贷风险的监测与预警同金融风险的监测与预警相比，最大的特点是很难寻找出一组能确切反映消费者收支等各种状况发生变化的敏感性指标。由于消费信贷业务在我国尚处于起步阶段，还没有相应的统计数据表明当消费者的收入水平达到何种程度，消费者的生活支出在总收入中占有多大比例，以及国家宏观经济形势发生何种变化，相应的国家经济发展状况的指标的警戒值为多少时，将可能产生消费者无力偿还贷款的可能。由于很难寻找进行监测预警的指标体系，又缺乏这方面的统计数据，很难通过量化的方法设置风险的警戒线，但这并不能说明对于消费信贷风险的监测与预警就无能为力了，而只是目前还没有有效的量化方法，有待于银行在实际工作中进行探索。对消费信贷风险的监测预警可以通过定性分析的方法，通过对影响消费者收支状况因素的分析，进行消费信贷风险的监测与预警。常用的分析方法有：

第一，头脑风暴法。头脑风暴法是指通过召开专家或有关人员的会议，进行集体判断预警。之所以采取集体判断的形式，是因为对于比较复杂的问题，只依靠个别专家的判断，往往会受到专家知识面、知识深度和占有资料以及经验判断能力的限制，难免带有片面性。因此，采用专家会议的形式，可以发挥专家集体的智慧，相互取长补短，得出比较全面的结论。

采用这种方法首先是选择对研究对象熟悉和有经验的人员，根据预测对象的性质、规模决定选取专家的人数。其次，开会前，工作人员要准备好提纲，说明预测的内容和目的，使与会人员心中有数，做到有的放矢，否则不会产生好的效果。最后，淡化专家中个别权威的绝对地位，要使专家们互相尊重、互相讨论、互相启发、集思广益，充分发挥集体的智慧，弥补个人认识上的不足。

专家会议同个人判断相比较，其优势在于专家会议的信息量比每个专家占有的信息量大；考虑的因素比每个专家成员考虑的要多；提供的方案至少比每个专家成员提供的具体；因此，专家会议如果组织得成功，将会达到比较好的预警效果。

但逐渐形成会议也有其不足，若专家的组成结构单一，由于受专家结构的影响，容易出现"一面倒"的现象，认识上不能得到深化；受心理因素的影响，容易屈服权威和大多数人的意见，受劝说性的影响以及不愿公开修正已发表的意见的影响；受组织本身影响力的影响，或受地理位置等因素的影响，与会专家的水平和人数，往往得不到保证。

第二，德尔菲法。德尔菲法又称专家调查法。德尔菲法是通过一系列简单明了的征询表，以无记名的方式，向专家征询意见，经过有控制的反馈，取得一组尽可能可靠的统

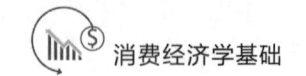

一意见，整理后用于对调查对象未来的预警。

德尔菲法是鉴于专家会议存在的缺点，在20世纪40年代末由美国兰德公司提出并采用的。现这种方法已被广泛运用，其主要特点是用无记名的形式向有关专家进行调查，通过有控制的反复多次的反馈形式来收集预警所需要的信息资料，被调查的专家之间互不影响，各种意见能充分表达出来，避免了对权威人士的随声附和或对多数意见"一边倒"的现象，使每一个被调查的专家可以充分地发表和修正自己的观点。通过反馈各种意见，使每一个专家从各种意见中得到启发，达到集思广益的效果，逐步得出对消费信贷风险的较正确看法。

具体操作方法是：由商业银行风险管理人员制定出一种调查方案，确定调查内容，以发放调查表的方式连同消费者的有关个人财务收支状况及相关资料，一起发给邀请来的专家。专家们根据调查表所列问题并参考有关资料各自独立地提出自己的意见；商业银行风险管理人员汇集整理各专家们的意见，将这些不同意见及其理由反馈给每位专家，然后经过多次反复使意见逐步趋于一致；最后银行风险管理人员将意见汇总成基本一致的结果，上报给决策者便于决策。

第三，主观概率法。主观概率法是商业银行选定一些专家，并拟出几种消费者未来财务状况可能出现的变化交给每位专家，由各位专家利用有限的历史资料，根据个人经验对各种情况发生的概率和在每种条件下商业银行消费信贷资金发生损失的概率作出主观估计；再由商业银行汇总各位专家的估计值进行加权平均，根据平均值计算出该贷款损失的概率。

第四，消费信贷风险的处理。银行消费信贷风险管理的最后阶段即消费信贷风险的处理。从一定意义上说，消费信贷风险处理是银行消费信贷风险管理的出发点和归宿点。与消费信贷风险处理相关联的问题是银行对消费信贷风险如何预防、分散、转移、消除和补偿的问题。

强化消费信贷风险管理关键在于对银行消费信贷风险的处理。加强对银行消费信贷风险管理的目的是减少风险损失，使银行经营效益最大化。但在现代市场经济中，风险无处不在，有风险才能有收益，银行也不例外。要取得收益，就必须承担一定的风险，消费信贷风险管理的目的是要使风险最小化，不能也不可能杜绝一切风险，关键是决策者对风险持何种态度，采取的措施是否有利、可行。

消费信贷风险处理是针对不同类型、不同概率和规模的信贷风险，采取相应的措施和方法，使消费信贷风险降至最低程度。由此可见，能否采取合理的方法处理风险，很大程度上取决于信贷风险的识别、估价和预警的准确性。如果消费信贷风险识别有误，有问题贷款不能及时早期报警，将直接影响消费信贷风险处理方法的选择，导致消费信贷风险管理效果不佳；但如果由于银行不能选择恰当的措施对消费信贷风险进行处理，银行的消费信贷风险管理的目的也不能达到。就处理消费信贷风险的基本要求而言，主要有两个方面：一是对消费信贷资金的预期风险进行防范，将风险消灭在萌芽状态；二是采用各种方法和措施对已形成的事实风险进行转移、补偿和消除，二者既相互联系又相互制约。防范预期风险是消除事实风险的前提，而消除事实风险则是银行防范预期风险的继续。因为任何事物都是在转化之中，因此，防范与消除银行消费信贷风险对银行的经营状况和盈利原则都是至关重要的，二者缺一不可。

银行消费信贷风险处理的方法很多，主要有风险预防、风险回避、风险分散等。

消费信贷风险的预防是指银行通过完善内部管理，提高信贷人员的业务素质，强化消费信贷风险的管理，采取一系列相应的措施，阻止消费信贷风险损失的发生。这是处理消费信贷风险时最常采用的方法，它在消费信贷风险管理中起着防患于未然的作用。

第一，健全的贷款抵押担保制度。大多数的分期付款都要求消费者提供抵押担保，特别是住房贷款，一般还款期限较长，不确定因素较多，容易使银行蒙受信贷风险的损失。银行则要求借款人以所购商品房作为抵押物，在贷款未还清前，产权证交由银行保管，当贷款全部还清后再将产权证交还借款人，以保证借款人不能偿还银行贷款时，银行可用变卖房屋之款项弥补银行信贷资金的损失。

第二，完善的信用审核制度。消费者申请贷款有各种各样的目的，在批准贷款前，银行信贷人员必须了解借款人明确的贷款目的及其职业状况、收入水平、所拥有的财产价值、未偿还借款金额、个人信誉状况等。信贷人员通过对这些信息的分析、识别，对借款人的品德和偿还能力作出恰当的评价。

第三，实行浮动贷款利率和提前偿还罚息。这是针对消费信贷利率风险而言的。消费信贷风险中除信用风险外还存在利率风险和流动性风险，而利率风险是银行消费信贷风险的又一大风险源。由于消费信贷一般为长期贷款，利率的变化将导致银行蒙受利率损失的可能。当利率上升时，银行成本增加，可能使存款利率高于贷款利率，导致银行信贷资金损失；当利率下跌时，消费者会提前偿还固定利率的贷款，而以较低的利率举借新债。借新债还旧债，导致银行丧失贷款收益，并给银行重新安排资金造成困难。为避免损失，银行应收取高于预定利率的罚息，以弥补银行的资产损失。而商业银行在消费信贷的利率方式的安排上，一般应采取浮动利率制，一般一年调整一次，从而减少银行利率风险。

消费信贷风险回避是银行通过信用评估发现某宗消费贷款可能带来风险损失时，有意识地采取回避措施，拒绝贷款给客户。这是一种消极的预防措施，要限制性地使用，如经常使用会限制银行消费信贷业务的开展。该方法一般不作为常规的消费信贷风险管理方法，只有在风险可以回避的情况下方可使用。事实上，有很多风险是无法回避的，因此，不能因噎废食，采取凡遇风险，无论大小，一律回避的保守方法。否则，既影响银行的形象，也不能使银行取得收益。因为风险毕竟只是一种损失的可能性，并不代表风险的实际发生，其后果既可能有风险损失，也可能有风险收益。

按照资产选择理论，风险分散的最通俗表达就是"不要将所有的鸡蛋放在一个篮子里"。对商业银行而言，鸡蛋就是资金，篮子就是可投资的金融工具。

对消费信贷而言，就是消费信贷资金不要过分集中于某一地区、行业或相关度很大

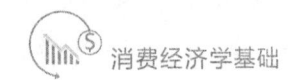

的行业的消费者身上；也不要将消费信贷资金投向某一种消费信贷业务上。万一某一地区或行业经济处于波动状态，或国家政策形势发生变化，将给银行带来大面积的消费信贷资金损失，具体包括以下几个方面：

第一，根据贷款期限的不同，分散风险。消费信贷的最大特点是贷款期限较长，但不同的贷款业务，期限的长短相对而言也不尽相同。例如，住房贷款期限最长，一般长达30年；而汽车贷款、教育贷款、旅游贷款、信用卡业务等，期限较住房贷款要短。因此，可以利用信贷资金在不同类型贷款上的最合理分配，达到分散风险的目的。

第二，建立发达的消费信贷二级市场，分散风险。在二级市场上，银行将发放的消费者贷款证券化，出售给那些愿意更长时间持有这种贷款的投资者，使银行消费贷款风险分散化，避免风险过分集中于银行。这种做法不仅可以扩大消费信贷资金的来源，而且可以使银行资产负债额减少，提高资本金比例，增加银行消费信贷资金的流动性。

第三，有效分散原则。有效分散原则是运用资产组合理论和有关的模型，对各种消费信贷资产选择进行分析，根据各自的风险收益特征和相关性来实现风险、收益的最优组合。根据马格维茨模型，银行应选择不相关或负相关的消费信贷资产进行组合，可以有效地实现消费信贷风险的分散。这就是消费信贷风险处理过程中分散原则的应用。

### 三、消费信贷问题贷款的确认与解决

#### （一）银行信贷风险分类方法

从世界范围来看，各国金融监管当局对银行贷款分类大致有三种：

第一种是以美国为代表的分类，包括加拿大、新加坡、菲律宾、印度、匈牙利等国家，这些国家按照贷款偿还的可能性，将贷款划分为五类，分别是正常贷款、关注贷款、次级贷款、可疑贷款和损失贷款。这是以风险为依据的贷款分类方法。

第二种贷款分类方法是澳大利亚和新西兰两个国家的做法，按照计息的状况，把贷款划分为正常贷款和受损害贷款两类，后者又可以细分为停止计息、重组以及诉诸抵押担保后收回的贷款。这是以期限为依据的分类方法。

第三种算不上模式，是欧洲大多数发达国家的做法，监管当局对贷款分类不做任何规定，而是采取道义规劝的办法。

不过，应该指出的是，虽然监管当局不做规定，商业银行内部信贷管理中也自发采用以风险为基础的方法对贷款分类。

#### （二）有问题消费贷款的确认与解决

商业银行对消费贷款进行风险分类，可以真实地反映消费贷款的实际状况，及时地发现问题，促使银行信贷管理人员针对不同的风险程度，采取不同的措施，对症下药，积极主动地防范和化解消费信贷风险，维护银行自身利益。

1. 对正常贷款的确认与处理

当借款人的各种收入状况正常，无大的收支变动时，国家、行业经济发展趋势平稳，无大的经济波动，且对个人收入不会产生不良影响，借款人有充足的个人收入作为还款来源，能按时足额偿还银行贷款，个人信用观念强，无逾期不还现象发生，这类消费贷款属于正常贷款，银行应加强与这类借款人的合作。

2. 对关注贷款的确认与处理

借款人虽然目前仍然有稳定的收入作为还款来源，但是由于某种外部原因，如行业结构调整、所在企业经营状况不佳等，都将会使个人收入受到影响，从而使借款人偿还贷款潜藏着风险，这类消费贷款属于关注贷款。对关注贷款，银行就应给予更多的关注。若这些潜藏风险是短期的，银行应帮助借款人调整其消费结构，安排好收支活动，减少不必要的开支，保证银行消费贷款的偿还；若风险是长期的，应采取其他的措施，如调整贷款期限，尽可能收回贷款，或要求借款人增加担保，尽量降低银行可能面临的风险。

3. 对次级贷款的确认与处理

在借款人的个人财务状况发生明显的缺陷、个人收入来源不稳定、个人收入没有大的增加条件下，若借款人又在其他银行贷出其他消费贷款，使其个人收入明显不足以偿还银行的贷款本息，或者当抵押担保物价值发生变化，使贷款偿还记录出现逾期现象，这类消费贷款属于次级贷款。对这类贷款，银行要密切注意借款人的个人财务状况的变化，督促借款人计划好收入与支出，催收贷款；对逾期贷款加紧催收工作。向借款人发送贷款逾期催收通知书，并且与借款人签订还本付息计划，保护银行债权的合法有效；对于保证不足或抵押物价值下降的，银行应要求借款人尽快增加抵押物或担保物，以防借款人一旦不能还款，也可以通过处理担保物、抵押物来清偿银行贷款本息。

**本章小结**

本章主要介绍了消费信贷的种类和特征以及消费信贷风险和管理。第一节分别介绍了银行信贷和非银行机构信贷的类型与特征，银行信贷有封闭式信贷（个人汽车贷款、个人旅游贷款、国家助学贷款、商业性助学贷款、大额耐用消费品贷款、家居装修贷款）、开放式信贷（信用卡）；非银行信贷有典当融资贷款、消费金融公司贷款、保险公司贷款等。第二节首先介绍了消费信贷的风险、来源和风险控制；其次介绍了银行消费信贷风险管理的地位和作用、消费信贷风险管理的基本原则及银行消费信贷风险管理的主要内容和银行消费信贷风险管理的方法（风险识别、风险估价、风险预警、风险处理），通过一系列相互联系的过程来降低银行消费信贷的风险，提高应对风险的能力；最后介绍了有问题消费贷款的确认和解决办法，以此帮助银行发现更多潜在客户，以降低银行因贷款带来的潜在风险。

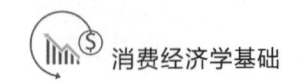

## 案例分析

**中国消费信贷健康发展问题研究报告：建议对偿债能力较弱家庭设定和控制贷款上限**

长期以来，中国是一个低负债国家，中国家庭是低负债家庭。但是从 2008 年以来，我国家庭的债务水平快速增长。到 2020 年底，中国家庭贷款总额已达 63.18 万亿元，占国内生产总值比重的 62.7%。据统计，虽然该比重仍低于美国的 79.5%，发达经济体的 77.1% 和欧盟的 62.7%，但已经超过 G20 国家的 59.8% 和包括中国在内的新兴市场国家的 46.6%。具体到增速上，2007 年到 2020 年底，中国家庭贷款总额年均复合增长率高达 21.4%，其占国内生产总值比重的年均复合增长率也已高达 9.5%。

居民持续"加杠杆"的情况同样受到了监管部门的关注。在年内发布的《2020 年第四季度货币政策执行报告》中，央行以专栏形式撰文指出，应合理评估居民债务风险。央行称，我国大约有 20% 的居民债务与经营性活动相关，剔除后我国居民杠杆率在国际上处于合理水平。央行进一步指出："同时，也要高度警惕居民杠杆率过快上升的透支效应和潜在风险，不宜依赖消费金融扩大消费。"

那么中国家庭的消费信贷应当如何健康发展？西南财经大学中国家庭金融调查与报告中心发布的题为《中国消费信贷健康发展问题研究》的报告（以下简称报告）对中国家庭消费信贷问题进行了分析。报告的基本结论与监管相同。统计认为，中国当前信贷服务部门提供的负债规模仍处于较为安全的范围。不过报告建议，对于偿债能力较弱的家庭，应当设定和控制贷款上限；而对于偿债能力较强而实际负债规模较低的群体，可以采取降低费率的方式引导其相对激进的消费和贷款观念，从而在保证整体经济稳定的情况下刺激消费繁荣。

**相关问题**

根据本章内容简述中国家庭消费信贷应当如何健康发展。

## 思考题

一、名词解释

封闭式信贷，开放式信贷，消费信贷风险，信用风险，利率风险，风险回避，风险分数，次级信贷。

二、简答题

（1）银行信贷有哪些种类？其特征是什么？

（2）非银行信贷有哪些种类？其特征是什么？
（3）消费信贷风险具有什么特点？
（4）银行消费信贷风险管理的方法是什么？

# 第七章 消费与经济增长

> **学习目标**
> （1）学习了解消费需求对经济增长的作用。
> （2）熟悉掌握消费水平的测定标准和影响因素。
> （3）学习绿色消费与可持续发展的含义及特征。

# 第一节 消费需求与经济增长

## 一、简述

随着我国经济体制改革的深化，消费变量在我国经济增长中的作用明显加强。揭示消费在经济增长中的变动趋势，对于正确确定我国经济增长中的消费战略和确定我国合理的消费规模与消费水平具有重要的理论价值和实践意义。本章内容主要从国际经验的对比中研究消费的变动趋势，以确定我国的合理消费规模和消费增长。

传统的计划经济理论认为，经济增长带来消费的增加，经济增长对消费起着决定性作用，只有经济增长了才能适当增加消费，并以此为依据安排经济建设和制订宏观发展计划。在计划经济向市场经济转变的过程中，我们不仅取得了制度上的变革，还获得了认识和理论上的突破，那就不仅是增长决定着消费，同时消费对增长具有拉动作用，消费拉动作用在一定条件下可以超过投资的影响作用，决定着经济增长速度的快慢和质量的高低。市场经济是需求导向型经济。我国随着社会主义市场经济的发展，已由传统的供给导向型经济转变为需求导向型经济，而市场需求首先表现为消费需求。

从微观角度来看，消费对生产、投资具有明显的引导作用。消费作为生产的目的，成为经济增长的约束条件。经济增长受到市场容量和供给能力的约束。在经济系统中，如果潜在供给不变，经济增长主要受由消费需求规模决定的市场容量约束。消费需求规模大，经济增长的市场容量约束就弱，实际供给就越有可能接近潜在供给。此外，从动态和结构的变化来看，消费需求结构的变化和高级化是现代经济增长的动力源泉。现代经济的高速增长是在产业结构的高度转换中实现的，如果没有产业结构的高度转换和高级化，经济增长就不可能获得持久的内在推动力。而产业结构的高级化则是随消费结构的不断升级而实现的，消费结构的不断升级引导产业结构的高级化，从而使经济持续增长并保持长期稳定性[1]。

---

[1] 刘方棫，张少龙：《支撑经济增长——中国消费、储蓄、投资研究》，北京：华文出版社，2001。

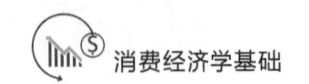

## 二、消费需求对经济增长的拉动作用

市场化程度越高,需求特别是消费需求对经济增长的牵动作用就越大,根据市场需求进行生产已成为市场经济的一个显著特点。占社会总需求 2/3 左右的消费需求,其规模、结构和增长速度是制约经济均衡与经济增长的主要条件,也是分析宏观经济运行和经济增长时所不容忽视的重要因素。消费需求作为需求力量,对经济增长起拉动作用,这种拉动作用分为直接拉动和间接拉动。

### (一) 消费需求对经济增长的直接拉动和间接拉动

从需求角度分析,消费需求、投资需求和净出口需求是直接拉动经济增长的三大因素。因此,消费的增长不用通过其他变量就可以对经济起拉动作用(投资需求、净出口需求的增长也一样),消费增长多少,国内生产总值也增长多少,在消费需求增长与经济增长之间没有中间环节,这就是消费需求对经济增长的直接拉动作用。当然,如果消费需求的增长超出了生产能力的界限,那么就不能形成真实的经济增长,而只会形成经济的名义增长和通货膨胀。

消费需求对经济增长的间接拉动是指消费作为初始变量通过中间变量拉动经济增长。其表现形式就是消费通过投资间接拉动经济增长,即消费拉动投资,投资又拉动经济增长。其具体过程是:消费需求增长扩展了市场空间,诱发厂商追加投资,拉动投资增长,投资增长又拉动经济增长。西方经济学以加速原理解释这一过程。按照"加速原理",消费需求的较小增长会导致投资需求的巨大增长,而要想使投资需求增长保持不变,消费需求必须保持持续增长❶。

消费需求的较小增长会导致投资增加,而投资包括自主投资和引致投资。自主投资的动因主要是新产品和新生产技术的发明,而不是收入或消费的增长。引致投资则是由消费的增长和自主投资等经济行为所诱发出来的投资。

要产生大规模的自主投资,就要有需求规模较大、产业关联度较强的新产品、新技术的出现。但这样的新产品、新技术不是时时出现的,所以必要的投资规模不能仅依靠自主投资来维持,除了自主投资外,还要有引致投资。投资被拉动起来后,它就和消费一样对经济增长起着拉动作用。不过,与消费相区别的是,投资对于经济增长具有双重效应。其近期效应是拉动当期经济增长,远期效应是创造生产能力。但是,就消费所拉动的引致投资这一部分来看,它对当期经济增长的拉动可视为消费对经济增长的间接拉动。总之,消费需求既直接拉动经济增长又间接拉动经济增长❷。

---

❶ 王云川:《消费需求的宏观调控》,成都,西南财经大学出版社,2003。
❷ 许永兵:《消费需求影响经济增长的实证研究》,经济与管理,2006(5):5-8。

## （二）需求对经济增长贡献的实证分析

在现实经济运行中，消费需求、投资需求与出口需求一起构成了拉动经济增长的"三驾马车"。在这"三驾马车"中，消费的作用又是最重要的，它是经济增长的基础的、首要的拉动力。对于三者在经济增长中所起的作用，多年来人们的直观印象似乎是投资是拉动经济增长第一位的、主导的力量，理由是每次经济的繁荣和高涨都是投资规模膨胀引起的。但是，理论和实证分析表明，改革开放以来，特别是20世纪90年代以来，消费需求已成为导向中国经济增长的主动因。

## 三、消费需求对经济增长的稳定作用

### （一）消费支出刚性

按照相对收入消费函数理论，一个家庭的支出水平并不取决于其绝对收入，而是取决于相对收入，即该家庭与其他和其收入等级地位相等的家庭的收入水平。这一理论在扩展用于总消费行为时，认为当期消费支出依赖于与以前所达到的最高收入水平相当的那个时期的消费。因此，在经济波动中，消费者总是力图维持大体上不变的消费水平，尽管收入水平发生了变化。这说明消费支出具有刚性，即在经济开始波动时，虽然消费者未来的收入也可能随之变化，但在一定时期内，消费者总是会继续保持目前的消费水平，只是随着经济上升或下降的持续，消费者才会逐步调整自己现有的消费水平，并且这种调整一般不会偏离现有水平太多，因为经济波动对消费者的影响可能是长期的，也可能是短期的。短期影响由于不稳定，一般不会改变消费者当前的支出，而长期影响则需要经过相当长的一段时间才能被消费者确定，并且在经济波动可能导致个人收入长期低于现有水平时，社会压力还会促成政府的干预 ❶。

### （二）消费需求在经济波动中具有稳定作用

消费需求在经济周期中的稳定性表现为，它的波动总是小于投资需求甚至小于国内生产总值的波动，并且往往滞后于投资需求的波动。"就长期来看，消费支出和国民生产总值的增长率大致相同。但是，从短期来看，消费支出的波动比国内生产总值的波动小。实际国内生产总值迅速上升时，消费支出在回到原先位置时，只有轻微下降。相对稳定的消费支出行为和国内生产总值相比是最重要的经济周期的因素之一"。消费对经济波动具有棘轮效应，这是由凯恩斯和杜森贝里所揭示的。根据边际消费倾向递减规律，当社会的实际收入增加时，由于边际消费倾向递减，消费量不会等比例增加，这样就不会刺激经济达到过分繁荣；相反，当社会的实际收入减少时，由于边际消费倾向递减，消费量不会同比例减少，这样就不会使经济过分萧条。也就是说，边际消费倾向递减实际上起到一种自

---

❶ 王云川：《消费需求的宏观调控》，成都，西南财经大学出版社，2003。

动稳定器的作用，使经济系统既不会过分繁荣，也不会过分萧条。由于国内生产总值的波动是消费需求与投资需求波动的综合结果，所以消费需求的相对稳定性是经济周期性波动的重要制约因素。消费需求相对平缓，在很大程度上削弱了投资需求波动给国民经济带来的动荡，阻止着国民经济过于迅速地上升或下降。消费需求作为国民经济中的最终需求，始终约束着投资需求的波动。在投资需求迅速上升时，由于消费需求上升相对缓慢，限制了投资需求增长的空间，以致投资需求最终不得不放慢增长速度直到回落。而在投资需求迅速下降时期则由于消费需求下降缓慢，在投资需求下降初期，消费需求下降很少甚至维持不变，具有一种自发的对经济衰退的遏制作用。更为重要的是，在逐步形成的市场经济体制下，经济增长的主体已不再是政府，而是企业和居民。政府拉动投资需求的努力能在多大程度上见效，取决于企业的投资决策，而企业的投资决策最终是由消费需求限定的市场空间决定的。因此，从我国的现实来看，经济能否实现持续、快速、健康的增长，关键不在于政府的投资，而在于消费需求是否充分，是否能保持持续、稳定的增长。如果在对经济进行宏观调控的过程中，忽略了消费需求的运动规律，就有可能加剧经济的波动。

## 第二节 消费水平

### 一、消费水平的测定

消费水平是指在一定的社会生产力水平下，居民消费需求的满足程度。在商品经济社会，消费需求的满足是通过市场实现的，因此需求的满足程度就取决于消费者的收入水平和市场的供应能力。此外，由于需求的满足是一个低层次的需求不断被满足，新的高层次的需求不断被提出的过程，因而需求的满足程度也需要从多种角度进行衡量。狭义的消费水平是指人均的消费品（包括劳务）数量，广义的消费水平还包括消费品的质量和消费质量。消费质量高，反映出消费水平达到了较高的层次以及消费水平的提高，因此越来越要求提高消费质量。

消费经济学研究消费水平，不仅要研究狭义的消费水平，而且要从更广义的角度来研究。从广义的角度来看，消费水平的测定有如下指标：

#### （一）价值指标

由于消费水平往往被认为是由一国一定时期的社会经济发展水平决定的，因此，反映社会经济发展程度的指标，如人均国内生产总值、人均国民收入等，可以用来衡量消费水平。但是，由于汇率、价格水平及经济体制等有所不同，因此在进行国际比较时，上述指标往往不能真实反映不同体制背景国家的消费水平。

消费水平还可以通过居民货币收入水平来衡量。在商品经济社会，货币收入的提高是居民消费水平提高的前提。但是，用收入来衡量消费水平也存在一定的问题。在我国，通常用"城镇居民可支配收入"和"农村居民纯收入"来表示居民货币收入的状况。需要注意的问题是：

（1）必须考虑物价变动的影响，假定收入不变，物价上涨，实际收入和实际购买力就会受到影响；收入和物价同时变动，物价上涨的幅度高于收入增长，实际收入也会受到影响。

（2）收入水平与消费水平并不等同。由于消费倾向不同，收入水平相同的人其消费水平也会不同。

相对而言，在价值指标中，消费者的支出水平（人均生活费支出）与其消费水平更接近一些。

### （二）实物指标

实物指标可以弥补价值指标的缺陷，也是一种传统的衡量方法。能够用来反映消费水平高低的实物指标主要有：人均食物拥有量（粮食、蔬菜、食用油、肉蛋奶、水产品）、人均衣着拥有量、人均耐用消费品拥有量（电视机、洗衣机、电冰箱、空调、家用计算机、轿车等）、人均住房面积等。用这类指标来衡量消费水平，有可能出现只反映数量不反映质量的问题，而且用实物量也无法进行综合比较。

### （三）劳务消费指标

劳务消费指标是除实物消费量外反映社会消费水平的重要指标。社会经济发展程度越高，消费支出中劳务消费所占比重越大，劳务消费量就越能反映消费水平提高的程度。一般地，劳务消费量通常用劳务的消费支出费用反映，如医疗保健费用、教育费用、旅游费用、文化娱乐费用以及其他公共服务费用和个人服务费用。居民的劳务消费量包括通过货币支出购买的部分及家庭成员自我提供的部分。当消费水平较低时，劳务消费的大部分是由家庭成员自我提供的。随着人们消费水平的提高，劳务的社会化程度提高，劳务消费中通过市场提供的部分比重将提高。

### （四）生活质量指标

生活质量又称消费质量，即消费主体（消费者）、消费客体（消费对象）和消费环境（自然环境、人工环境、社会环境）三者在相互结合中反映消费者需要的满足程度。生活质量表明生活优劣的程度，它既包括物质生活的改善，又包括精神生活的充实程度；既反映居民个人消费水平的提高，也反映社会福利和劳动环境的改善。生活质量可以体现在很多方面，如居住区的环境状况（空气污染情况、绿化、噪声干扰情况等）、购物的便利程度（购物距离、商场环境、商品的丰富程度）、交通状况（交通是否便利、是否拥挤）等。消费水平的提高，不仅反映在消费的价值量、实物量、消费品质量的提高上，还应当反映在生活质量的提高上。

目前，被普遍接受的一项反映生活质量的指标是由 D. 莫里斯建立的物质生活质量指数（PQLI）。莫里斯使用出生时的预期寿命、婴儿死亡率和成人识字率三项指标，每项指标都按百分制打分，列出分值从 1～100 时相应的各项目的具体指标值，然后根据各国三项指标的实际水平，查找出相应的分数，经加权平均后得到该国的物质生活质量指数。

一般来说，物质生活质量指数能够反映一个国家的经济发展水平和消费水平。但是由于各国的经济制度特别是与消费水平关系密切的福利制度的差异，以及物质生活质量本身存在的缺陷（对基本生活水平反映比较充分，对其他一些奢侈性消费反映不足），个别国家的物质生活质量指数与人均国民生产总值的关系并不密切。

## 二、消费水平的影响因素

衡量消费水平的多种指标之所以必要，一个很重要的原因是影响消费水平的因素十分复杂。消费水平会受到生产、分配、流通以及社会等方面因素的影响和制约，因此具有一定的复杂性。在进行消费水平的比较（特别是国际比较）时我们会发现，既有经济发展水平相似而消费水平差异很大的情况，也有经济发展程度不同而消费水平接近的情况。因此，全面客观地分析各种因素对消费水平的影响，对于促进经济增长以及在此基础上促进消费水平的提高，具有积极的作用。

### （一）经济发展水平

经济发展水平是影响消费水平的最根本因素。消费水平的提高取决于两个基本条件：一是居民收入水平的提高；二是消费品生产的发展。而这两个条件的实现都有赖于经济发展水平的提高。

（1）从收入水平的提高来看，根据简化的模型，在国民收入的循环中，居民的收入来自企业的支付。在不考虑劳动力市场状况的情况下，居民收入的多少主要取决于企业的支付能力。显然，经济发展水平越高，企业支付能力越强，居民的收入水平越高。考虑到劳动力市场的状况，经济发展水平越高，对劳动力的吸纳能力越强，在劳动力供给一定的条件下，良好的劳动力市场的供求状况也有利于居民收入水平的提高。另外，根据国民收入的分配，个人收入水平的高低固然与其在国民收入中所占的份额大小有关，但在份额不变的条件下，个人收入水平则取决于国民收入总额这块"蛋糕"的大小。显然，经济发展水平越高，国民收入总量越大，个人收入水平就越高，而且消费与收入还存在一定的函数关系。

（2）从消费品生产的发展来看，消费品生产的发展与收入水平的提高相适应，是收入得以转化为消费的前提。随着经济发展水平的提高、消费品生产能力的提高，行业门类增多，社会资源中更多的部门能够用于满足消费需求，因而为消费水平的提高创造了条件。此外，收入水平的提高，还要求服务业的相应发展。服务业的发展，在国民经济中所占比重的提高，是以经济发展的一定水平为条件的。因此，从收入实现的角度分析，经济发展水平的提高，也是消费水平提高的最根本的影响因素。

### （二）收入分配制度

经济发展水平接近的国家，由于收入分配制度的不同，消费水平会表现出差异。

收入分配制度作为经济制度的组成部分，其形式不外乎两种，即收入的市场分配和收入的计划分配。在市场经济体制下，收入的市场分配是主要形式，个人的收入取决于劳动力市场的供求状况和个人的人力资本投资以及金融市场状况（利润、各种金融资产收益都与金融市场的利息率有关）。在计划经济体制下，收入的计划分配是主要形式，个人收入的取得依据"按劳分配原则"，但在劳动的计量缺乏准确有效的标准的条件下，按劳分配在实践中往往被平均主义和论资排辈所代替。

两种分配制度最终形成社会收入分配的两种截然不同的结果，即完全市场分配下的两极分化和完全计划分配下的绝对平均。西方经济学中常用洛伦兹曲线来反映收入分配的平均程度，该曲线因由美国统计学家洛伦兹首先提出而得名。如图7-1所示，将一国人口按10%一个等级分为10个等级，将国民收入也按10%一级分为10个等级。再以纵轴 $OI$ 表示收入百分比，横轴 $OP$ 表示人口百分比，把它们画成一个正方形图，连接 $OY$。$OY$ 是自原点出发的45°线，在这条线上，每10%的人口得到10%的收入，表明收入分配绝对平均。$OPY$ 是分配绝对不平均线，表示全社会的收入都归一人所有，其余的人收入为零。现实中，实际的收入分配曲线介于绝对平均线和绝对不平均线之间。在这条曲线上，除起点和终点外，任何一点到两轴的距离都不相等，每一点都表示占总人口一定百分比的人口拥有的收入在总收入中所占的百分比。实际收入分配曲线越接近绝对平均线，表明社会收入分配的平均化程度越高；反之，实际收入分配曲线距绝对平均线越远，表明社会收入分配的平均化程度越低。因此，市场经济体制下的收入分配曲线大致相当于 $A_2$，计划经济体制下的收入分配曲线大致相当于 $A_1$。

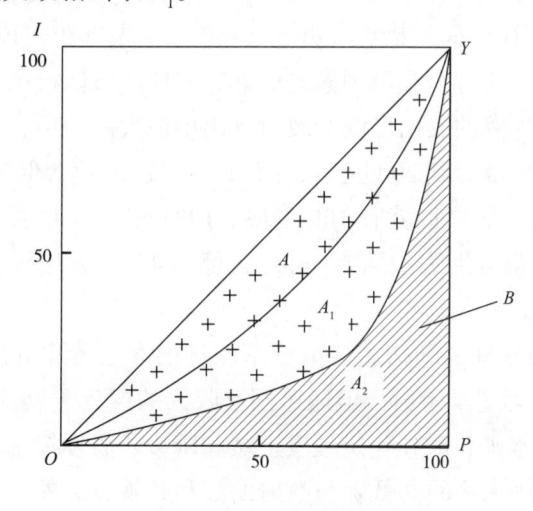

图7-1 洛伦兹曲线

为了度量收入分配的不平均程度，意大利统计学家基尼根据洛伦兹曲线提出了基尼系数。其计算公式为：

$$G = \frac{A}{A+B} \tag{7-1}$$

式中，$A$ 为实际收入分配线与绝对平均线之间的面积；$B$ 为实际收入分配曲线与绝对不平均线之间的面积；$G$ 为基尼系数。

当 $A=0$ 时，$G=0$，说明收入分配处于绝对平均状态；当 $B=0$ 时，$G=1$，表明收入分配处于绝对不平均状态。实际上基尼系数总处于 0～1。基尼系数越小，表明收入分配越平均；基尼系数越大，表明收入分配越不平均。一般标准是：$G<0.2$，高度平均；$0.2 \leqslant G<0.3$，相对平均；$0.3 \leqslant G<0.4$，相对合理；$G \geqslant 0.4$，差距偏大。

在总收入水平一定的前提下，社会收入分配状况对社会消费水平的影响表现为：消费水平与收入分配的平均化程度呈正相关关系。也就是说，收入分配不平均状况下的消费水平低于收入分配平均状况下的消费水平。其中一个重要原因是"边际消费倾向递减规律"，即收入水平提高将导致消费倾向的下降。

### （三）社会福利政策

政府的社会福利政策主要体现在政府的福利性支出上（主要用于社会保险和社会补助）。西方国家政府福利开支的具体形式大致有失业救济、养老金、低收入家庭补贴、免费医疗、免费教育、退伍军人补贴以及交通、住宅、娱乐等公共福利设施开支。由于福利开支属于转移性支付，福利开支的增加可以提高社会购买力，缩小贫富差距，因而有利于社会消费水平的提高。

西方国家有一种主张是"福利国家论"，它主张欧美一些国家通过"混合经济""收入均等化"和"充分就业"等措施使资本主义包含集体经济和国有经济因素，从而增进社会福利，实现"全民福利国家"。1945 年，英国宣布实行一系列包括社会保险、家庭补助、社会保健等法案在内的社会福利措施，并于 1948 年率先宣布建成"福利国家"。从此，福利国家开始在西方国家流行。福利国家论的盛行，使西方国家第二次世界大战后福利开支大幅提高，用于社会保障的支出已成为政府支出中最大的一项，各种开支名目繁多。以美国为例，第二次世界大战后到 20 世纪 90 年代，其实施的社会保障项目共有 300 项之多，仅联邦政府"帮助穷人"的项目就有 100 多项。1991 年，西方主要国家中，社会福利支出占中央政府支出的比重分别为：瑞典 56.4%，德国 48.9%，法国 46.4%，加拿大 36.4%，英国 31.8%，美国 28.7%。

西方国家所采取的各种福利措施，虽然不能从根本上消除贫困和失业，更不能从根本上解决资本主义社会的基本矛盾，但通过国民收入的再分配以及各种福利制度的建立，对于提高劳动者的消费水平，对在一定程度上缓和阶级矛盾发挥了一定的作用。

一般来说，社会福利水平的高低除与政府的福利政策有关外，最根本的还是取决于经济发展水平。经济发展水平越高,政府能够集中的财力及用于社会福利性支出的财力就越多。因此,经济发达国家的社会福利水平一般高于发展中国家。此外,社会福利水平还与国家的社会制度有关。经济发展水平相当,实行社会主义制度的国家的社会福利水平要高于资本主义国家。

### (四)价格

价格对消费水平的影响表现在物价总水平及商品比价关系对消费水平的影响上。

(1)当消费者的货币收入一定时,实际消费水平的高低就与物价总水平的高低呈负相关关系,即物价总水平越高,实际消费水平越低;物价总水平越低,实际消费水平越高。同时,实际消费水平的提高,也与物价总水平的上涨有关。如果货币收入与物价水平同步上涨,那么实际消费水平没有提高;如果货币收入增加的速度快于物价水平的上涨速度,则实际消费水平有所提高;如果货币收入增加的速度慢于物价水平的上涨速度,那么实际消费水平就会下降。因此,提高消费者的消费水平,不仅应当注意不断增加消费者的货币收入水平,而且要控制物价的上涨幅度。

(2)商品比价关系的变动和调整,将主要影响不同阶层消费者的消费水平。例如,工农产品比价变动,农产品对工业品比价降低,将影响农民的收入水平,从而影响其消费水平。又如,生活必需品价格的上涨,对低收入消费者的消费水平影响较大;而非必需品价格的上涨,则对高收入消费者的影响较大。在经济高速增长时期,物价总水平一定程度上的上涨以及商品比价关系的调整,都带有一定的必然性。为了保证消费者实际消费水平的不断提高,不仅要控制物价总水平的上涨,还要注意比价变动对不同阶层消费者的影响,特别要采取一定措施保障低收入消费者的实际消费水平不至于因物价的上涨而下降。

## 第三节 绿色消费与可持续发展

### 一、绿色消费的含义与特征

#### (一)绿色消费的含义

简单地讲,绿色消费就是进行消费时,既注意对自身健康是否有益,又要有利于环境保护,有利于生态平衡。所以,如今,塑料包装已很难进入国际市场,一次性用品的消费也不再时髦,大吃大喝更不提倡。许多国家都颁布行政命令,要求政府购买的写字纸和复印纸含有至少20%的再生纸成分。

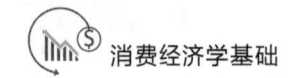

### （二）绿色消费的特征

1. 绿色消费是一种生态化消费方式

绿色消费是一种更充分、更高质量的新的消费方式，人们不再为消费而消费，也不再为虚荣而消费。在这种消费观的指导下，人们渴望回归自然、返璞归真。在绿色消费方式条件下，生态观念深入人心，绿色环保产品受到青睐。消费经济学认为，人们的消费需要，不仅包括物质需要和精神文化需要，还应包括生态需要，而生态需要对人的生存和发展，对满足人的消费需要，都极其重要。发展绿色消费正是满足人们的生态需要。生态需要得到满足，正如马克思所说的，反映"人的复归"，是人与自然之间、人与人之间矛盾的真正解决，体现了可持续发展的社会大趋势。

2. 绿色消费是一种适度性消费方式

绿色消费主张人的生活形态由高消费、高刺激，重返简单朴素。这里的重返"简单朴素"并非与过去"生存型"的农业社会的消费方式一样，而是主张适度消费的一种表述。适度消费包含着不可分割的两个方面：从人类个体角度上说，适度消费原则不脱离人的正常需要，除此之外的无意义消费和有害消费，即对人类健康生存无益甚至有害的消费应该尽量避免；从人类总体角度上说，绿色消费提倡适度消费原则，要求人类把消费需求的水平控制在自然资源和地球承载能力范围之内。以"人的健康生存"为下限，以"资源和地球的承载能力"为上限，两者共同构成适度消费的"度"。

3. 绿色消费是一种理性消费方式

首先，绿色消费的主体是具有环保意识、绿色意识的绿色消费者。绿色消费者不仅对当今社会资源短缺、能源匮乏、物种灭绝、生态破坏、环境污染等情况有一个明确的认识，而且能正确认识人在自然界中的地位和作用，以及自然生态对人类的影响，从而科学地认识人与自然的关系。其次，绿色消费者能够认识到绿色消费的客体是对环境无害或少害的绿色产品或绿色劳务，绿色产品或绿色劳务是渗入了生态文明新观念的产品或劳务，绿色产品是经过国家有关部门严格审查的、符合特定环境保护要求的、质量合格的产品。对于绿色消费者来说，他们会倾向于选择绿色产品和劳务。最后，绿色消费者能够深刻体会到绿色消费的结果是对自己、对他人、对社会、对环境的无害或少害，在绿色消费过程中从主体、观念、客体到结果都把环境保护放到优先考虑的战略地位，时时处处关注对环境的影响和作用，最终也可以收到预期的效果，实现生态、经济、社会的协调发展。

4. 绿色消费是一种健康型消费方式

绿色消费要求消费者消费什么、消费多少，必须出于实际需要，并且有利于人的身心健康。绿色消费还主张人们尽可能地向大自然亲近，扩大亲近、接触自然的范围。闲暇时间，要多出去散步、爬山、游泳、旅游，享受阳光、清风、秀水等，欣赏大自然幽雅、和谐与美妙的神韵。在这样一种自由积极的状态下，人们不仅能够更有效地恢复精力和体能，忘却内心的忧愁和烦恼，还能陶冶情操，培养审美能力。

## 二、可持续消费与可持续发展

### （一）可持续消费的意义

可持续发展战略的提出，是人类认识上的一个飞跃。如何实施可持续发展战略才是问题的关键。目前，全球实施可持续发展的参照方案是《21世纪议程》。其政策包括限制人口增长、鼓励自然保护、改良生态、保护生物多样性、探求资源和能源的永续利用、推行清洁生产、推行环境标志、采取源头控制等。专家学者们从不同的角度探讨了如何实现可持续发展的问题。

有人认为，实现可持续发展的主要问题是最优化。实现了最优化就可以使系统维持最长久的稳定或保持最大的生产量。人们的任务在于找到这个最优化的模型。也有人认为，要实现可持续发展，必须坚持对人口增长的控制，坚持渐进式的经济增长方式，坚持人均经济产出和人均福利之间的协调和折衷。还有人认为，实现可持续发展就是要处理好自然资本与人力资本的关系。要把自然资本存量完整地保存下去，尽量避免对自然资本存量的不可逆转的破坏，除非所得效益非常巨大或保护自然资本的社会成本大至无法接受。

我国学者一般认为，要实现可持续发展，必须控制人口的过快增长，减轻对生存环境的压力；要积极消除贫困，保持社会稳定；要改变经济增长方式，减少经济活动造成的环境压力；要加强宣传教育和法治建设，创造可持续发展的外部环境和约束机制。

**1. 可持续消费的定义**

联合国环境署1994年于内罗毕发表的《可持续消费的政策因素》中提出了可持续消费的定义，即"提供服务以及相关的产品以满足人类的基本需求，提高生活质量，同时使自然资源的有毒材料的使用量最少，服务或产品的生命周期中所产生的废物和污染物最少，从而不危及后代的需求。"1994年联合国在挪威奥斯陆召开的"可持续消费专题研讨会"上重申可持续消费的定义，并指出，"对于可持续消费，不能孤立地理解和对待，它连接从原料提取、预处理、制造、产品生命周期、影响产品购买、使用、最终处置诸因素等整个连续环节中的所有组成部分，而其中每一个环节的环境影响又是多方面的"。

根据以上阐述，我们可以把可持续消费定义为"既符合代际公正原则又符合代内公正原则的、能保证人类物质和精神生活不断由低层次向高层次演进的、能促进可持续发展战略实现的消费。"

可持续消费包含以下三层意思：

（1）可持续消费的首要目标和最终目标是提高人类的生活质量。《里约环境与发展宣言》指出，人类"应享有以与自然相和谐的方式过健康而富有生产成果的生活的权利"，"使所有的人都享有较高的生活素质"，要"缩短世界上大多数人生活水平上的差距，更好地满足他们的需要"。这些都说明，可持续发展就是要让人类生活得更好。虽然在上述引文中分别使用了"生活权利""生活素质"和"生活水平"等不同字样，但其基本含义

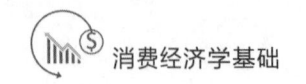

是要提高人类的生活质量。

"生活质量"一词是1958年由美国社会学家J.加尔布雷思在其所著《富裕社会》一书中提出来的,后来成为20世纪60年代中期在美国掀起的"社会指标运动"中的一项重要内容,后来逐渐成为一个独立的范畴。此前,人们习惯用生活水平这个纯经济指标来衡量社会成员的生活状况。生活水平主要是指消费水平,是指个人或集团对于商品和服务的消费程度,主要考虑物质资料的占有状况和消费状况。它不仅包括个人购买的商品和服务,也包括集体消费的商品和服务,即公共物品和服务。生活水平较多考虑到物质的因素,较少考虑到精神的因素;虽衡量了人们生活中消费"量"的多少,但难以能衡量人们生活中"质"的优劣。因而,不易科学地反映现代社会生活的实际状况。有的人并不缺少任何可以买得到的东西,但他们生活质量却是贫乏的;有的人并没有多少值钱的东西,但他们的生活质量却是丰富的。当然,生活质量不只是人们的自我感觉,也绝非是纯精神上的东西。它是指人们物质生活的满足程度舒适程度、便利程度和精神生活的享受程度、快乐程度。在不同的时代不同的国度里,生活质量会有不同的标准。但在当今经济全球化和实现"世界范围内可持续发展行动计划"的时代里,追求和提高生活质量应是各国共同的奋斗目标。

(2)可持续消费是消耗资源和产生废弃物最少的消费。消费一词的本来含义就是消耗。《牛津英语词典》中对消费一词的定义是:"通过燃烧、蒸发、分解或疾病等花掉或毁掉;消耗、死亡;用完,特别是吃完、喝完;占去;花费、浪费(时间);变得憔悴、燃尽。"当然,这种解释主要描绘了人类对自然资源的消耗,包括人类直接对自然资源的消耗和通过工业形态对资源的间接消耗。传统的消费模式是线型的,即人们致力于把自然资源转化为产品,以满足自身提高生活质量的需求,用过的物品则被当作废物抛弃。随着生活水平的不断提高,消费量日渐增多,废物越来越多,而自然资源却越来越少,从而造成了资源的过度消耗和环境的退化。线型消费是一种耗竭型的消费模式,照此模式发展下去,将导致人类的自我毁灭。当人类文明不断进化以后,又产生了循环消费,即对于初级产品使用以后不是随意抛弃,而是加以回收和再利用,目的是减少对自然资源的消耗和废弃物排放的污染。这显然是一种进步和发展。但是,这种消费模式只考虑到生态经济效率的提高,只能对可再生资源和可回收的不可再生资源的循环使用发生作用,仍无法解决全球性的生态问题和环境问题。

可持续消费是一种崭新的消费模式。可持续消费可以称为最优化消费。它包含两方面的含义:一是实现资源的最优耗竭和永续利用;二是实现废弃物的最小排放和对环境的最少污染。自然资源可分为不可再生资源和可再生资源。如果在一定时间范围内,资源的质量保持不变、资源的蕴藏量不再增加的资源叫作不可再生资源。不可再生资源的持续开采和使用的过程也就是资源耗竭的过程。不可再生资源使用后有的可以回收,如废钢铁等;有的则不能回收,如石油、天然气等。对于不可再生资源,当然谈不上永续利用,从理论上讲,终归有耗竭的一天。但可以做到持续利用,这就是实现最优耗竭。最优耗竭的含义：一是不同时期合理配置有限资源，使资源的使用效率最大化；二是尽量用可再生资源来代替不可再生资源。这里有一定时期的技术水平和开采（代替）成本的问题，也有不同地区认识能力和生产力发展水平的差距问题。因而，实现最优化耗竭的难度很大。同时，由于人类认识自然和改造自然能力的不断提高，不可再生资源的种类和总量也有可能会增加，这就表现为探明新的储量和发现了新的可用资源。但这只是延缓了耗竭时间而已。

可持续消费还要实现废弃物的最少排放和对环境的最少污染。要提高生活质量就不能减少或降低消费，而是要在满足人类基本需要和提高生活质量的同时，最大限度地减少延期资源的使用以及在人们消费产品和服务的寿命周期内废物和污染物的排放，以不损害他人和后代的利益。这里包括两层含义：一是人类在消费过程中所产生的废弃物和对环境的污染要控制在环境容量所允许的范围内；二是在生产这些产品和服务的过程中产生的废弃物以及对环境的污染要不超过环境容量的极限。可持续消费要求人们不仅对有大量废弃物和污染严重的消费品与服务予以摒弃，而且要对有大量废弃物排放和严重环境污染的企业加以排斥。消费者必须选择那些对环境污染影响很小乃至无害化的产品、服务和消费方式。

消费过程中不可能不产生废弃物。可持续消费要求废弃物最小，也就是可利用率最大，即消费最优。根据物质平衡原理，废弃物越多，资源消耗就越大，可利用的成分就越少。可持续消费在消费乃至生产过程中应保持最小废弃率和最小污染强度。废弃率是指废弃物与产品之比。这里的废弃物不仅包括消费以后残留的废弃物，也包括生产该产品和服务过程中产生的废弃物。如果在消费某物品过程中未产生大量废弃物，而在生产该产品过程中却产生了大量废弃物，就不能叫最小废弃率，也不能视作可持续消费。最小废弃率体现了最少的废物排放量，又体现了对资源的最少消耗，体现了消费最优。

废弃物并非全部有害。有些废弃物可以作为再生资源继续利用，有些废弃物可以被环境自我消纳。废弃物的污染是指超过了环境自净、消纳能力而造成的环境退化。可持续消费要求消费者在选择消费对象和消费行为时，一定要自觉地不过度向大自然索取资源，不损害可再生资源的更新能力，尽可能地减少废弃物的排放量，同时加强环境建设以使环境容量得到增强。污染强度（或排污系数）是污染量与国内生产总值之比。污染强度的降低既要依赖于科学技术的进步，更要依赖于人类自身消费行为的制约。科学技术是一把双刃剑。由于科学技术的进步，许多领域的生产和消费获得了突飞猛进的发展，但同时带来了大量的污染问题。也产生了许多对环境无害甚至有益的技术。因此，问题的核心在于人类如何对自身的消费行为正确认识和主动制约，自觉地利用科学技术的进步来大幅度降低污染强度，抑制环境退化，真正实现可持续发展。

（3）可持续消费的原则是公平和公正。可持续消费不是介于因贫困引起的消费不足和因富裕引起的消费过度之间的一种折中调和，而是一种新的消费模式。它体现了公平与公正的原则，即追求生活质量的权利对于当代全球的每一个人，对于当代与后代的每一个人应该同等地享有。任何人都不应由于自身的消费而危及他人的消费，当代人不应由于本

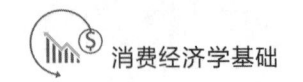

代人的消费而危及后代的生存与消费。

可持续消费就是要摒弃非持续消费的行为，实现代内公正和代际公正。这就是，在同代人之间，可以允许消费水平和消费方式的差异，但是一部分人的生存和消费权利的实现不应以损害另一部分人的利益为代价。它要求把消费建立在人与自然、人与社会、人们之间和谐统一的基础上，提倡合理消费、文明消费，要有兼及他人的观念，反对有损别人利益的不合理、不文明、不公正的消费。就全球而言，首先要解决贫困问题，发达国家要帮助发展中国家解决债务负担、贸易逆差、资金短缺等问题，日益缩小生产水平和消费水平的差距，在此基础上，全球各国共同努力，全面解决环境污染和生态危机，实现可持续发展的目标。就一个国家和地区而言，则在消费环节的各个不同层面均需贯彻代内公正原则，让所有的人平等地享有生存和消费的权利。在代际之间，当代人负有保护资源、环境的不可推卸的责任。当代人的消费不公不能以牺牲后代人的消费需求能力为代价，而且要保证后代人的需求要在现有基础上不断地由简单稳定向复杂多变发展，由低层次向高层次演进，使后代人的消费水准和生活质量随着社会经济的发展而相应提高。

### （二）可持续消费是可持续发展的实现机制

可持续发展是一个整体性、全局性的范畴，它强调的是人类社会发展的持续性稳定性、长期性，强调的是经济、社会、资源环境的和谐统一性。可持续发展必须有赖于可持续生产和可持续消费。也可以说，可持续生产和可持续消费是可持续发展的实现机制。而且，从根本上说，只有实现了可持续消费，才能做到可持续生产，也才能真正实现可持续发展。

1.可持续消费可以从根本上促使人类观念的更新，树立起可持续发展的意识

人类进入产业革命以后，社会利用自然、改造自然的能力得到极大的增强，技术和经济的发展突飞猛进，社会财富的极大增加使人类的生活水平极大提高，人类对物质生活的各种需求得到了满足。这使人产生了一种错觉，似乎人类是地球的主宰是万能的神灵。于是，一种无节制的对物质的追求不加抑制地膨胀起来，导致了对自然资源的消耗过度、自然环境的急剧恶化、社会矛盾日益尖锐。这时，有识之士方才意识到，需要重新审视既有的生产方式和消费方式，使人类对美好生活的追求一代代地延续下去。但是，这一全球性、世纪性的课题并未引起全球人类的关注与重视，绝大多数人尚未意识到这一问题的严重性。特别是人们较多地关注生产过程中对生态环境造成的破坏，而对每个人在生存消费过程中的不可持续消费行为造成的危害却熟视无睹、缺乏认识，这是极其危险的。因此，必须用可持续消费理论唤起人们的可持续消费意识，从自身遭受的危害中感受生存和发展的危机。只有这样，可持续发展战略的实现才有坚实可靠的思想基础。

2.可持续消费可以实行"动机控制"，从根本上保证可持续发展战略的实现

要实现可持续发展，必须多管齐下，采取各种措施和全球的共同行动，方能达到目的。从可持续发展完整的内涵来看，它包括很多方面的内容，联合国《21世纪议程》中

有若干个方案领域。如果仅仅从生态环境的角度出发，我们可以把可持续生产看作"源头控制"，运用清洁生产、节约生产的方式来促进生产方式的转变，抛弃"拼物质消耗""先污染后治理"的生产和发展模式，而代之以绿色技术、无公害产品、节约型产品等发展生产的新观念，以尽量减少和杜绝污染和破坏的产生源头。我们把对废弃物的处理和污染的防治看作"尾部控制"，即对已经从生产和消费末端产生的问题加以消化和解决。尽管这已经是被动的防御和治理，然而也是必不可少的手段。可持续消费则是"动机控制"，即人类在自己生存发展权利实现的时候就全面考虑到同代人和后代人的利益，考虑到科学消费、文明消费、理性消费，从根本上杜绝不可持续消费的观念和行为，自觉地拒绝不可持续消费的产品和服务，抛弃不可持续生产的企业和部门。消费既是生产的目的，又是生产的动力。可持续消费的动机客观地要求建立可持续生产机制，全球的可持续消费观必将促使生产经营者在生产经营、产品设计、产品性能和质量生产技术等方面进行革命性变革，走出一条既满足消费者可持续消费的需求又减少资源耗费和环境污染的可持续生产的新路，这就从根本上保证了可持续发展目标的实现。

3. 可持续消费可以促使人们生活方式的变革，从而向现今存在的高消费、高耗费、高浪费、高污染的不可持续发展模式告别

人们生活方式的形成是社会生产力发展的结果。社会一切生产的目的在于满足人类的需要。从这个意义上讲，社会生产决定社会消费。但是，人类生活方式的形成受多种因素的制约，除生产技术因素外，社会的、文化的、宗教的、民俗的因素都对生活方式产生不同程度的影响。千万年来，人类逐渐形成并发展起来的生活方式给社会经济的发展带来了强大的动力，同时带来了巨大的压力。现今，存在的高消费、高耗费、高浪费、高污染的不可持续发展模式就是在当代生活方式的影响下形成的，并且在疯狂地向前发展。人们对物质财富和享受的追求像脱缰的野马，狂放不羁，难以约束。如果不使人类的生活方式来一次革命性变革，"四高"的模式要很快改变，可持续发展战略无法快速实现。因此，必须让人们了解可持续消费的理论和内容，认识到改变不合理生活方式的必要性，用理性思维和适度行为来控制人类的一切活动。只有把脱缰的野马驯服了，控制住了，才能让它按照我们预想的目标去拉车和征战。

4. 可持续消费可以有利于政府和国际社会制定符合实际情况的政策和措施，促成可持续发展

要实现可持续消费，就要认真研究不可持续消费的现象和观念，分析其对人类、自然、社会带来的负面效应和矛盾，从社会、经济、文化、技术、心理、民俗等各方面寻找产生的原因，并研究经济发展道路与消费模式的相关性，从而运用经济的、行政的、法律的机制，来保证可持续消费目标的实现。毫无疑问，这些研究和措施将会有利于政府和国际社会对不可持续发展认识的深化和对各种影响因素的正确分析，寻求可持续消费促成可持续发展的具体路径和政策措施。其中包括消费行为和消费方式转换的政策选择、可持续消费对可持续生产的导向作用、可持续消费对资源利用和环境保护的影响等。这将有助于

有关部门制定符合实际情况的资源消费政策、消费行为政策、消费引导政策、消费控制政策、环境保护政策、产品生产政策等，从而大大丰富可持续发展的内容，完善可持续发展的理论，使可持续消费真正成为可持续发展的促成机制。

### （三）可持续消费链

**1. 链与消费链**

链是世界系统结构的基本单元，它是因子之间的直接组合，体现着因子之间物质能量循环转化关系，每一条链至少由两个以上的因子构成，每两个因子之间构成一个链节，世界系统运行过程中的物质能量等通过链节逐级流动和传递。根据链节的多少，可将链分为长链和短链。其中，链节多者为长链，链节少者为短链。两个因子之间无法实现物质能量的循环转化，则被称为链断裂。

在世界系统中，人既是生产的主体，又是消费的主体。在以人为中心的世界系统运行链上，消费是运行链上的一个因子，但这不是一个普通的因子，它是系统运行的动力和目的。尽管人类的消费需求复杂多样且千变万化，但它们都不是孤立的，无论是人类的何种消费，作为世界系统运行链上的一个因子，它们自身又呈链形结构，即我们总能找到至少由三个因子组成的消费链，其基本模型是："X因子—消费—Y因子"。

**2. 生态消费链**

人类狭义的、纯粹的生态消费（所提供的消费品中不包含人类的劳动）关系链，是最简单、最原始、最直接的消费链形式，其基本表达式是"自然生态系统—消费—生态系统"。在现实生活中，生态消费链包括多种具体的运行方式。

第一种运行方式，也是最简单的运行方式是"自然生态系统—消费—生态系统"，即自然界的光、热、水、气等资源或能源直接满足人类的消费需要，然后以另一种形式（如二氧化碳等）返回到生态系统中，经生态系统内部转化，这些资源或能源再成为人类的消费对象，这一过程不断循环往复。在生态消费链中，这一消费链形式具有原始性、直接性，它满足人类的基本生存需要。一般而言，人类在这种消费链中的消费行为还具有被动性，即消费对象数量的多少主要取决于自然界的赋予，而非人类的主观努力。当然，这并不等于说，人类的消费行为对这一消费链的运行不会产生影响。实际上，人类的消费行为如何，一方面会改变消费对象的质量，如生活污水的排放会影响水质；另一方面还有可能减少消费对象的数量，如生活污水的排放使得满足人类生活消费的水资源不断减少。目前，我们面临的水危机主要由人类不合理的消费行为所致。如果人类不规范自身的消费行为，必然导致这一消费链的断裂。

第二种运行方式是"自然生态系统—植物—消费—生态系统"，即自然资源或能源为满足人类消费需要的植物的生长提供条件，这些植物通过人类的消费，再以其他形式返回到生态系统中，经生态系统内部转化，这些资源或能源再成为满足人类消费需要的植物的生长的条件，并且这一过程不断循环往复。在生态消费链中，这一消费链能否有效运行的中心链节是"植物—消费"。在世界系统中，植物是促成生态平衡的重要因素，为改善人类的生存环境发挥着重要作用。从这个意义上来说，人类应保护植物及其生存环境。但同时，大多数植物又可以作为人类消费的对象，满足人类的基本需要。面对这个矛盾，人类必须自觉地检点、规范自己的消费行为。否则就有可能从两个方面引起消费链的断裂或扭曲：一是对植物的过度消费导致植物物种的减少乃至灭绝；二是不合理的消费行为污染生态环境，使植物的质量大大降低，从而进一步影响人们的消费质量，甚至影响人类自身的身心健康。这表明，人类消费行为的合理性直接决定着消费链运行的效率。

第三种运行方式是"自然生态系统—植物—动物—消费—生态系统"，也就是，自然资源或能源为满足动物生存需要的植物的生长提供条件，这些动物又成为人类的消费对象，并通过人类的消费，再以其他形式返回到生态系统中，经生态系统内部转化，这些资源或能源再成为植物、动物生长的条件，并且这一过程不断循环往复。这种消费链运行的效率主要取决于"植物—动物"和"动物—消费"这两个链节。在世界系统中，植物和动物都是生态平衡必不可少的重要因素，共同创造或改善着人类的生存环境，因此，保护动植物及其生存环境是人类义不容辞的责任。但是，动物和植物的消费又是人类索取营养和补充能量的主要源泉。人类如何处理以上关系，直接影响到消费链能否有效运行。目前，人类的奢侈性消费、商业性捕杀，使许多动物、植物正濒临灭绝。同时大量消费污染物的排放，恶化了动物、植物的生长环境。如果人类不及时改变这种消费行为，则消费链必然断裂。

3. 物质消费链

人类生存和发展所消费的大部分生活资料、发展资料和享受资料来源于经济系统，有赖于人类的生产。而物质资料的生产，又不外乎是人和自然之间物质交换的过程。经济系统与生态系统密不可分。一方面生态系统为经济系统提供生产所需的资源或能源，主要是"自然界原来就有的"劳动对象；另一方面通过人类智慧的作用，经济系统能为生态系统自身的完善及其有效运行提供物质技术手段。经济系统在发挥正面作用的同时，它向生态系统传输生产或消费所产生的废物，对生态系统产生负面效应。

根据生态系统和经济系统的内在联系，人类的物质消费也是由多个链节组成的消费链，即物质消费链。

纯粹就经济系统内部来看，物质消费链的基本表达式是"生产—交换—分配—消费"，即人类运用劳动资料作用于劳动对象，生产出符合人类需要的物质产品，（在商品经济或市场经济条件下）进入商品流通过程，实现商品的价值，并通过收入或消费品分配，满足人们的消费需求。物质资料的生产是一个连续不断的、循环往复的再生产过程，所以，消费既是上一个生产过程的终点，又是下一个生产过程的起点。这样，就形成了不断循环的物质消费链。消费创造着生产，它是生产的目的，为生产提供动力。因此，一方面可持续性的消费推动着物质资料生产不断由低级向高级演进；另一方面不可持续性的消费也会使物质资料生产向畸形化方向发展，从而导致物质消费链的扭曲，严重时还有可能出现物质

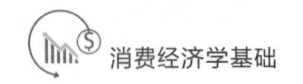

消费链的断裂。

从经济系统和生态系统内在联系的角度看，物质消费链的基本表达式包括四种运行方式：

第一种运行方式是"自然生态系统—植物—生产或加工—交换分配消费—废物生态系统"。

第二种运行方式是"自然生态系统—植物动物生产或加工—交换—分配—消费—废物—生态系统"。

第三种运行方式是"自然生态系统生产或加工—交换分配—消费废物—生态系统"。

第四种运行方式是"经济系统（资源）—生产或加工—交换—分配—消费—废物—生态系统"，即经济系统内部通过人类的劳动，提供生产消费品所需的劳动对象（通常所说的原材料），使系统内部的生产、交换或分配某个链接的扭曲或断裂。

前三种运行方式的运行过程是：自然生态系统为满足植物或动物生存需要提供资源条件，这些植物或动物又成为人类物质资料生产所需的劳动对象，或自然生态系统直接为经济系统提供"自然界原来就有的"劳动对象，从而使经济系统内部的生产、交换、分配和消费过程得以依次运行。在消费这一链节点上，消费一方面向生态系统排放废物，开始生态系统的再循环；另一方面促成经济系统内部物质资料再生产的进行。前三种运行方式下消费链扭曲或断裂既有可能产生于消费废物排放对生态系统的破坏，也有可能产生于经济系统内部因比例失调等引起的生产、交换或分配某个链节的扭曲或断裂。

**本章小结**

本章主要介绍了消费需求对经济增长的作用、消费水平的测定标准和影响因素以及绿色消费和可持续发展。第一节从微观角度描述了消费对生产、投资的引导作用、消费需求对经济增长的拉动作用（直接拉动和间接拉动）和消费对经济增长的稳定作用（消费支出具有刚性以及消费需求在经济波动中具有稳定性）。第二节运用价值指标、实物指标、劳务消费指标、生活质量指标等不同指标来对居民消费水平进行测定，并且提出影响消费水平的因素，如经济发展水平、收入分配制度、社会福利政策、价格等，这些因素都会在不同程度上对消费水平产生影响。第三节从有利于自身发展和环境保护、生态平衡的角度解释了绿色消费的含义与特征，认为绿色消费是一种生态化、适度性、理性、健康型的消费方式。随后从环境保护和人类更好发展的角度及公平公正原则解释了可持续消费的内涵，表明可持续消费是可持续发展的实现机制；可持续消费带来的生活方式的变革，有助于人们告别不可持续发展模式，促进国内和国际走向可持续发展。最后，介绍了不同的消费链及其运行方式，通过这些不同的运行方式，实现消费可持续发展，将有利于人类生活更高质量地发展。

## 案例分析

### 绿色消费积分激励消费

受当下国际环境和全国疫情的影响，拉动内需刺激消费，带动经济的活跃将是非常重要的一项方案。国家发展改革委、工业和信息化部、商务部等于2022年1月18日下发《促进绿色消费实施方案》的通知，确立了"绿色消费积分"的机制。

上述通知提到，要探索实施全国绿色消费积分制度，鼓励地方结合实际建立本地绿色消费积分制度，以后兑换商品、折扣优惠等方式鼓励绿色消费。鼓励各类销售平台制定绿色低碳产品消费激励办法，通过发放绿色消费券、绿色积分、直接补贴、降价降息等方式激励绿色消费。即各地区或企业可以定制适合自己的积分使用规则，定制自己的积分模式，如发放模式、积分消费模式等，目的是刺激绿色消费，拉动经济循环。

在以往的积分使用中，各大银行"信用卡"的积分可以兑换大米、电饭锅等生活用品；使用"壳牌加油站"时，成为壳牌会员就可每次加油累计积分，可以在活动时兑换矿泉水或抵用加油的费用；成为红利连锁、舞东风超市便利店的会员后，每次购物消费都会累计会员积分，可以用兑换大米、抵扣消费或直接购物等方式吸引消费者回流。

显然，上述这类传统的积分模式已经使用很多年了，很难调动消费者的热情。这就需要鼓励创新，鼓励地方结合实际建立本地绿色消费积分制度。

经过创新，有的企业把消费者变成自己的股东，或者把消费者变成商家（消费商）来共同经营一个商城或超市，正常商城的商品利润为5%～50%，高利润的护肤品、保健养生等甚至高达100%～600%。

绿色消费积分是一种对消费者贡献价值的凭证，我们将其简称为"贡献值"，即一个人持有的贡献值多少，就代表他曾为企业商家创造多少的利润，这个积分就是凭证，只是相关企业如何制定贡献值产生积分使用规则不同而已。国家发展改革委正式以规章方式确立了"消费积分"的存在，使企业经营实务有法可依，可促进企业以积分激励带动绿色消费，更重要的是能给消费者的生活带来便捷和实惠。

### 相关问题

（1）本案例体现了绿色消费的哪些特征？
（2）结合案例谈谈绿色消费对可持续发展的意义。

## 思考题

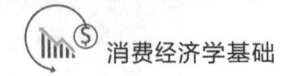

一、名词解释

消费支出刚性，价值指标，实物指标，劳务消费指标，生活质量指标，绿色消费，可持续消费，可持续发展。

二、简答题

（1）消费需求对经济增长有什么作用？

（2）影响消费水平的因素有哪些？

（3）可持续发展有什么意义？

# 第八章　消费者权益与责任

> **学习目标**
> （1）了解消费者权益的基本内涵及制约因素。
> （2）学习保护消费者权益的必要性和保护体系。
> （3）了解消费者责任的内涵及确立依据。

# 第一节　消费者权益的含义

## 一、权利的定义与权利的构成要素

权利是一个广泛应用的法学、社会学和政治学概念。中文中的"权利"一词来自英语语境的"right"。英语中"right"的本义是正当、合理、合法、合乎道德的东西，因此，"权利"一词不应解释为"权力和利益"，"权利"和"权力"这两个概念在文字上很相似，却很少具有含义上的关联性。

权利可以解释为：是为道德、法律或习俗所认定为正当的利益、主张、资格、力量或自由，当然这个对权利的定义并不是完美的。这个对权利的定义方法，触及了关于权利本质的五个构成要素：

（1）利益（interest）。一项权利之所以成立，是为了保护某种利益。在此意义上也可以说，权利是受到保护的利益，是为道德和法律所确证的利益。利益既可能是个人的，也可能是群体的、社会的；既可能是物质的，也可能是精神的；既可能是权利主体自己的，也可能是与权利主体相关的他人的。

（2）主张（claim）。一种利益若无人提出对它的主张或要求，就不可能成为权利。一种利益之所以要由利益主体通过表达意思或其他行为来主张，是因为它可能受到侵犯或随时处在受侵犯的威胁中。

（3）资格（entitlement）。提出利益主张要有所凭据，即要有资格提出要求。资格有两种，即道德资格和法律资格。

（4）力量（power）。一种利益、主张、资格必须具有力量才能成为权利，它包括权威和能力。力量是权威或者强力，由法律赋予权威或者强力的利益、主张或者资格，称为法定权利。权利在获得法律认可之前是道德权利，在获得法律确认后，就既是道德权利，也是法定权利。另外，力量是基于能力而言的，即权利主体所具有的得到其所期望结果的能力。除去权威的支持，权利主体还要具备享有和得到其利益、主张或资格的能力和影响力。

（5）自由（liberty）。作为权利的本质属性或者构成要素，自由通常是指权利主体可以按个人意志去行使或者放弃该项权利，而不受外来的干预或胁迫。如果权利主体被强迫主张或放弃某种利益和要求，那么就不是享有权利，而是履行义务。

## 二、消费者权益的基本内涵

上述对权利及其构成要素的解释，有助于我们理解消费者权益的基本内涵。

消费者权益是指消费者在有偿获得商品或接受服务时，以及在以后的一定时期内依法享有的权利。围绕消费者权益的定义，需要理解以下三个方面：

（1）消费者权益是寻求保护和实现消费者利益。建立消费者权益是为了保护消费者的利益。基于经济学的视角，在个体层面，消费者利益是消费者对个人效用或者偏好最大化追求的实现；在群体层面，消费者利益是作为市场主体的消费者在市场交易中经济福利的实现。

（2）消费者权益是获得法律确认和保护的权利。在现代市场经济中，国家因循社会经济运行的需要和消费者的市场主体地位，制定明确的法律，因此，消费者权益不仅是一种公共约定和公认的社会规范，而且是获得法律的确认和保护的权利。

（3）消费者是在下述四种情形下享有权利的：

第一，有权提出对某种利益或行为的要求或主张，如消费者有权要求生产者和经营者提供符合保障人身、财产安全要求的商品或者服务。

第二，有权自己决定自己的行为和选择，如有权自主决定购买或者不购买任何一种商品、接受或者不接受任何一项服务。

第三，有权迫使对方做出或不做出某种行为，如有权要求生产者和经营者提供涉及商品和服务的价格与质量的真实信息。

第四，有权不受某种对待，如伤害消费者人格尊严、有悖于宗教和习俗的对待。

## 三、制约消费者权益的因素

在理解了权利的定义和构成要素之后，我们意识到，消费者权益会受到以下因素的制约和影响：

### （一）消费者的市场地位

消费者的利益和主张是以消费者市场主体地位的确立，即消费者主权的确立为前提的。消费者主权（consumer paramountcy）是诠释市场上消费者与生产者地位和关系的一个概念，即消费者通过消费行为，得以表达和主张其自身意愿和偏好的市场地位和关系。在市场交换过程中，消费者支付货币购买商品的行为，是向商品和生产者投出"货币选票"的行为；"货币选票"的投向和数量，取决于消费者的个人偏好、意愿和利益。在拥有消费者主权的经济体系中，消费者得以通过表达其自身偏好和意愿的"货币选票"，实现货币的公平支出能力和充分的自由选择权，从而明确提出自己的利益和主张，获得选择和行为的自由。显然，消费者主权的关键在于消费者在投出"货币选票"的过程中，体现在货币的自由选择权之中的对商品和生产者的选择权，只有在买方市场和充分竞争的市场结构中才可以实现消费者主权。因此，可以认为对消费者权利的主张和消费者权利意识的增强是社会经济发展的必然结果。

### （二）法律

一种利益、主张和资格必须具有力量才能成为权利，力量首先来自权威或者强力。在现代市场经济中，社会经济运行的需要和市场中消费者主体地位的确立，使国家通过制定明确的法律，确认和保护消费者权利，从而在现代市场经济国家，消费者权益不仅是一种公共约定和公认的社会规范，而且是获得法律的确认和保护的权利。由此，法律体系的完备程度和执法过程的严格程度对消费者权益具有重要的制约与影响。

随着消费者自主性和权益意识的提升，消费者具有的得到其所期望结果的能力，也表现为消费者以结社联盟的组织化方式产生的影响能力。在市场经济社会中，消费者享有依法成立维护自身合法权益的社会团体的权利。作为消费者自身权利的代言人和推动消费者权益维护的组织者，消费者社会组织已经成为影响社会政治生活的一种重要力量，组织化和制度化成为消费者权益维护得以实现的方式。

## 第二节　消费者权益的保护

### 一、保护消费者权益的必要性

基于经济学的视角，消费是生产的实现，生产者利润目标的实现取决于消费者效用目标的实现。进一步讲，经济学认为在完全竞争市场条件下，生产者和消费者都是价格的接受者，任何一方都不存在信息优势或其他控制力量，任何一方都无法将自己的意志强加给对方。在经济学的意义上，一个有效的市场应该是完备的市场，是一个消费者主权和生产者主权均衡的市场，是一个消费者福利和生产者福利都得到充分实现的市场。

显然，完全竞争市场是经济学的一个理念型市场，在现实经济活动中，没有任何一个市场在严格意义上呈现完全竞争市场的特征。因此，在现实经济活动中，代之以完全竞争市场的是不完全竞争市场，代之以消费者主权和生产者主权均衡的可能是以显著的市场势力形成的生产者主权强势，生产者获得定价能力，并左右和影响消费者的行为。加尔布雷斯认为，在现代经济条件下，借助专业的市场调查机构，生产者能够获得消费者需求及其变化的丰富信息，把握消费发展的流行趋势，设计和生产适应消费者需求的产品；通过庞大的广告网、信息网和推销组织对消费者进行轰炸式的引导，生产者可以引导消费者

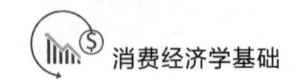

接受其提供的产品品种、式样和价格，引导消费者进行购买和消费；借助现代技术，生产者将其意志强加给消费者。于是，在现代经济条件下，不是需求创造供给，而是生产创造消费。

现代经济条件下生产者主权的强势，意味着消费者利益受损，市场的资源配置并未达到帕累托最优。因此，凸显消费者权益主张和消费者权益保护的必要性。

### （一）消费者和生产者之间的信息不对称

在现实生活中，消费者和生产者之间关于产品质量和价格的信息是不对称的，相对于消费者，生产者往往掌握和了解更多、更准确的信息。导致信息不对称的原因是：

（1）信息的不完全。人们对于未来事件，如下一周的标准普尔指数、明年的就业增长率、即将到来的夏季是否炎热等，拥有不完全的信息。对于当前或过去的事情，人们同样也可能拥有不完全的信息。信息不对称总是与不完全信息联系在一起。因为拥有较少信息的一方无疑是拥有不完全信息的。

（2）搜寻信息是需要成本的。消费者对于产品存在、产品质量和产品价格信息的掌握是不完全的，而搜寻信息的活动是有成本的，消费者需要通过付出时间、精力等来获取额外信息，从而形成消费者的搜寻成本。一旦搜寻信息的边际收益小于边际成本，消费者搜寻信息就无利可图。

（3）消费者的信息处理和加工能力是有限的。

信息不对称对消费者的购买行为产生影响。信息的缺乏使消费者在交易中处于弱势地位，导致消费者剩余的减少；同时，拥有较少信息也意味着消费者拥有不完全的信息。当信息不完全时，购买风险就会产生。显然，存在于生产者和消费者之间的信息不对称，使得消费者权益主张和消费者权益维护具有必要性。

### （二）负的外部性的存在

当一方直接将收益或成本传递给其他个体时，外部性就会产生。外部性可能是正的，也可能是负的。当一方直接将成本传递给其他人时，就会产生负的外部性。生产者行为会引发负的外部性，最典型的负的外部性问题是环境污染及自然资源枯竭问题。例如，使用氟利昂做制冷剂会破坏大气的臭氧层，从而导致全球气候变暖，威胁自然生态系统的平衡与人类的食物供应和居住环境。但是企业不必为此承担额外成本，而直接将成本（全球气候变暖的影响）转移给所有人。负的外部性的存在将影响到作为整体的消费者的利益，从而使对消费者权益的保护成为必要。

### （三）消费者的有限理性

受到个体的心理特征和认知能力的约束，现实中的消费者是有限理性的，消费者在做出消费选择和决策过程中，不仅常常发生非系统性错误，而且会与理性选择模式相悖，表现出系统性偏差，即"非理性"的行为。消费者的有限理性，使消费决策过程和选择在很大程度上受到企业营销活动的诱导和影响。在这个过程中，出于对利润的追逐，企业所传播的可能是夸大、虚假的营销信息，而面对夸大甚至虚假的信息，消费者很难做出清晰的辨别，从而缺少有效的自我保护能力。显然，消费者的有限理性，可能会使消费者利益因受到生产者的不当行为的影响而受损，这使主张和保障消费者权益具有必要性。

### （四）消费者的分散性

当消费者与生产者、经营者通过市场发生交易关系时，生产者和经营者是以组织的形态存在的，而消费者是以独立、分散的个体形态出现的，因此，在双方围绕利益关系的博弈过程中，消费者缺乏足够的抗衡力量，处于弱势地位。尽管从整体上看，市场格局从卖方市场向买方市场的转变使消费者拥有更丰富的选择以及更强大的话语权，从而使消费者整体处于有利的地位，但是，这并不能改变消费的分散性以及消费者在个体层面上所呈现的弱势地位。

与此同时，消费者的分散存在使得消费者很难对生产者采取集体行动，即使生产者做出了明显损害消费者利益的行为，消费者也只能或者期待自己可以幸免，或者等待他人采取行动而自己可以坐享其成。这使得个体消费者的维权行为具有了公共品的性质。一方面当人们都等待"搭便车"时，作为公共品的消费者维权行为的供给必然会低于社会的合意需求；另一方面当个别受害者不得不采取行动时，公众的态度一般也是观望，很少自发地给予公开支持。显然，消费者的分散性产生了消费者权益主张和消费者权益保护的必要性。

## 二、消费者权益保护体系

信息不对称、负的外部性和消费者的有限理性，以及消费者的分散性决定了消费者权益主张和消费者权益维护的必要性。而消费者权益伸张和维护主要取决于明确的立法、行政监管、社会公众监督和消费者社会组织的发育程度。

### （一）明确的立法

上述分析表明，在现代市场经济国家，消费者权益不仅是一种公共约定和公认的社会规范，而且是获得法律的确认和保护的权利。由此，法律体系的完备程度和执法过程的严格程度对消费者权益具有重要的制约与影响。

有关消费者权益保障的法律体系大致包括如下内容：①对消费者权利的确认，如各国的《消费者权益保护法》等；②涉及市场交易的立法，如《计量法》《公平贸易法》《合同法》等；③涉及商品和服务的立法，如《产品责任法》《产品质量法》《食品安全法》《药品管理法》《商标法》等。

### （二）行政监管

国家是一种行为主体或者一种制度组织。在消费者权益保护中，国家既作为一种行为主体介入，也通过制度组织来施加影响。作为一种行为主体，国家通过行政监管和干预，参与和直接作用于消费者权益的保护；作为一种制度组织，国家对消费者权益保护的介入主要是通过相关法律法规的制定来实现的。在市场经济条件下，国家相关部门在消费者权益保护中的参与和介入，是"看得见的手"对市场失灵的一种治理方式，正如克雷顿所指出的，消费者保护是政府以消费者名义所进行的对经济的一般元素的控制，是通过政府干预实现的。

### （三）社会公众监督

有效的社会公众监督，可以对损害消费者权益的行为形成巨大的社会压力，从而促进消费者权益的保护。社会公众的监督主要来自两个方面：

（1）压力集团的作用。压力集团是为影响政府和舆论而组织的集团。这些集团通过影响政府官员，对企业施加压力，使消费者和特定社会群体（如妇女、儿童）的利益得到维护。尽管压力集团是西方特定的社会政治制度下的产物，但随着市场经济制度的逐步建立，在我国压力集团也会出现，并在消费者权益的保护中发挥作用。

（2）大众传播媒介的舆论监督在市场经济中，竞争的加剧使企业将塑造和维护良好的社会声誉与形象放在重要地位，构建企业的无形资产。因此，大众传播媒介以其信息传播速度快、范围广、影响范围大的特点，能够对企业施加压力和影响力。

# 第三节  消费者责任

## 一、消费者责任的内涵

1. 消费者责任的基本概念与内涵

随着社会经济的发展、公共价值观的变迁和市场竞争的多元化，企业社会责任和消费者权利问题，已经得到人们的广泛关注。与此同时，在可持续发展背景下，另一个引起讨论的话题是消费者负责任的消费和可持续性消费问题。消费者社会责任问题成为消费经济学关注的新课题。

责任是指由个人的资格（包括作为人的资格和作为角色的资格）所赋予的，并与此相适应的从事和完成某些活动及承担相应后果的法律、社会规范和伦理的要求。责任被赋予了多种含义；从责任的主体角度来看，可以将责任划分为个人责任与集体责任；基于责任的指向，可以将责任划分为社会责任与自我责任；基于责任的内容，可以将责任划分为角色责任与自然责任；从责任的形式角度来看，可以将责任划分为法律责任与伦理责任。

基于上述对责任的解释，我们可以将消费者责任定义为：由个体作为消费者的角色所赋予的从事消费行为和活动，以及承担相应行为和活动后果的法律、社会规范和伦理的要求。基于责任的指向，消费者责任包括消费者对自己的责任即消费者自我责任与消费者对社会的责任即消费者社会责任。

消费者自我责任是消费者在不涉及他人的情况下，关于消费行为和选择对自身影响的慎重考量。行为经济学的研究表明，由于个体的认知偏差和能力限制，消费者在消费选择和决策中无法做到充分理性。行为经济学的一些实验表明，个体在决策时往往高估当前消费的价值，而低估之后产生的成本，这会导致消费者进行过度消费和过度负债。因此，消费者应对自己的非理性消费行为及其后果负责。

消费者社会责任是社会对消费者行为和活动所赋予的法律、社会规范和伦理的要求和期望，消费者的社会责任着重关注消费者行为的社会影响，关注消费者行为的规范性和正确性。

2. 消费者社会责任的特征与内容

认识消费者社会责任的特征，有助于我们进一步理解消费者社会责任。

（1）消费者社会责任基本属于道义责任。由于在交易关系中，消费者与生产者、经营者是平等的民事主体，因此，消费者的社会责任基本属于消费者在消费过程中应该承担的对于社会的道义责任，而不是法定义务。由于不是行为主体的法定义务，因此，消费者社会责任更多地体现为一种道义教育的意味，通过经济的、舆论的手段使消费者自觉承担起社会责任，而不是为其规定不进行一定行为的消极后果，甚至使消费者承担法律责任。

（2）消费者社会责任的主体是消费者，所关注的是主体对社会整体利益和长远利益的责任，主张消费者在考虑自身利益的同时，也有义务增进和改善社会福利，为社会创造积极的利益。消费者社会责任将社会对消费者行为的更具有社会导向性的关注和期许联系起来。

（3）消费者社会责任的利益相关方是社会消费者和全体消费者，消费者社会责任调规的是个人消费者和全体消费者之间的关系、当代消费者和后代消费者之间的关系，以及消费者和社会的关系。

如前文所述，消费者社会责任是将社会对消费者行为的更具有社会导向性的关注和期许联系起来。因此，消费者社会责任主要包括：社会所期望的，反映伦理、价值观和社会规范的消费行为和做法，具体包括：①关注消费的正当性、正常性、公正性和公平性；②选择有助于人的个性全面自由发展的生活方式和消费方式；③追求适度、可循环的消费方式，支持可持续性消费和生产。国际消费者协会在明确提出所致力于维护的消费者权益的同时，明确阐述了消费者责任，即认识自身的社会责任，以自己的力量驱逐劣习，促进优良惯例，支持可持续的消费和生产。

## 二、确立消费者社会责任的依据

消费者社会责任问题是消费经济学关注的新课题。在围绕这个问题的讨论中，一个不可回避的问题是：消费者为什么要履行社会责任？

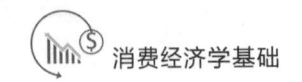

消费者社会责任问题是随着人类消费活动的发展、公民社会的成长和社会价值观的变迁而出现的。在理论上，我们可以从经济学、社会生态学和伦理学的角度，阐述消费者应当履行社会责任的逻辑和理由。

### （一）消费者社会责任的经济学逻辑

在阐述消费者权益保护问题时，我们提到了生产者行为的外部性。所谓外部性问题也存在于消费者行为中，即由消费行为所引发的外部性。消费外部性是指个人或者家庭的消费行为给该个人和家庭之外的其他人产生的影响，而这种影响未能内化在个人或家庭的收益或者成本中。消费的外部性可以分为：

（1）消费的正外部性和消费的负外部性。消费的正外部性，是指个体消费行为使个体之外的其他人受益，如一个修剪整洁、漂亮的私人花园给其他人带来的身心愉悦；而消费的负外部性是指个体消费行为使个体之外的其他人或者社会受损，如消费者在公共场所的吸烟行为将对他人产生影响，是典型的负外部性。

（2）消费的环境外部性与非环境外部性。消费的环境外部性是指消费行为直接影响环境；消费的非环境外部性是指消费行为对人的心理、生理健康及社会风气的影响。

（3）代内消费外部性和代际消费外部性。代内消费外部性的影响基本存在于一代人内；而代际消费外部性的影响超越一代人，影响几代人甚至更远。

显然，负外部性的存在和发展，会使其他消费个体或者群体的福利，乃至整个社会的当前利益和长远利益受损。从实践中看，消费的负外部性主要是消费对环境的外部性。存在相应的经济的、行政的机制可以有效地纠正负的消费外部性，但是除此之外，对于产生消费外部性的主体，通过确立消费者责任，以道义劝告和伦理约束的方式校正、消除消费的负外部性也有着重要作用和价值。

一些经济学家在探讨解决外部性问题时，提出了"良心效应"的概念。他们认为，在任何外部性的产生过程中，都或强或弱地存在一定的"良心效应"，即良心或者个人内心的是非感（良心也可以理解为个体对道德行为准则的先天认知）发挥着一定的作用。良心效应会以两种形式存在。当个体行为外部性的产生使他人的福利受损，而且不必给予补偿时，良心效应会降低个体自身的福利水平，从而形成对外部性活动水平的约束。当个体行为产生负的外部性，而且需要对受损方给予补偿时，如个体行为引发了环境污染，且以征收污染税的方式予以补偿，在这种情形下，良心效应反而有可能提高产生外部性活动的水平，因为个体可能形成这样一种心理状态：既然缴纳了污染税，那么就不必再有顾虑了，可以心安理得地或者更加放肆地我行我素。显然，良心效应使得经济手段（如税收手段）并非总是可以有效地发挥作用。但在这个过程中，也就凸显出消费者社会责任在解决消费外部性问题上的不可或缺性。

### （二）消费者社会责任的社会生态学解释

消费行为是市场体系中的一个构成部分，同时消费行为也是自然生态系统中的一个环节。1997 年，伦敦国家社会研究委员会和联合国国际科学委员会发表了一个有关消费的联合声明，给消费下了一个与以往不同的定义：消费是人类对自然物质和能量的改变，消费可以使物质和能量尽可能达到可利用的限度，并使其对生态系统产生的负面效应最小，从而不威胁人类的健康、福利和其他人类相关的方面。这是一个从生态学视角——人类生活资源的有限性以及维持人类生活的可持续性角度，来审视和定义消费问题，核心是消费的可持续性。

可持续消费是通过每个人更负责任的行为，寻找能够有效地解决社会与环境发展不平衡问题的方法。可持续消费与产品和服务的生产、分配、使用及废弃密切相关，为人们重新思考产品和服务的生命周期提供了依据；可持续消费的目的是确保整个人类的基本需求得到满足，并减少浪费和避免对环境的破坏。从人与自然的关系上讲，可持续消费是指人们满足消费发展需要时不能超过生态环境承载力的限制，消费要有利于保护环境，有利于生态平衡；从人与人的关系上讲，消费的可持续性体现了公平与公正的消费原则，即当代全球的每一个人，当代与后代的每一个人都应该同等享有追求生活质量的权利。可持续消费的构建需要综合运用价格、税收、信贷等经济手段与法律工具，调控消费主体行为，以适应可持续发展的运行规律。同时，需要确立消费主体的负责任的消费行为，寻求能够有效解决社会与环境发展不平衡问题的方法。负责任的消费❶（responsible consumption）主张消费者在购买、使用、处理商品时应具有社会责任感，倡导适度的、公平的、健康的、文明的消费行为，以塑造更好的生态环境和社会经济环境。

### （三）消费者社会责任的伦理学解释

伦理学是对人类道德生活进行系统思考和研究的学科，它试图从道德层面建构指导行为的法则体系，即"应该怎样恰当地去做""为什么，又依据什么这样去行动"，并且对其进行道德的评判。

消费中的伦理问题的提出，是与存在于现代社会的消费异化相关联的，正是因为出现了消费异化，才产生了消费伦理问题。异化（alienation）是一个哲学上的范畴，其本义是主体所创造的客体反过来成为支配和控制主体的自身异己力量。传统的消费大多是生命的基本需要的满足。这种消费源于生命的自然需求，因此不存在异化问题。然而，在现代社会中消费已经从物的消费过渡为一种符号和象征价值的消费，人们所消费的主要不是物本身（使用价值），而是由其所代表的符号和象征意义。正是这种符号控制着人们消费什么、不消费什么。在这个过程中，产生了消费的异化，即作为人的存在方式的消费，背离了人的生存和发展的根本目的，走向异化，成为一种无限性或者无结局性的消费。异化的消费使人异化为消费的奴仆，使作为人生存方式的消费反过来威胁到人类的生存和发展。显然，是消费的异化产生了消费活动本身的伦理意蕴，即消费活动的内在道德意义，以及对消费的价值评价和道德秩序进行审视与思考的需要，消费的异化导

---

❶ 1975 年，韦伯斯特（Webster）提出负责任的消费概念。

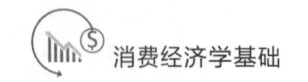

致了现代消费伦理秩序的建构问题。

伦理学的基本主题关系到人与自然、人与人、人与自身三种基本伦理关系，因此，在建构现代消费伦理秩序过程中，消费伦理秩序的目标指向，应当是三种基本伦理关系的和谐，即人与自然的和谐、人与人的和谐、人与自身的和谐，由此，共生原则、公平原则和责任原则构成消费伦理秩序的原则系统。共生原则是对消费过程中人与自然之间的价值关系的基本伦理要求，即建立人与自然之间的和谐共生关系，构建健康、和谐的消费伦理秩序；公平原则表达的是对消费中人与人之间关系的一种社会道义要求，即尊重和保护人的平等的消费权利，实现代内消费公平和代际消费公平；责任原则是对消费过程中的人与自身的伦理关系的规范，即个体的消费自由权利也包含了对消费责任的承诺，消费者在拥有自由的消费权利的同时，需要关切和承诺自由的道德负担，即消费的道德责任。

无疑，在伦理学的视野中，建构现代消费伦理秩序既需要以公正作为目标的社会制度的保障，同时，需要全体社会公民对共同的消费道德和道德责任的关切和承诺，以及公民个体的道德自律。

在市场经济社会，消费者主权的确立意味着消费自由是消费者的一种权利，个人作为消费主体，具有能够自主选择和自主消费的状态与可能。因此，消费者权益的确立和保护在社会经济运行中具有重要地位，并得到社会的广泛关注和接受。在消费自由意味着一种消费权利的同时，消费自由也意味着一种消费责任。个人自由消费的基本限度，是在消费自由的同时，关切和承担相应的道德责任。

与消费者权益问题一样，消费者社会责任问题也开始得到国际社会、各国政府和非政府组织的认同、接受和倡导。

**本章小结**

本章主要介绍了消费者权益的基本内涵、保护消费者权益的必要性及消费者责任的内涵和确立依据。第一节从权利及构成要素出发，阐述了消费者权益的基本内涵，以及制约消费者权益的因素，如消费者的市场地位、法律等因素。第二节围绕消费者权益的保护，从信息不对称、负外部性的存在及消费者的有限理性和分散性等方面解释了保护消费者权益的必要性，而消费者权益的主张和维护则主要取决于明确的立法、行政监管、社会公众监督和消费者社会组织的发育程度。第三节对市场经济快速发展背景下的消费者责任进行了界定，明确了消费者的自我责任和社会责任，其中自我责任是消费行为对自身产生的影响而社会责任则关系到消费者行为的社会影响。本节还从经济学、社会生态学、伦理学的角度阐述了消费者应当履行社会责任的逻辑和理由。在市场经济社会下，个人作为消费者主体，具有自主选择和自主消费的可能，因此消费者权益的确立和保护在社会经济运行中具有重要地位，但是消费者在享受消费者权益的同时，也要承担相应的社会和道德责任。

## 案例分析

**某食品有限公司虚假标注生产日期被行政处罚案——严厉打击过期食品翻新行为**

2021年5月26日，嘉善县市场监管局检查时发现嘉善某食品有限公司员工正在拆封生产日期为2021年4月22日的某品牌手抓饼，并将该手抓饼装入生产日期为2021年5月21日的包装袋中，现场共发现已包装好的产品775袋，货值金额1 937.50元。嘉善县市场监管局认为，当事人的行为违反了《中华人民共和国食品安全法》第三十四条第（十）项的规定，构成了生产标注虚假生产日期的违法行为。根据《中华人民共和国行政处罚法》第二十八条第一款和《中华人民共和国食品安全法》第一百二十四条第（五）项的规定，责令当事人立即改正上述违法行为，没收虚假标注生产日期的手抓饼775袋，并处罚款55 000元。

生产日期和保质期是食品生产经营者对食品质量安全的重要承诺，保证消费者在符合食品生产执行标准的有效期内安全食用。在实践中，个别食品生产经营者存在随意标注食品生产日期或者保质期的违法行为，致使消费者购买到不符合食品质量安全标准的食品，严重影响食品安全。消费者在购买预包装食品时要仔细阅读标签，不要购买超过保质期的食品，在食品开袋后，要注意查看食品是否变质，如发现霉变等问题，应第一时间拍照，及时与商家沟通进行退换货。

**相关问题**

（1）结合案例分析阐述消费者权益保护的必要性。
（2）简述本案例中的消费者权益保护体系。

## 思考题

一、名词解释
消费者权益，消费者责任，消费者社会责任。
二、简答题
（1）制约消费者权益的因素有哪些？
（2）为什么要保护消费者权益？

# 第九章 低碳经济与低碳消费

# 第九章　低碳经济与低碳消费

> **学习目标**
> （1）学习生态经济、循环经济和绿色经济理论。
> （2）了解低碳消费的内涵。
> （3）掌握低碳消费结构优化的策略。

## 第一节　低碳经济的经济学基础

### 一、生态经济理论

#### （一）生态经济思想的提出

20世纪之前，人们对生态与环境问题的关注主要体现在人口与粮食的矛盾方面，主流经济学一直主张环境对经济增长的制约是微不足道的。第二次世界大战以后，人口激增、粮食不足、环境污染、生态退化、能源危机、资源短缺等一系列社会公害开始给工业文明敲响了警钟。人们开始对传统经济增长方式进行全面而深刻的反思与批判，认为单纯从生态学的角度或从经济学的角度来解释和研究这些问题，是难以找到答案的，只有将生态学与经济学有机地结合起来进行分析，才能从中寻求到既发展社会经济又保护生态环境的解决之策。

1962年，美国海洋生物学家蕾切尔·卡逊（Rachel Carson）发表了著名的科普读物《寂静的春天》，第一次向世人揭示了近代工业带来的环境污染对自然生态系统的巨大破坏，客观上催化了公众环境意识的快速形成，之后，越来越多的经济学家和生态学家试图重新考量传统经济学的局限性。随着经济学和生态学的交叉发展，各种论述生态经济问题的著作相继问世。

1968年，美国经济学家肯尼斯·鲍尔丁在其一篇重要论文《一门新兴科学——生态经济学》中首次正式提出生态经济学概念，明确阐述了生态经济学的研究对象，并对人口控制、资源利用、环境污染以及国民经济与福利核算等问题进行了原创性研究。一般认为，肯尼斯·鲍尔丁的思想标志着生态经济学作为一门独立的学科真正形成。

#### （二）生态经济利率的内涵与本质

1. 生态经济理论的基本内涵

生态经济是人类追求的一种理想化的经济模式、经济形态，目的是实现经济发展与生态保护的协调发展，变经济的粗放型增长为集约型增长，变生态的恶性循环为良性循环，建立一个高效率、多功能的生态经济系统，在保持生态平衡、资源充分利用的前提下，取得最佳经济效益。生态经济这一概念的产生及其逐步走向成熟是伴随着生态经济学的形成和发展而实现的。

生态经济学创始人、美国佛蒙特州大学生态经济研究所所长罗伯特·科斯坦塔认为："生态经济学是一门全面研究生态系统与经济系统之间关系的科学，这些关系是当今人类所面临的众多紧迫问题（如可持续性、酸雨、全球变暖、物种消失、财富分配等）的根源，而现有的学科均不能对生态系统与经济系统之间的这些关系予以很好的研究。生态经济学既包括利用经济学方法研究经济活动对环境与生态的影响，也包括用新的方法研究生态系统与经济系统之间的联系"。科斯坦塔等又将生态经济学定义为"可持续性的科学和管理"，认为生态经济学将人类经济系统视为更大的整体系统的一部分，其研究范围是经济部门与生态部门之间相互作用的整个网络。认为生态经济学是从最广泛的意义上阐述生态系统与经济系统之间关系的学科。

国际生态经济学会主席 Joan Martinez-Alier 将生态经济学定义为"可持续性的研究与评估的科学"，并认为生态经济学包含新古典环境经济学和资源经济学，但由于其包含对人类经济活动环境影响的物理评价，因而又超出它们二者的范畴。

上述认识和剖析表明：①生态经济学摒弃了经济系统和生态系统各自独立的传统观念，高度强调了经济系统和生态系统内在的统一性和有机性，从而确立了经济和生态互为融合、互为作用、互为影响的一体化理念；②对经济社会发展过程中的诸多问题，如人口问题、经济问题、社会问题、资源问题和环境问题等，不能孤立地去认识和对待，而必须用生态经济学的理论和方法去认识和对待，并加以统筹解决，这是生态经济学科的生命力所在。

2. 生态经济利率的本质

生态经济作为一种可持续发展的经济模式、经济形态，是经济的生态化，生态的良性化，是经济与生态的动态平衡和互为协调的发展，其本质可概括为以下3个方面：

（1）生态经济是人类在当前条件下能够较为有效地克服经济发展与人口增加、资源约束、环境污染及生态退化等一系列严峻问题而选择的一种理想化的经济形态、经济模式。

（2）生态经济不同于以往经济模式、经济形态的本质特征，它与以往经济模式、经济形态的根本区别在于，它并不以经济发展为唯一目标，也不是单纯地追求当前人类社会的福利，而是强调在保持经济发展的同时，要切实保证代际公平，切实维护生态系统的完整性、容纳性和可持续性，从根本上摒弃以往单纯向自然索取而破坏生态的错误观念和做法。

（3）生态经济的含义有广义和狭义之分。从广义上说，生态经济是指地球生态圈内人类经济活动的总和，涉及生态、经济、社会三大系统层面，以生态环境建设和社会经济发展为核心，遵循生态学原理和经济规律，建立人与自然和谐共处的生态社区，实现经济效益、社会效益、生态效益的可持续发展和高度统一。从狭义上说，生态经济是指人类为加强生态保护而采取的一系列经济行为的总和。

## 二、循环经济理论

循环经济是一种以资源的高效利用和循环利用为核心，以"减量化、再利用、资源化"为原则，以"低消耗、低排放、高效率"为基本特征，符合可持续发展理念的经济增长模式，是对"大量生产、大量消费、大量废弃"的传统增长模式的根本变革。循环经济是符合可持续发展理念的经济增长模式，对解决我国资源对经济发展的"瓶颈"制约具有重要的现实意义。

循环经济的本质是一种生态经济，是可持续发展理念的具体体现和实现途径。它要求遵循生态学规律和经济规律，合理利用自然资源和环境容量，以"减量化、再利用、再循环"为原则发展经济，按照自然生态系统物质循环和能量流动规律重构经济系统，使经济系统和谐地纳入自然生态系统的物质循环过程中，实现经济活动的生态化，以期建立与生态环境系统的结构和功能相协调的生态型社会经济系统。

循环经济的根本目的是要求在经济流程中尽可能减少资源投入，并且系统地避免和减少废物。循环经济"3R"原则——"减量化、再利用、再循环"的排列是有科学顺序的。减量化属于输入端，旨在减少进入生产和消费流程的物质量；再利用——属于过程，旨在延长产品和服务的时间；再循环——属于输出端，旨在将废弃物再次资源化，以减少最终的处理量。处理废物的优先顺序是：避免产生——循环利用——最终处置，即首先要在生产源头——输入端就充分考虑节省资源、提高单位产品生产对资源的利用率、预防和减少废弃物的产生；其次是对于源头不能削减的污染物和经过消费者使用的包装废弃物、旧货等加以回收利用，使其回到经济循环中；只有当避免产生和回收利用都不能实现时，才允许将最终废物进行环境无害化处理。环境与发展协调的最高目标是实现从末端治理到源头控制，从利用废物到减少废物的质的飞跃，要从根本上减少自然资源的消耗，从而减少环境负载的污染。

循环经济"3R"原则的排序，实际上反映了20世纪下半叶以来人们在环境与发展问题上思想进步的3个历程，即认识到以环境破坏为代价追求经济增长的危害；认识到环境污染的实质是资源浪费；认识到利用废弃物仍然只是一种辅助性手段。相应地，在人类经济活动中，不同的思想认识导致形成三种不同的资源使用方式：一是线性经济与末端治理相结合的传统方式；二是仅仅让再利用和再循环原则起作用的资源恢复方式；三是包括整个"3R"原则且强调避免废弃物的低排放甚至零排放方式。从理论上讲，"减量化、再利用、再循环"可包括以下3个层次的内容：

（1）产品的绿色设计中贯穿"减量化、再利用、再循环"的理念绿色设计包含了各种设计工作领域，凡是建立在对地球生态与人类生存环境高度关怀的认识基础上，一切有利于社会可持续发展，有利于人类乃至生物生存环境健康发展的设计，都属于绿色设计的范畴。绿色设计具体包含了产品从创意、构思、原材料与工艺的无污染、无毒害选择到制造、使用以及废弃后的回收处理、再生利用等各个环节的设计，也就是包括产品全寿命期的设计。要求设计师在考虑产品基本功能属性的同时，还要预先考虑防止产品及工艺对环境的负面影响。

（2）物质资源在其开发、利用的全寿命期内贯穿"减量化、再利用、再循环"的理念即在资源开发阶段考虑合理开发和资源的多级重复利用；在产品和生产工艺设计阶段考虑面向产品再利用和再循环的设计思想；在生产工艺体系设计中考虑资源的多级利用、生产工艺的集成化、标准化设计思想；生产过程、产品运输及销售阶段考虑过程集成化和废物的再利用；在流通和消费阶段考虑延长产品使用寿命和实现资源的多次利用；在全寿命期末端阶段考虑资源的重复利用和废物的再回收、再循环。

（3）生态环境资源的再开发利用和循环利用即环境中可再生资源的再生产和再利用，空间、环境资源的再修复、再利用和循环利用。

### 三、绿色经济理论

#### （一）绿色经济利率的基本内涵

1989年，经济学家大卫·皮尔斯等提出"绿色经济"，虽然没有对此进行解释，但基本上可将绿色经济理解为能够实现可持续发展的经验。他们主张从社会条件和生态条件出发，建立一种"可承受的经济"，使经济发展在自然环境和人类自身可承受的条件下进行。绿色经济在处理国家限定的环境损失方面发挥了很大作用，在遏制这些令人生畏的问题方面同样可以发挥很大的作用。

20世纪80年代，尤其是进入90年代以后，无论是绿色经济研究还是绿色经济实践，已成为社会科学研究和经济社会发展的重要问题，并逐步形成了几种主要看法。有人认为，绿色经济的本质是以生态经济协调发展为核心的可持续性经济。也有人认为，绿色经济就是充分运用现代科学技术，以实施生物资源开发创新工程为重点，大力开发具有比较优势的绿色资源，巩固提高有利于维护良好生态的少污染、无污染产业，在所有行业中加强环境保护，发展清洁生产，不断改善和优化生态环境，促使人与自然和谐发展，人口、资源和环境相互协调、相互促进，以实现经济社会的可持续发展的经济模式。还有人认为，绿色经济是以市场为导向、以传统产业经济为基础、以经济与环境的和谐为目的而发展起来的一种新的经济形式，是产业经济为适应人类环保与健康需要而产生并表现出来的一种发展状态。

绿色经济以经济与环境的和谐为目标，将环保技术、清洁生产工艺等众多有益于环境的技术转化为生产力，并通过有益于环境或与环境无对抗的经济行为，实现经济的可持续增长。绿色经济以维护人类生存环境、合理保护资源与能源、有益于人体健康为特征的经济，是一种平衡式经济。

综上所述，绿色经济是以生态文明为根本取向，以生态资本为基础要素的可持续经济。从广义上看，绿色经济就是以生态资本为前提和基础、以知识资本为主导和关键、以物质资本为支撑和杠杆、以社会资本为保障和助力，在良性互动和相互协调的过程中转变人类生产生活方式，并以整体提高人类生活质量为目的的可持续经济形态。从狭义上看，绿色经济是指在生产、消费、管理等环节中，以生态资本的保护、合理开发和及时修复为前提，以知识经济为依托，以循环经济为主要经济手段的经济模式。

## （二）绿色经济利率的本质

绿色经济是一种融合了人类的现代文明，以高新技术为支撑，使人与自然和谐相处，能够可持续发展的经济，是市场化和生态化有机结合的经济，也是一种充分体现自然资源价值和生态价值的经济。它是一种经济再生产与自然再生产有机结合的良性发展模式，是人类社会可持续发展的必然产物。

### 1. 绿色经济模式强调经济、社会和环境的一体化发展

在传统经济发展模式下，大量占有和利用自然资源，不断提高劳动生产率，最大化地促进经济增长是其基本特征，认为自然环境与经济增长和社会发展之间彼此不能兼容，环境问题是经济与社会发展过程中的必然现象，社会发展、经济繁荣必然以牺牲自然环境为代价，最终导致经济发展的不可持续性。绿色经济模式是以可持续发展观为基础所形成的新型经济发展方式，它以自然生态规律为基础，通过政府主导和市场导向，制定和实施一系列引导社会经济发展符合生态系统规律的强制性或非强制性的制度安排，引导、推动、保障社会产业活动各个环节的绿色化，从本质上减少或消除污染。

### 2. 绿色经济能够体现出自然环境的价值

传统经济系统坚持封闭性、独立性，认为只要系统本身不断扩大，经济就会得到永无止境的发展，不受其他任何条件的制约，导致全球环境危机的不断加剧。绿色经济系统坚持开放性和协调性，将环境资源的保护和合理利用作为其经济系统运行的重要组成部分，在生产、流通和消费各个领域实行绿色先导原则，尽可能地减少对自然环境的影响和破坏，抑或改善环境资源条件，并将自然环境代价与生产收益一并作为产业经济核算的依据，确认和表现出经济发展过程中自然环境的价值。

### 3. 绿色经济的自然资源利用具有公平性

公平性是可持续发展的重要特性，失去公平性就等于失去了可持续发展。追求经济利益最大化，不断提高人类的生活质量，是经济和社会发展的基本目标。然而，传统经济模式下的社会经济增长，是以自然资源系统遭受严重破坏和污染为代价获得的，仅仅满足了当代人或少数区域人的物质利益需求，忽略后代人或其他欠发达区域人的生存需要，是将子孙后代或全人类的环境资源用以满足少部分当代人的物质上的奢侈，这是极不公平的。绿色经济发展方式通过自然资源的可持续利用，能够最大限度地提高自然环境的利用率和再生能力，理论上可以同时兼顾当代人和后代人的代际利益平衡以及当代

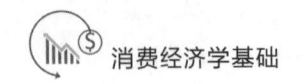

人之间的区域利益平衡。

4. 绿色经济可以引导产业结构的优胜劣汰

在经济发展过程中，产业结构是动态的，优胜劣汰是客观规律，正是基于产业结构的更新机制，才能实现产业的可持续发展。发展绿色经济，可以引起工业社会发生巨大的变革：一是在生产领域中，工业社会以最大化地提高社会劳动生产率、以促进经济增长为中心的"资源—产品—污染排放"的生产方式将转变为以提高自然资源的利用率、消除或减少环境污染为中心的可持续发展生产方式，加重了生产者的环境保护责任；二是在流通领域内，改革工业社会所奉行的自由贸易原则，实行附加环境保护义务的自由贸易，控制和禁止污染源的转移；三是转变消费观念，引导和推动绿色消费。这一系列的制度性变革，必然引起工业社会向绿色社会的回归，依据自然生态规律，建立起由不同生态系统所构成的绿色经济系统。

## 第二节 低碳经济下的低碳消费

### 一、低碳经济与低碳消费的缘起

低碳经济是应对碳排放增加的重要途径，而低碳消费则是低碳经济的重要组成部分。因此，低碳消费就成为应对碳排放增加、减缓气候变暖、解决生态灾难的重要路径之一。本节主要分析全球低碳经济、低碳消费兴起的背景。

#### （一）全球气候变暖历程与危害

低碳经济与低碳消费缘于全球变暖。全球变暖是指在一段时间内，地球大气和海洋温度上升的现象。

全球大气层和地表这一系统就如同一个巨大的"玻璃温室"，使地表始终维持着一定的温度，产生了适于人类和其他生物生存的环境。在这一系统中，大气既能让太阳辐射透过而到达地面，同时又能阻止地面辐射的散失，大气对地面的这种保护作用称为大气的温室效应（green house effect）。造成温室效应的气体称为"温室气体"，它们可以让太阳短波辐射自由通过，同时又能吸收地表发出的长波辐射。这些气体有二氧化碳、甲烷、氯氟化碳、臭氧、氮氧化物和水蒸气等，其中最主要的是二氧化碳。近百年来，全球的气候正在逐渐变暖，与此同时，大气中的温室气体的含量也在急剧增加。许多科学家认为，温室气体的大量排放造成温室效应的加剧是全球变暖的基本原因。人类燃烧煤、油、天然气和树木，产生大量二氧化碳和甲烷，它们进入大气层后使地球升温，使碳循环失衡，改变了地球生物圈的能量转换形式。自工业革命以来，大气中二氧化碳含量增加了25%，远超过科学家可能勘测出来的过去16万年的全部历史记录，而且尚无减缓的迹象。

全球变暖导致冰川消融，海平面升高，导致许多小岛屿消失，并引起海岸、滩涂、湿地、红树林和珊瑚礁等生态群丧失，改变原有的生态系统，致使海岸被侵蚀，海水入侵沿海地下淡水层，沿海土地盐渍化等，从而造成海岸、河口、海湾自然生态环境失衡，给海岸带生态环境带来了极大的灾难。全球变暖还会使南极半岛和北冰洋的冰雪融化，北极熊和海象等会渐渐灭绝。全球变暖将导致气候灾害更加普遍，热带风暴将更频繁、更猛烈地光顾。高温和暴雨天气将危害世界部分地区，导致森林火灾和病疫蔓延等后果。海平面上升将导致水域面积增大，水分蒸发增加，雨季延长，水灾正变得越来越频繁。全球变暖令沿海地区洪涝灾害增多、陆地水源盐化，甚至还危害人类健康，病菌通过极端天气和气候事件（厄尔尼诺现象、干旱、洪涝、热浪等），使一些地区饱受洪涝灾害的同时，另一些地区将在干旱中煎熬，这不仅会危害农业、林业、牧业、渔业等部门的生产，而且会导致疫情的流行，危害人体健康。

气候变化的不利影响广泛存在，并在一定程度上加剧了自然生态系统和人类社会面临的风险。相对于人类活动而言，自然生态系统更易受到气候变化的影响。很多地区的降水变化和冰雪消融正在改变水文系统，并影响到水资源量和水质；部分陆地和海洋生物物种的地理分布、季节性活动、迁徙模式和丰度等都发生了改变；气候变化对粮食产量的不利影响比有利影响更为显著，其中小麦和玉米受气候变化不利影响相对水稻和大豆更大，小麦和玉米平均每十年分别减产约1.9%和1.2%；近期出现的热浪、干旱、洪水、热带气旋和野火等极端气候事件和气候灾害，显示了自然系统和人类社会在气候变化面前的脆弱性。此外，气候灾害还可能加剧一些地区原有的冲突和压力，影响人们特别是贫困人群的生计，从而进一步降低当地对气候变化不利影响的适应能力。随着未来气候变化幅度的不断增大，气候风险将显著增加。

问题在于，虽然气候变化、森林砍伐、空气和水源污染以及自然灾害等环境威胁影响着每一个人，但其对贫困国家和贫困群体的伤害却最深。气候变化正在加剧长期环境威胁，而生态损失则限制着人们（尤其是穷人）的谋生机会。尽管低人类发展指数国家在全球气候变化过程中起的作用最小，但遭受的损失却可能最为严重，其年降雨量将大量减少，气候将更加变化无常，从而严重影响农业生产和民众生计。

## （二）碳减排以应对全球气候变暖

一般认为，全球变暖是人为因素造成的，主要原因可能是人口剧增、工业增加、森林锐减、环境污染（包括海洋生态环境恶化）等因素导致温室气体排放过多，其中最主要的温室气体就是二氧化碳，碳减排就成为应对全球变暖的关键措施。

联合国等国际组织通过各种途径努力促进全球碳减排。1998年，世界气象组织（WMO）和联合国环境规划署（UNEP）成立政府间气候变化专门委员会（IPCC）。IPCC的主要活动和作用是在全面、客观、公开和透明的基础上，评估与理解人类社会行为引起的气候变化、这种变化的潜在影响，以及适应和减缓方案的科学基础、科技和社会经济

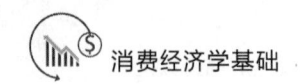

信息。IPCC还认为有必要在提供独立的科学信息和咨询的情况下撰写了关于气候变化的"特别报告"和"技术报告",并通过其有关《国家温室气体清单》的方法为《联合国气候变化框架公约》(UNFCCC)提供支持。一方面国际组织呼吁各国政府采取多种政策措施延缓全球变暖趋势,如征收更高的温室气体排放税、制定更高的排放标准和更严格的排放限制、鼓励生产使用清洁能源以及推动相关研发进程等;另一方面国际组织通过签订各种国际协定,敦促世界各国对减排二氧化碳履行各自的义务。

## 二、低碳消费的内涵

### (一)低碳消费的概念界定

我国最早研究低碳消费的学者陈春晓认为,所谓低碳消费方式,就是后工业社会生产力发展水平和生产关系下消费者消费理念与消费资料供给、利用的结合方式,也是当代消费者以对社会和后代负责任的态度在消费过程中积极实现低能耗、低污染和低排放。这是一种基于文明、科学、健康的生态化消费方式,其实质是一种以"低碳"为导向的共生型消费方式。他认为,广义的低碳消费含义包括5个层次:①"恒温消费",消费过程中温室气体排放量最低;②"经济消费",即对资源和能源的消耗量最小、最经济;③"安全消费",即消费结果对消费主体和人类生存环境的健康危害最小;④"可持续消费",即对人类的可持续发展危害最小;⑤"新领域消费",即转向消费新能源,鼓励开发新低碳技术、研发低碳产品,拓展新的消费领域,更重要的是推动经济转型,形成生产力发展新趋势,将扩大生产者的就业渠道、提高生产工具的能源效益、增加生产对象的新价值标准[1]。

笔者认为,低碳消费是指通过购买和消费低碳产品和服务以减少碳排放的一种消费行为、消费方式或消费模式,其衡量标准是一定消费水平下碳排放量较低,或者说是一定碳排放量下消费水平较高。

要全面、充分地理解低碳消费概念,需把握以下几点:

(1)低碳消费有广义与狭义之分。消费一词有广义与狭义之分,广义的消费包括生产消费与生活消费,狭义的消费是指生活消费。相应地,低碳消费也就有广义与狭义之分。广义的低碳消费包括低碳生产消费和低碳生活消费,狭义的低碳消费仅指低碳生活消费。低碳消费的关键是"低碳"。因此,判断一种消费行为、一种消费模式、一种消费制度是不是属于低碳消费,关键在于它是不是"低碳"。有许多学者把低污染消费、安全消费等包括在低碳消费之内。然而在本书,对低碳消费的理解没有泛化。其实,水、空气等方面低污染的消费,有许多并不属于低碳消费,如使用无磷洗衣粉,虽然是低污染的消费,但并没有直接降低"碳"的排放量,因此,不属于低碳消费。

---

[1] 陈晓春,等:《论低碳消费方式》,光明日报,2009-04-21。

（2）低碳消费的本质是消费领域的低能耗，或者高能效。因为碳排放量与能耗有关，在产出（表现为消费效用）一定的情况下，能耗越低，则碳排放量就越低；反之，在消费量一定的情况下，能耗越高，则碳排放量就越高。

（3）低碳消费是全面而广泛的。从外延上说，低碳消费包括衣、食、住、行、用等所有生活消费的各个领域和各个方面，或者说，凡是与生活消费有关的衣着、饮食、居住、出行、家用、娱乐、交友等方面的低碳行为，均属于低碳消费。

（4）低碳消费是历史的。低碳消费是特定历史时期的产物，从历史上来说，在人类生活的早期，由于人口数量较少、生活消费水平较低，消费的碳排放量很小，不足以影响全球气候，因此没必要提倡低碳消费。只是工业革命以来，人类活动的碳排放量迅速增加，尤其是20世纪中叶以后，碳排放的增加导致全球变暖加速，并引发各种生态环境问题，这才需要倡导低碳经济，包括低碳消费。

（5）低碳消费包括两层含义：一是对于同一消费方式，在一定历史条件和科技水平下，某种消费行为属于低碳消费，但随着条件变迁和科技进步，可能会产生更低碳的消费行为；二是原来某种消费行为就转而成为高碳消费。这就像投入产出效率一样，效率会随着科技水平、管理水平的提高而提高，因此，效率的高低往往是相对的。

### （二）低碳消费的衡量方法

一种消费行为或消费方式究竟是属于低碳消费还是高碳消费，消费碳足迹的多少是衡量的基本标准。低碳消费的核心是在保持消费水平不变的情况下消费碳足迹最小化，或者说是在一定的消费碳足迹下消费水平最高化。

影响气候变化的因素可以分为自然因素和人文因素两大方面，越来越多的证据表明，正在发生的这次气候变化主要是人类活动的结果。而碳足迹就是衡量人类活动对气候变暖影响程度的方法和指标。碳足迹这一术语出现的时间还不长，其准确的含义仍在发展变化中，定义谱从直接的二氧化碳排放到生命周期中的温室气体排放都存在，甚至测量的单位都不统一。

绝大多数学者认为，碳足迹是指一项活动，一个产品、服务的整个生命周期内直接和间接排放的二氧化碳量或二氧化碳当量。由此推出，消费碳足迹是指消费活动所产生的碳足迹，消费碳足迹包括居民消费与政府消费，但主要是居民消费。居民生活消费产生的碳足迹通常包括两方面：一是由于家庭直接使用燃料和能源用于照明、取暖、做饭、交通出行等产生的直接碳足迹；二是由于衣、食、住、行的需要，居民需要消费大量的非能源商品和服务，这些商品的生产加工都必然引起能源消费和碳排放，也即所谓的间接碳足迹。

目前，绝大多数碳足迹研究都是从生产角度出发的，最近几年也有些学者开始从消费角度研究碳足迹。例如，樊杰、李平星、梁育填系统地提出了个人终端消费导向的碳足迹研究，从理论上为消费导向的碳足迹研究奠定了基础。从个人终端消费角度研究碳足迹，是对以往从生产角度研究碳足迹的发展，具有重要现实意义：

（1）更加明确消费者承担碳减排的责任。产品生产确实是产生碳排放的根源，但生产的产品是为了消费，消费者而非生产者应该承担碳排放的责任。因此，以往的研究把排放事实和排放责任混淆在了一起，据此确定的碳排放配额肯定是不对的。消费碳排放研究是改变其错误的根本出路。

（2）更加体现生产者和消费者在时空上的分离特性。由于贸易（包括国际贸易、国内贸易）的存在，产品的生产者和消费者在空间分布上是分离的，就导致事实碳排放和责任碳排放在空间上是分离的，一国消费的碳足迹可能更多的是落在另一个国家。例如，当前中国作为"世界工厂"生产了大量产品，从而排放了大量二氧化碳，而这些产品中的大量商品通过国际贸易被发达国家消费者所消费。因此，碳排放空间转移和碳足迹的空间转移必须受到重视，而消费碳排放研究恰恰能弥补生产层面的碳排放研究。

（3）更加可以明确针对不同消费群体的政策取向。从公平公正的角度上来说，不同地区、不同种族的人的生存权、发展权是必须得到保证的，都有享受舒适生活的权利。落实到碳排放上，就要求最终个人消费碳足迹差距不能过于悬殊。对处于贫困或温饱中的消费群体来说，其消费碳足迹必然较低，因此他们扩张消费是必要的，由此产生的碳排放是应当被允许的。而对于高消费者，特别是奢侈消费者来说，奢侈消费产生的碳排放是不应当的，因此应当适当控制。通过消费碳排放的研究，可以针对不同消费群体碳足迹的研究，进行有针对性的消费政策调控。

### （三）低碳消费的价值功能

低碳消费有助于促进人与自然和谐共生、共同发展，实现消费领域的代际公平与代内公平，均衡物质消费、服务消费和精神消费，这对于解决资源环境问题、促进经济可持续发展和社会发展具有重要价值。

（1）低碳消费是解决全球变暖问题的重要途径之一。大量的研究表明，消费活动是能源消耗和温室气体排放的主要来源之一。而低碳消费是一种以低消耗、低排放（低碳排放）为核心的环境友好型消费方式，低碳消费必然降低全球碳排放，减缓全球变暖速率。当然，低碳消费不是要降低人们的消费水平，而是强调保持消费水平不变的情况下消费的碳排放最小化（或者是消费的碳排放增长慢于消费水平提高），从而降低消费对全球变暖的贡献率。所以，低碳消费不仅能满足人们的基本需求，而且能有效地缓解能源危机和气候变化等环境问题。

（2）低碳消费是促进产业低碳转型的终极引导在市场经济下，消费是市场经济的一个重要环节，而且对生产具有终极的引导作用，关键是消费会引导企业按照消费需求进行生产和管理。低碳消费，一方面必然引导企业生产低碳产品，以迎合消费者的需求；另一方面迫使企业采用新的低碳技术和低碳工艺，建立低碳经营管理机制，在生产中尽量少地排放碳，使企业在与同类企业竞争过程中处于有利地位。简言之，低碳消费必然引导企业低碳生产，从而促进产业结构转型升级。低碳产业的发展反过来又推进了低碳消费，两者相互促进，形成一个不断循环的发展模式。

（3）低碳消费是促进社会发展的重要力量，低碳消费虽然是以降低碳排放为核心的一种消费方式，但要降低消费的碳排放势必要求改变人们的消费结构。从实际情形看，在一定的消费支出下，服务消费比物质消费的碳排放低；在服务消费中，精神消费比其他服务消费的碳排放低。因此，低碳消费客观上就要求消费者尽可能地增加服务消费和精神消费的比重。而服务消费、精神消费比重的增加，不仅能促进产业结构服务化、高端化，更能促进人的精神境界提高、文化素养提升，从而推进整个社会的精神文明建设，以促进社会发展。

特别要指出的是，低碳消费与消费水平高低没有必然联系。因此，消费水平高的国家并不一定温室气体排放多；反之，消费水平低的国家也并不意味着其温室气体排放就少。

## 第三节　低碳产业与低碳消费

### 一、"低碳产业"简述

"低碳产业"是以低能耗低污染为基础的产业。在全球气候变化的背景下，"低碳经济""低碳技术"日益受到世界各国的关注。低碳技术涉及电力、交通、建筑、冶金、化工、石化等部门以及在可再生能源及新能源、煤的清洁高效利用、油气资源和煤层气的勘探开发、二氧化碳捕获与埋存等领域开发的有效控制温室气体排放的新技术。

对低碳产业还没有明确的定义，根据多位学者的阐述和自己的观点，总结出低碳产业概念是：指在生产、消费的过程中，碳排放量最小化或无碳化的产业。低碳产业是以低能耗、低污染、低排碳为主要特征。

随着世界工业经济的发展、人口的剧增、人类欲望的无限上升和生产生活方式的无节制，二氧化碳排放量越来越大，地球臭氧层正遭受着前所未有的危机。气温升高、冰川融化、极端气候和灾害增加、生态系统退化、自然灾害频发，深度触及了农业和粮食安全、水资源安全、能源安全、生态安全和公共卫生安全，将直接威胁到人类的生存和发展。"高能耗、高污染"经济模式和生活方式正在成为地球和人类自身的杀手，低碳型经济发展模式成为人类的必然选择。走低碳产业道路，是人类与自然和谐相处的需要，是保护地球的需要，也是人类持续发展的需要，更是人类自身生存发展的需要。"低碳经济"将是世界经济的一次重要转型，是一次重要的世界经济革命，无论是就国内而言，还是就全球而言，低碳产业将成为各国经济长远发展的战略选择。同时它也有着巨大的经济、环境、社会效益。

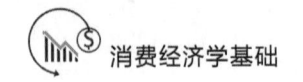

## (一)能源低碳化

能源低碳化就是要发展对环境、气候影响较小的低碳替代能源。低碳能源主要有两大类：一类是清洁能源，如核电、天然气等；另一类是可再生能源，如风能、太阳能、生物质能等。核能作为新型能源，具有高效、无污染等特点，是一种清洁优质的能源。天然气是低碳能源，燃烧后无废渣、废水产生，具有使用安全、热值高、洁净等优势。可再生能源是可以永续利用的能源资源，对环境的污染和温室气体排放远低于化石能源，甚至可以实现零排放。特别是利用风能和太阳能发电，完全没有碳排放。利用生物质能源中的秸秆燃料发电，农作物可以重新吸收碳排放，具有"碳中和"效应。

开发利用可再生新能源是保护环境、应对气候变化的重要措施。我国可再生能源资源丰富，具有大规模开发的资源条件和技术潜力。要集中力量，大力发展风能、核能、太阳能、生物能等新能源，优化能源结构，推进能源低碳化。

## (二)交通低碳化

当今交通领域的能源消费比原来增长了很多，其排放的污染物和温室气体占到全社会排放总量的30%。面对不断恶化的气候和环境，交通运输领域必须转变发展方式，实施交通低碳化是必然趋势。中国在实行交通低碳化中，发展新能源汽车和电气轨道交通现已成为发展交通的新亮点。

积极发展新能源汽车是交通低碳化的重要途径。新能源汽车主要包括混合动力汽车、纯电动汽车、氢能和燃料电池汽车、乙醇燃料汽车、生物柴油汽车、天然气汽车、二甲醚汽车等类型。努力发展电气轨道交通是交通低碳化的又一重要途径。电气轨道交通是以电气为动力，以轨道为走行线路的客运交通工具，已成为理想的低碳运输方式。城市电气轨道交通分为城市电气铁道、地下铁道、单轨、导向轨、轻轨、有轨电车等形式。

## (三)建筑低碳化

世界各国建筑能耗中排放的二氧化碳约占全球排放总量的30%~40%。我国作为当今世界的第一建设大国，十分重视推广太阳能建筑和节能建筑，积极推进建筑低碳化的进程。

太阳能建筑主要是利用太阳能代替常规能源，通过太阳能热水器和光伏阳光屋顶等途径，为建筑物和居民提供采暖、热水、空调、照明、通风、动力等一系列功能。太阳能建筑的设计思想是利用太阳能实现"零能耗"，建筑物所需的全部能源供应均来自太阳能，常规能源消耗为零。绿色设计理念对太阳能建筑来说尤为重要，建筑应该从设计开始就将太阳能系统考虑为建筑不可分割的一个组成部分，将太阳能外露部件与建筑立面进行有机结合，实现太阳能与建筑材料一体化。

建筑节能是在建筑规划、设计、建造和使用过程中，通过可再生能源的应用、自然通风采光的设计、新型建筑保温材料的使用、智能控制等降低建筑能源消耗，合理、有效地利用能源的活动。建筑节能要在设计上引入低碳理念，选用隔热保温的建筑材料、合理设计通风和采光系统、选用节能型取暖和制冷系统等。

### （四）农业低碳化

我国一直重视农业的基础地位，在实施农业低碳化中主要强调植树造林、节水农业、有机农业等。

植树造林是农业低碳化最简易、最有效的途径。据科学测定，一亩茂密的森林，每天可吸收二氧化碳67千克，放出氧气49千克，可供65个人一天的需要。因此要大力植树造林，重视培育林地，特别是营造生物质能源林，使其在吸碳排污、改善生态的同时，创造更多的社会效益。

节水农业是提高用水有效性的农业，也是水、土作物资源综合开发利用的系统工程，通过水资源时空调节、充分利用自然降水、高效利用灌溉水，以及提高植物自身水分利用效率等方面，有效提高水资源利用率和生产效益。

有机农业以生态环境保护和安全农产品生产为主要目的，大幅度地减少化肥和农药使用量，减轻农业发展中的碳含量。通过使用粪肥、堆肥或有机肥替代化肥，提高土壤的有机质含量；采用秸秆还田增加土壤养分，提高土壤保墒水平，提高土壤生产力；利用生物之间相生相克的关系防治病虫害，减少农药，特别是高残留农药的使用量。有机农业已成为新型农业的发展方向。

### （五）工业低碳化

工业低碳化是建立低碳化发展体系的核心内容，是全社会循环经济发展的重点。工业低碳化主要是发展节能工业，重视绿色制造，鼓励循环经济。

节能工业包括工业结构节能、工业技术节能和工业管理节能三个方向。通过调整产业结构，促使工业结构朝着节能降碳的方向发展。着力加强管理，提高能源利用效率，减少污染排放。主攻技术节能，研发节能材料，改造和淘汰落后产能，快速有效地实现工业节能减排目标。

绿色制造是综合考虑环境影响和资源效益的现代化制造模式，其目标是使产品从设计、制造、包装、运输、使用到报废处理的整个产品生命周期中，对环境的影响最小，资源利用率最高，从而使企业经济效益和社会效益协调优化。

工业低碳化必须发展循环经济。工业循环经济，一要在生产过程中，物质和能量在各个生产企业和环节之间进行循环、多级利用，减少资源浪费，做到污染"零排放"；二要进行"废料"的再利用，充分利用每一个生产环节的废料，把它作为下一个生产环节的或另一部门的原料，以实现物质的循环使用和再利用；三要使产品与服务非物质化，产品与服务的非物质化是指用同样的物质或更少的物质获得更多的产品与服务，提高资源的利用率。

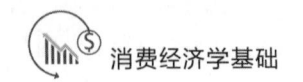

## （六）服务低碳化

我国服务业的发展必须走低碳化道路，着力发展绿色服务、低碳物流和智能信息化。

绿色服务，是有利于保护生态环境，节约资源和能源的，无污、无害、无毒的，有益于人类健康的服务。绿色服务要求企业在经营管理中根据可持续发展战略的要求，充分考虑自然环境的保护和人类的身心健康，从服务流程的服务设计、服务耗材、服务产品、服务营销、服务消费等各个环节着手节约资源和能源、防污、降排和减污，以达到企业的经济效益和环保效益的有机统一。

物流业是现代服务业的重要组成部分，同时是碳排放的大户。低碳物流要实现物流业与低碳经济的互动支持，通过整合资源、优化流程、施行标准化等实现节能减排，先进的物流方式可以支持低碳经济下的生产方式，低碳经济需要现代物流的支撑。智能信息化是发展现代服务业的必然要求，同时是有效的服务低碳化途径。

通过服务智能信息化，可以降低服务过程中对有形资源的依赖，将部分有形服务产品，采用智能信息化手段转变为软件等形式，进一步减少服务对生态环境的影响。

## 二、低碳消费

全球气候变暖已成为国际社会关注的焦点问题。它严重影响了人类的生存环境和自然生态，导致水资源失衡、农业减产、生态系统严重损害，对人类社会可持续发展带来了巨大冲击。联合国政府间气候变化专门委员会（IPCC）全球气候变化研究第四次评估报告表明：气候变暖的原因除自然因素影响外，主要归因于人类活动，特别是与人类活动中排放二氧化碳的程度密切相关。因此，低碳消费方式受到了世界各国的关注与重视。下面我们从低碳消费结构来对低碳消费进行介绍。

### （一）低碳消费结构优化的含义

1. 体现生态需求

生态需要是人们对良好生态环境的一种向往和需要，它不仅对人类的生存和发展具有重要的影响，而且对人们消费需要的满足具有重要的意义。生态需要是人类最基本的生存需要，也是人类最重要的享受需要和发展需要。良好的生态环境不仅能够使人享受大自然的丰厚赐予，开拓人的胸怀、陶冶人的情操，而且能够启迪人的智慧、发展人的智力和体力，从而有利于人的身心健康和全面发展。正因为如此，满足人们的生态需要，就不是社会主要生产的要求，更是全面建成小康社会根本目的的体现。既然生态需要对社会主义经济建设具有如此重要的作用，那么低碳经济下的消费结构优化也应重视人们生态需要的满足。

在传统消费观的指导下，无论消费需要是否适度合理，也无论消费行为是否会带来不利于生态环境发展的后果，人们首先以满足消费需要为主，而对大自然自我修复、自我净化以及二氧化碳周期循环的生态需要视而不见。当今社会，大量的一次性消费充斥在居民生活消费的各个方面，简直可以用"无所不在"来形容，从菜市场、饭店、宾馆甚至到美容美发等行业都能发现一次性产品的存在。在菜市场买菜，店主会提供一次性塑料袋；在快餐店订餐，餐厅会提供一次性餐具，还有些饭店经常性地使用一次性桌布；在美发店洗头，店家会提供一次性毛巾，并以此作为本店的特色加以宣传。看起来，我们的生活似乎已经离不开这些一次性消费品了，因为它们不仅节约了人们的时间，也满足了人们对方便快捷的需求，但却忽略了由此产生的环境污染问题和资源浪费问题。人类应该在尊重和顺应自然规律的前提下向大自然索取资源以满足自身的物质和精神消费需求，而不能仅是为了满足眼下的消费需求而影响人们生态需要的满足。合理的居民消费结构不仅能够满足人类的基本消费需求，还能保护自然环境、维护生态的平衡、促进人与自然的和谐发展。因此，低碳经济下的我国居民消费结构优化不仅要让人们的物质需要和精神文化需要得到较好的满足，也应让人们的生态需要得到较好的满足。

2. 体现资源利用

我国资源总量巨大，但我国却拥有着世界最多的人口。人口基数大的国情使得我国的资源十分紧缺，资源的人均占有量也十分稀少。近年来，我国人均淡水资源占有量也相对较少，石油、天然气的人均占有储蓄量更少，45种矿产资源的人均占有量也都未达到世界平均水平的一半。由此看来，我国的资源禀赋与人口增长之间存在着矛盾，而这种矛盾也将长期存在于我国的经济发展中。如今的我国正处于工业化和城镇化加速发展的阶段，国际经验表明这是一个资源消耗强度加大的阶段。在这种背景下，社会的进步和经济的发展加剧了我国资源的短缺。同时，近年来我国不断地承接发达国家的产业转移，更进一步加大了国内资源供给的压力。针对以上出现的种种资源短缺的情况，低碳经济下的居民消费结构优化必须体现资源利用的合理性，从我国的资源实际出发，充分利用优势资源，减少短缺资源产品的消费，使消费结构与自然资源结构相适应。另外，人与自然的物质交换在很大程度上取决于自然资源和经济资源的丰富程度或者稀缺程度。不同国家和地区的资源分布各不相同，有些国家和地区的资源相当丰富，而有些国家和地区的资源比较贫乏；有些资源具有可再生性，而有些资源具有不可再生性；有些资源具有有限性，而有些资源具有无限性。但是人们的消费需要是具有可再生性和无限性的。人们为了满足自身的需要，需要作用于自然、获取物质产品，这必然会给自然环境带来一定的影响，从而也会对自然资源造成不同程度的破坏。当然，自然资源本身具有一定的自我调节和恢复能力，当人们获取物质产品、对自然资源的破坏能够被自然界本身的调节恢复能力所补偿时，资源利用能够大致维持固有的平衡。但是，当人们对资源的利用超出了自然界本身的自我调节和恢复能力时，生态平衡就会遭到破坏，最后将导致资源的衰竭甚至枯竭。例如，在过去很长的一段时间里，居民食品消费主要以粮食为主，在这种单一的食品结构下，人们开始不断地毁林开荒、围湖造田，使其他的产业，如畜牧业和水产业无法得到应有的发展。这样一来，人们无法购买到畜产品和水产品，也就吃不到维持身体正常机能的畜产品和水产品，使得自然资源和经济资源无法得到充分的发挥和合理的利用。同时，不断地毁林开荒、围湖造田也极大地破坏了生态环境，影响了整个生态的平衡。因此，在低碳经济背景下对我国居民消费结构进行优化，必须从我国具体的资源分布情况出发，合理配置自然资源、合理利用自然资源，使我国居民获取消费品对自然的破坏力与自然生态本身的调节和恢复能力之间保持平衡。

3. 体现消费质量

消费质量的提高是指由于消费的舒适和便利程度提高，人们在精神上和心理上得到的享受和满足，它在质的方面反映着人们的消费水平和消费结构。

（1）消费质量和消费结构之间具有一种相互对应的关系，具体来说，这种对应关系表现为一定类型或一定层次的消费结构本身具有某种消费质量方面的属性。例如，在较低层次的消费结构中，生存资料的消费占有较大比重，而享受资料和发展资料的消费却很少，于是在这种消费结构中，消费者这时追求的是增加实物和劳务消费品的消费量，而较少注意生活质量的问题。从这种相互联系的角度来说，我们认为，低层次消费结构是与低下的消费质量相联系的，而高层次消费结构是与较高的消费质量相联系的。低碳经济背景下的我国居民消费结构是一种合理的消费结构，即低碳消费结构，这种消费结构属于上面所描述的高层次消费结构，体现着较高的消费质量。在这种消费结构中，居民会有意识地消费低碳产品，从而有效地减少居民消费过程中的二氧化碳等温室气体的排放，使居民消费的自然环境和社会环境不断得到改善，进而提高了居民的消费质量。

（2）人们的生活质量主要体现为消费质量，不断提高消费质量是全面建成小康社会的重要内容。社会达到小康水平后，居民消费最重要的特点就是逐步由以追求数量为主向、以提高质量为主转变，这是社会经济发展的必然趋势。人的需要，主要是消费需要，人的物质文化需要不断得到满足以及消费质量的不断提高，体现了"人的本质力量"，也体现了"人的本质的新的充实"。

4. 体现低碳消费发展水平

低碳消费是指在生活消费领域，消费者购买和消费符合低碳标准的产品或服务，最大限度地降低能耗、减少污染。低碳消费的概念是基于经济发展过程中出现的能源消耗大、资源浪费严重、碳排放增加、环境被污染以及生态平衡被破坏等问题而提出的，是人类社会可持续发展的根本要求。鉴于此，我国发展低碳消费具有重要的意义。首先，低碳消费能够缓解我国环境恶化的趋势。全球气候变暖，我国是受其影响最为严重的国家之一。发展低碳消费，能够缓解环境持续恶化的趋势。其次，低碳消费能够促进节能减排目标的实现。消费领域的节能减排说到底就是要促进低碳消费的发展。最后，低碳消费能够促进低碳生产。发展低碳消费能在一定程度上提高企业从事低碳产品生产的积极性，能够促进低碳产品生产的发展。然而，在我国居民的日常生活中不少人缺乏环保节约意识，生活消费方式依旧比较粗放，这些消费行为直接导致了大量资源的浪费，阻碍了低碳消费的发展。

## （二）低碳消费结构优化的标志

1. 低碳消费结构优化的质化标志

质化标志主要是指事物本身的性质在外部的具体表现形式。低碳经济下居民消费结构优化的质化标志主要是指在居民消费结构优化的过程中，合理的居民消费结构本身具备的低碳性质在外部的一些表现。低碳经济下我国居民消费结构应符合身心健康标志、生态环境标志、可持续发展标志和节能减排标志。

（1）身心健康标志。按照世界卫生组织的定义，身心健康是指人的生理没有出现疾病或者虚弱的现象，以及人的心理和社会适应性方面的良好状态。传统的健康观念认为身体无病即健康，然而现代健康观念则是指身心的整体健康。因此，它的含义是多元化的，主要包括生理、心理和社会适应性三个方面，而社会适应性取决于生理和心理的状况，因此，人的身体是否健康主要取决于人的生理和心理的健康状况。

合理的食品消费结构对人的身心健康具有重要的影响。食品消费是人类自身再生产进行的必要环节。正如马克思在其著作中提到的，"食品的生产是直接生产者的生存和一切生产的首要条件"。食品消费的水平取决于生产力提高的程度，但相同的食品消费水平有可能具有不同的食品消费结构，而不同的食品消费结构对人的身体健康具有不同的影响。例如，动物性食品过多，谷物和蔬菜等植物性食品偏少的食品消费结构，将导致人的身体每天摄入过多的脂肪、饱和脂肪酸以及胆固醇，容易引发肥胖症、心血管疾病等疾病，不利于人的身体健康；而以植物性食物为主、以动物性食物为辅的食品消费结构，不仅能够满足人体的基本生理需求，还有利于人的身体健康。食品消费结构的优化不仅要求能够提供足够数量的热能和营养，满足人体正常的生理需要，而且需要保持营养均衡，便于身体吸收和利用以达到合理营养的目的。

文教娱乐消费的发展对人的身心健康具有重要的影响。文教娱乐消费是一种精神文化消费，也是一种高层次的消费。它不仅对人的思想、品德和精神面貌具有直接的、深远的影响，而且对人的塑造、人的发展和社会主义下一代的成长也具有十分重大的影响。发展精神文化消费需要扩大精神文化消费领域，不断提高文教娱乐消费在居民消费结构中的比重，不断提高发展型、智力型消费在精神文化消费中的比重。为了体现以人为本、低碳经济下的我国居民消费结构优化必须以有利于人的身心健康为前提，促使我国居民消费结构能够较好地满足多层次消费需求，保证人的体力、智力充分而自由地发展。

（2）生态环境标志。生态环境是指生物主体的生存环境，包括自然环境和社会环境的各个因素及其相互关系。人们的消费总是在一定的环境中进行的，生态环境对消费的影响很大。因此，生态环境改善具有极其重要的作用。这主要表现在：①有利于人的全面发展。生态环境是人类生存的基本条件，恶劣的生态环境使人难以生存，甚至丧失生命。优美的生态环境是人类发展和享受的基础。人们生活在优美的生态环境中，能享受大自然的丰厚赐予和人间的幸福生活，在提高消费质量的同时有利于人的全面发展；②有利于扩大消费需求，促进经济增长。生态环境得到了改善，人们才敢消费，才能放心消费、扩大消费需求。消费需求的扩大又可拉动经济的增长；③有利于构建可持续的消费方式，促进资源节约型和环境友好型社会的发展。目前，我国传统粗放型的经济增长方式尚未根本改变，生态环境形势依然严峻。长期以来，由于对生态环境缺乏有效的保护，加之有些地方在开发的过程中，人为地破坏生态环境，导致环境污染颇为严重。

资源紧张、能源紧张的现状不仅影响了人们的正常生活，而且影响到了消费质量的提高。低碳经济下居民消费结构优化使人的消费观念和消费方式发生了根本性变革，对人的发展具有很重要的影响。居民消费结构的优化在促进两个文明协调发展的同时，构建了优美的生态环境；在消费低碳产品的过程中，使消费质量不断提高，这样不仅实现了安全消费，而且也符合了人与自然和谐相处、人与人和谐发展的理性消费要求。综合来看，我国生态环境的问题实质上是由不可持续的消费模式和生产模式造成的。因此，低碳经济下我国居民消费结构优化必须以有利于生态环境优化为导向，加强对消费结构的环保引导，用生态消费观指导人们的各种消费活动，引导人们自觉爱护生态环境，保护生态环境，营造出优美的生态环境。

（3）可持续发展标志。可持续发展是指建立在人口、资源、环境、经济和社会相互协调和共同发展的基础上，既满足当代人的需要，又不损害子孙后代生存发展的需要。我国是一个发展中的大国，当前正处于经济快速增长的过程中，面临着提高社会生产力、增强综合国力和提高人民生活的历史任务，同时面临着人口众多、资源匮乏、环境污染、生态失衡等问题。只有将经济社会的发展与资源环境相协调，走可持续发展的道路，才能实现我国又快又好的发展。

可持续发展强调人类社会发展的持续性、稳定性和长期性，要求经济、社会、资源环境之间的和谐与统一。社会的可持续发展依赖于可持续生产和可持续消费，因此消费也应被纳入整个可持续发展的发展规划中来，居民消费结构优化是可持续消费的重要内容。

第一，低碳经济下的居民消费结构优化能够促进人与自然的和谐，维持生态平衡，能够较好地满足人的生态需要，从而达到可持续消费的目标，最终实现社会的可持续发展。低碳经济下的居民消费结构优化是社会可持续性发展的重要实现机制，具体体现了可持续发展的世界大趋势。

第二，低碳经济下的居民消费结构优化鼓励居民进行低碳消费、生态消费和绿色消费，它们最明显的特征就是消费主体和消费过程的绿色低碳。如果消费者在注重消费质量的同时，使自然资源和有毒物材料的消耗降到最少，使产品或者服务的生命周期所产生的废物和污染物最少，维持整个生态系统的平衡，不危害后代人的需求和发展，那么这种消费结构就是有利于可持续发展的。因此，低碳经济下的我国居民消费结构优化必须以有利于可持续发展为准绳，从可持续发展的战略高度出发，充分利用优势资源，节约短缺资源，减少能源消耗。

（4）节能减排标志。节能减排是指节约使用物质资源和能源资源，以及减少废弃物和环境有害物质的排放。社会经济效率背后需要合理的消费结构作支撑,换句话说,就是合理的消费结构可以提高经济和消费的效率。有效率的消费不仅节约了社会劳动,还有效地利用了消费资料、节约了大量的资源,居民消费既丰富多彩又不奢侈豪华,体现出消费结构质量优化观念。因此,低碳经济下的居民消费结构提倡有效率地进行消费,由于有效率的消费能够节约资源,那么低碳经济下的居民消费结构必然也是有利于节约资源能源的。

在传统的居民消费结构中,实物消费占了较大的比重,衡量消费水平的主要标准是消费品的数量,这种传统的衡量方式造成了居民消费结构优化一味地追求消费品数量的增加,而忽略了居民消费过程中大量资源的消耗,具体反映在居民消费行为上,则是一些不文明甚至病态的消费行为,如炫耀性消费、挥霍性消费、面子消费等;与之相对的,低碳经济下合理的居民消费结构应综合运用各种措施来降低生产和消费过程中的环境成本,是一种致力于实现经济增长和环境保护的双赢,推动人与自然关系的和谐友好的消费结构,具体表现为居民消费结构的绿色性、适度性和可持续发展的趋势。低碳经济下的居民消费结构是提倡有效率地进行消费的,由于有效率的消费能够节约资源,那么低碳经济下的居民消费结构也必然是有利于节能减排的。既然节能减排是我国的必然选择,那么低碳经济下我国居民消费结构优化就应以节能减排为航标,引导居民在消费领域节约资源能源,形成低消耗和低排放的节约型消费增长方式。

2. 低碳消费结构优化的量化标志

量化标志是指事物的本质在外部的量化表现形式,即事物的本质以数量的方式来具体表现。低碳经济下居民消费结构优化的量化标志是指用以衡量居民消费低碳化程度的数量评价指标,主要包括脱钩指标、碳排放系数和碳排放数量。

(1)脱钩指标。脱钩指标是用来衡量经济增长与环境污染增长之间的相对变化率。它在1996年被引入经济领域,用环境变量的变化率与经济变量的变化率之比来表示。按照表现结果的不同可以分为相对脱钩和绝对脱钩。在相对脱钩的情况下,经济变量的增长率高于环境的增长率;在绝对脱钩时,如果经济增长率递增,那么环境变量的变动率递减或者保持不变。

应用于低碳经济的发展领域,我们可以这样定义脱钩指标的含义,即只要产生碳排放变化率与经济增长率的方向发生不一致的情形,就称经济增长和环境污染之间出现了脱钩现象,即在经济增长的同时,环境污染和碳排放却在不断减少,是低碳经济发展的具体表现。在这个指标的运用过程中,需要涉及三个具体的变量指标:煤炭脱钩弹性值、二氧化碳脱钩弹性值、煤炭消耗产生量。

(2)碳排放系数。国际上对二氧化碳排放的测算逐渐将关注点放在个体二氧化碳排放的贡献度上,于是很多网站和科研机构开发研制了测算个体碳足迹排放量的计算器。在这种计算器中,个人消费碳排放被分成衣、食、住、行、用五个方面,使用者只要输入相应的消费物品数量就可以测算出个人消费对二氧化碳排放的贡献,并对使用者的一系列个人碳足迹进行评估。碳计算器的工作原理是依据不同的方程来量化表示居民消费产生的碳排放，将居民具体的消费行为转化为居民个体消费的具体碳排放量，而这一转换通常是通过碳排放系数来实现的，利用这种方法计算碳排放比较直观，而且也方便好用。不过在使用这种方法获取碳排放量时，消费者无法了解其所使用的计算方程式和具体的碳排放系数，只是简单地进行运算最后得到相应的结果。

除了运用碳排放系数计算器测算居民消费产生的碳排放，还可以运用碳排放系数的数学计算方法对居民消费产生的直接碳排放进行测算。居民消费的直接碳排放是指居民日常生活中对煤炭、石油、天然气等化石能源的消耗以及使用电能和热能时产生的直接碳排放。

（3）碳排放数量。碳排放数量是指居民在消费各种商品和服务的过程中所产生的二氧化碳排放。居民消费的碳排放主要是间接碳排放，由于这部分的碳排放是隐含在商品和服务的消费中的，所以也被称为居民消费的嵌入式碳排放。测算居民消费的间接碳排放需要运用投入产出分析法，这种分析方法具体来讲包括两种分析方式。运用投入产出表进行直观分析，然后在投入产出表的基础上构建一个投入产出的数学模型进行测算。在运用这种方法进行测算时，投入产出表是投入产出分析的前提。在投入产出表中，表的列项表示生产对各种投入要素的消耗和使用，是投入的来源，表的行项表示产品生产之后的分配，是产出的去向。表的行项和列项中的数据详尽地反映了生产和消费中各种经济系统要素之间的相互关系。

构建一个投入产出的数学模型需要建立在投入产出表可得的前提下，在这个前提条件得到满足后再提出相应的线性方程组等——系列的数学表达式来表现经济系统运行中产品生产的投入和产出关系，但是建立起数学方程式是远远不够的，还必须定义某些关键的系数并将其引入数学表达式中，才能将投入产出表转化成具体的数学模型，而前面提到的碳排放系数只是投入产出模型中的一种关键系数。由于投入产出分析结合经济理论和数学方法，以居民消费产生的终端消费量为依据，因此在测算居民消费间接碳排放的方面是比较准确和全面的。

基于数据的可得性和测算方法的科学性，本章将采用投入产出法分别对低碳经济下我国城镇居民和农村居民消费的间接碳排放进行测算在测算过程中需要运用各种化石能源、电力和热力的碳排放系数。若测算结果中显示，在我国城镇居民和农村居民消费的间接碳排放结构中，高度密集碳排放的居民消费所占比重大于中、低度密集碳排放的居民消费所占比重，则认为我国的居民消费结构是高碳消费结构。

（三）低碳消费结构优化的策略

1.合理调节消费比重

（1）合理调整食品消费结构。食品消费结构是指人们在食品消费过程中所消费的不同种类食品的比例关系，具体包括动物型食品消费结构和植物型食品消费结构，这两种不同的食品消费结构对人身心健康的影响是不同的。植物型食品消费结构的蛋白质供给量，特别是动物蛋白质的供给如果低于人体正常需要，则不利于人的身心健康，而动物食品所含的蛋白质接近人体蛋白质，两者的成分类似，比较容易满足人体合成自身蛋白质的需要，但过量摄入动物型食品也是不可取的。摄取的营养成分超过了人体承受能力，会给人带来疾病，影响人的身心健康。因此，对于城镇居民而言，要减少高脂肪、高蛋白、高蛋白质食品的摄入，合理增加植物食品比重，通过适当减少动物食品的消费数量来保证人的身心健康；对于农村居民而言，要根据我国国情，特别是农业资源和生产水平的现状，对食品消费进行正确引导，提高动物食品所占比重，逐步摆脱对粮食过分依赖的状况。

（2）大力发展精神文化消费。我国文教娱乐消费比重过低的状况，要求我国必须大力发展精神文化消费。首先，要合理调整精神文化消费的内部结构，不断提高发展型、智力型消费在精神文化消费结构中的比重。其次，要端正价值观取向，帮助居民用科学社会主义的价值观、人生观和消费观来指导居民的消费活动，文明消费、科学消费。最后，要提高消费力，特别是精神消费力，不断提高消费主体的素质。

2. 科学改善消费环境

（1）改善消费的教育环境。我国应充分运用各种媒介各种宣传手段对低碳消费进行宣传教育，营造低碳发展的良好的舆论氛围。对于消费过程中高碳化的消费行为进行批判，对高污染、高排放的企业进行曝光，引导居民合理地消费。另外，对于大型的低碳消费活动应积极进行宣传，同时向大众积极推荐低碳产品，对低碳产品进行普及和推广。从正反两面营造我国低碳消费的教育环境，提高居民的低碳消费意识。

（2）改善消费的法制环境。完善相关的法律法规，运用法律的强制力量来改变高碳化的消费行为。在我国，环境保护类法律法规很多，但专门针对居民消费碳排放的条规很少。在商品经济条件下，居民低碳消费的自觉性固然重要，但法律法规的强制性制约也不可缺少。因此，我国应加快专门针对消费碳排放的立法，为我国居民消费结构的低碳化提供法律依据和法律保障。

（3）改善消费的政策环境。低碳产品是消费需求收入弹性高的商品，同时它的生产和研发所投入的成本和技术也比普通商品高。低碳产品的这些特点使企业不愿意将资金投入低碳产品生产中，低碳产业也就难以扩大。而居民由于收入上的制约，对低碳产品的需求也非常有限，这也造成了低碳产品在供给和需求两方面的困难，使低碳产业的发展变得十分的尴尬。基于这些现实的原因，我国在努力提高居民消费水平的同时，应采用税收政策和补贴政策来促进低碳产业的发展。对于生产低碳产品的企业给予一定的税收优惠和低碳补贴，鼓励其大规模地生产低碳产品，对于购买低碳产品的居民给予一定的低碳产品价格补贴，扩大居民对低碳产品的消费需求。低碳产业只有在供给和需求两方面相互平衡时，才能不断扩大和发展。而低碳产业的大力发展，对于低碳经济下我国居民消费结构的优化无疑是至关重要的。

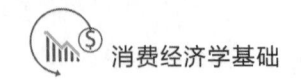

### 3. 高度重视消费引导

（1）开展低碳消费教育，增强居民的低碳消费意识。低碳消费教育应从家庭教育、学校教育和社会教育三个方面入手。在家庭教育中，应鼓励家长多给孩子灌输低碳消费的思想，同时家长要以身作则，在日常的消费活动中切实贯彻低碳消费思想。在学校教育中，低碳消费的教育应从幼儿园阶段开始，再接着以小学、中学、大学的低碳消费教育这样循序渐进的方式进行。学校教育应将低碳理论和低碳消费实践两者相结合，在积极开发低碳消费课本教材的同时，组织学生走出教室开展社会调查和低碳消费讨论。社会教育应充分利用网络、电视媒体等媒介营造良好的低碳消费舆论，引导居民进行低碳消费；消费者协会应不定期地进行低碳消费宣传和教育，利用网络和其他手段为居民提供低碳消费信息和低碳消费咨询。

（2）改变不良的消费方式，构建居民的低碳消费方式。健康文明的消费方式应符合适度原则、正当原则、协调原则和科学原则。低碳消费方式是一种健康文明的消费方式，所以在低碳经济下居民的消费方式也应遵守适度、正当、协调和科学的原则。然而，在吃的方面，有些人一味地追求排场、高档，这种铺张浪费的消费方式违背了适度原则，造成了大量的浪费。在穿的方面，对皮草等高档服装的过分追求也不符合低碳消费方式的原则。在住的方面，有些人一味地追求装修的豪华而造成了过度装修，大量使用不符合环保要求的建筑材料也造成了环境污染。在行的方面，家用汽车的逐渐增多让许多人的出行方式开始变得高碳起来，以车代步、以家用汽车代替公共交通的使用，让城市的空气质量越来越差。因此，必须改变居民的不良消费方式，构建居民的低碳消费方式，厉行节俭，杜绝铺张浪费，提倡低碳居住和低碳出行。

（3）加大低碳产品宣传，培养居民的低碳消费行为。低碳产品是指符合低排放、低污染、低能耗要求的产品和服务。例如，绿色食品、节能灯、节能家电等，这些低碳产品的消费在很大程度上降低了居民消费的碳排放，从源头上实现了居民消费的低碳化。然而，由于低碳产品的推广和普及程度不高，许多居民对低碳产品并不是十分了解。为了扩大居民对低碳产品的消费需求，应加大低碳产品的宣传，运用各种新闻媒介对低碳产品进行全方位的介绍，以低碳产品的节能高效为卖点进行广泛的推广与宣传，让居民意识到低碳产品消费不仅能很好地满足消费需求，而且还能为保护生态环境做出贡献。居民只有从观念上认同低碳产品，才会在行为上支持低碳产品的消费。

### 本章小结

本章主要介绍了低碳经济的经济学基础、低碳消费的内涵及低碳消费结构优化的策略。第一节主要从生态经济理论、循环经济理论和绿色经济理论介绍了低碳经济、生态经济，目的是实现经济发展和生态保护的协调发展，在保护生态平衡、资源充分利用的同时取得最佳经济效益。生态经济强调经济系统和生态系统内在的统一性和有机性，对于经济社会发展中的问题应该用生态经济学的理论去对待、去统筹解决。循环经济则以资源的高效利用和循环利用为核心，是符合可持续发展理念的经济增长模式，它的本质也是一种生态经济。绿色经济是以高新技术为支撑，使人与自然和谐相处，是市场化和生态化有机结合的经济，是人类社会可持续发展的必然产物。第二节介绍了低碳经济下的低碳消费。低碳消费作为应对碳排放增加、减缓气候变暖、解决生态灾难的重要路径，明确其衡量办法，进行消费碳排放研究，有助于引导企业低碳转型、促进设施发展。第三节介绍了低碳产业和低碳消费的联系。已有的研究中，低碳产业以低能耗、低污染、低排碳为主要特征，涉及能源、交通、建筑、农业、工业、服务等方面。低碳结构的优化是低碳消费的实现途径。本节还介绍了低碳结构优化的含义（体现生态需求、资源利用、消费质量、低碳消费发展水平）、质化标志（身心健康标志、生态环境标志、可持续发展标志和节能减排标志）、量化标志（脱钩指标、碳排放系数和碳排放数量），并从调节消费比重、改善消费环境、重视消费引导的角度提出了低碳消费结构的优化策略。

## 案例分析

### 美团"青山计划"

**1. 概况**

美团外卖于2017年发起"青山计划"，从环保理念倡导、环保路径研究、科学闭环探索、环保公益推动四个方面推动外卖行业环保化进程。2018年，美团外卖计划升级，推出"青山合作伙伴计划"，与合作伙伴一起探索从废弃源头减量、垃圾回收处理和环保公益推动三个方面进一步推动外卖行业环保化进程。通过推动商家使用环保包装、积分激励消费者减少一次性餐具使用、外卖废弃物再利用等方式加强商家和消费者环保意识、推广低碳环保的外卖方式。到2020年年底，"青山计划"已实现了三大项目目标：①携手100家以上包装合作伙伴，寻求新的包装解决方案，尽可能地减少塑料外卖包装物的废弃；②连同100家以上循环经济合作伙伴，开展100家以上垃圾回收和循环利用的试点，探寻餐饮行业可持续发展的路径；③汇聚10万家以上的青山公益商家通过青山基金和美团公益平台支撑更多的社会公益组织发展环保公益的理念。

**2. 具体做法**

（1）研究评估。美团与多个高校展开了研究方面的合作。例如，与清华大学合作研究"美团外卖环境影响评估与行业绿色发展建议"对外卖环保工作进行分析，针对重点问题制定科学的解决方案；与广州大学合作外卖餐盒整体回收项目等。同时，美团外卖还与政府、企业合作，从源头减量、包装升级、回收分类与循环利用等多个环节开发针对外卖垃圾的解决方案。

（2）源头减量。美团外卖上线了"无需餐具"订单选项，引导消费者减少一次性餐具的使用，从源头降低相关资源的消耗、减少废弃垃圾的产生。为了推进"无需餐具"选项，美团外卖制定了相应的商家奖惩规则，推动平台商家遵循消费者选择。美团外卖还开展了一系列的倡导活动，提高消费者、平台商家的环保意识，如设立每月一天的美团外卖环保日，在环保日向用户、商家宣传环保理念、发起公益行动。同时，美团外卖积极与公众人物合作，开展环保宣传活动，包括2018年"六五环境日"发起了"下环保订单领翻倍红包"活动；2019年植树节发起了"晒出你的筷子"行动，倡导用户减少使用一次性餐具；2019年地球日开展了无塑吸管的挑战，提倡减少一次性塑料吸管的使用等。2019年，美团外卖开通环保能量公益捐，用户选择"无需餐具"可积累能量，积累的能量可以通过平台进行公益捐赠，以此为消费者提供更多的精神激励。

（3）外卖包装材料升级。"青山计划"对于外卖餐盒、外卖包装袋材料、相关产品现有市场和技术等做出了调研分析，积极推动新材料的研发与应用。试点投放全生物降解塑料袋作为外卖包装袋材料，截至2020年8月，已累计投放全生物降解塑料袋超2000万。同时，美团外卖也积极推动低碳环保外卖餐盒的研发，启用降解塑料、纸浆等环保材料的同时，也从包装结构的研究出发，减少同类包装的材料消耗。2020年，美团外卖发布了首批"绿色包装推荐名录"，搭建绿色供应链，为平台商户提供更多绿色低碳包装选择。

（4）外卖餐盒的分类回收和循环再造。"青山计划"在全国设立超过200个外卖餐盒回收点，对于PP材质可回收餐盒进行回收再利用，塑料餐盒回收率最高可达74%。美团外卖还与多家合作伙伴探索回收餐盒的循环利用途径，将餐盒加工处理后用于制作环保袋、《物种日历》外壳、摩拜单车挡泥板等。

3. 面临的挑战

环保并不是平台商家与消费者首要考虑的因素，美团外卖的调研显示，仅有约34%的受访者会经常选择"无需餐具"选项。与此同时，出于对成本控制和消费者评价的考量，商家会更多地从使用的方便性、安全性等方面采购外卖包装。为减少一次性餐具的使用，美团外卖需要对消费者和商家进行更多的宣传教育并采取激励措施。同时，产业上下游应联合起来持续进行新材料的研发，为平台商家提供更多低价环保餐盒选项。另外，尽管美团外卖已经成功展开了一系列的餐盒回收实践，城市垃圾回收处理系统的不健全仍然是推动餐盒分类回收再利用过程的一大阻碍，这需要政府层面持续推行垃圾分类政策，完善相应体系，以此提高外卖餐盒回收率。

**相关问题**

（1）本案例体现了低碳消费的哪些知识点？
（2）结合本案例谈谈优化低碳消费结构的策略。

## 思考题

一、名词解释

生态经济，循环经济，绿色经济，低碳消费。

二、简答题

（1）绿色经济利率的本质是什么？

（2）低碳产业包含哪些产业？

（3）低碳消费结构优化的量化标志有哪些？

# 参考文献

[1] 吴炳新.消费经济学[M].北京：对外经济贸易大学出版社，2016.

[2] 姜彩芬，余家扬，符莎莉.消费经济学[M].北京：中国经济出版社，2009.

[3] 文启湘.消费经济学[M].西安：西安交通大学出版社，2005.

[4] 杜鑫.消费重新成为经济增长第一拉动力[N].工人日报，2022-01-26.

[5] 王薇.数字零售、绿色经济与消费的关联性[J].内蒙古财经大学学报，2022，20（1）：63-66.

[6] 张世杰.消费经济时代戏剧影视文学的特点及欣赏探微[J].戏剧之家，2021（15）：19-20.

[7] 杨政，陈万聪.消费经济下的冷思考——海南现代产业体系的内涵、困境与对策[J].今日海南，2021（4）：26-27.

[8] 吴俊彦，唐文军.数字消费经济不正当竞争行为分析[J].商业经济研究，2021（7）：78-80.

[9] 陈平.创新中蝶变　发力新消费经济[J].中国商界，2021（1）：70-74.

[10] 田常波.互联网时代的体育未消费经济[J].体育博览，2020（11）：158-160.

[11] 郐扬琪，孙英隽.后疫情时期消费经济的惯性与重塑[J].农场经济管理，2020（10）：38-41.

[12] 王春棠.以消费为经济增长主引擎[N].友报，2020-08-28.

[13] 杨建生.市场化衡量文化消费经济价值的美学观照[J].中国美学研究，2020（1）：188-199，308-309.

[14] 谢品杰，王朝，杨帆.我国电力消费、经济增长与城市化关系研究[J].热力发电，2020，49（9）：17-22.

[15] 夏雨.我国文化产业消费经济效益及改善策略[J].商业经济研究，2020（7）：178-181.

[16] 刘乐山，杨丹.新中国成立70年消费经济理论的重大发展与创新[J].湘潭大学学报（哲学社会科学版），2020，44（1）：80-85.

[17] 丁咏梅，高立元，郭鑫.能源消费、经济增长及其区域差异性分析[J].现代商贸工业，2020，41（2）：1-3.

[18] 孙以德.让消费经济持续不断绽放生机和活力[N].人民政协报，2019-11-25.

[19] 鲁洪羽.发展新消费经济的金融支持研究[J].商场现代化,2019(19):15-16.

[20] 杨懿,刘小迪,时蓓蓓.中国消费经济理论研究回顾——基于《消费经济》刊文的可视化分析[J].消费经济,2019,35(4):38-46.

[21] 巩俊贤.我国城镇居民体育消费经济增长效应评价[J].通化师范学院学报,2019,40(4):134-138.

[22] 陈林波.互联网对农村居民消费经济结构的影响分析[J].农业与技术,2019,39(3):158-159.

[23] 徐之敬.消费经济上链行动推动数字治理和产业发展[J].经济,2019(1):68-69.

[24] 汤才坤."互联网+"对农村居民消费经济结构的影响分析[J].统计与决策,2018,34(21):117-119.

[25] 佘梅溪.消费经济社会视域下文学的异化[J].中国集体经济,2018(23):110-111.

[26] 杨继瑞,黄艳."网租单车"的消费经济学思考及对策[J].消费经济,2017,33(6):35-40.

[27] 程海森,马婧,樊昕晔.京津冀能源消费、经济增长与碳排放关系研究[J].现代管理科学,2017(11):81-83.

[28] 杨波.全国中青年优秀流通经济学人巡礼[J].商业经济研究,2017(20):2.

[29] 李俊高,叶胥.消费经济理论的发展脉络:回顾、趋势以及展望[J].经济问题探索,2017(9):175-181.

[30] 温丹妮.浅析包装设计中视觉文化传播对消费经济发展的影响[J].艺术品鉴,2017(9):82.

[31] 张晓波.经济新方位下新型消费趋势的形成机理及其对供给侧改革的借鉴[J].经济研究参考,2017(46):31-38,74.

[32] 于振新.信用支付对中国消费经济增长的影响力[J].管理观察,2017(21):8-9.

[33] 肖健.信息消费、经济增长及产业结构互动机制研究[D].南昌:江西财经大学,2017.

[34] 麦提玉苏普·麦提热杰普.新疆能源消费、碳排放与经济增长关系研究[D].乌鲁木齐:新疆大学,2017.

[35] 唐进,田双清,谢皖东.消费经济与政府引导的关系研究[J].农村经济与科技,2017,28(7):118-120.

[36] 尹向东,刘敏.中国消费经济学发展沿革与研究展望[J].消费经济,2016,32(5):3-8.

[37] 崔风暴.低碳消费经济学属性及低碳消费政策建设方向[J].企业经济,2016(8):10-15.

[38] 李丽洁.对《消费经济学》课程实践教学的探讨[J].科技经济市场,2016(6):231-232.

[39] 李丽洁.对《消费经济学》课程实践教学的探讨[J].经贸实践,2016(7):227-228.

[40] 消费经济学会首届年会在西南财经大学召开[J].经济学家,2016(3):2.

[41] 袁庆明,袁天睿.制度、交易费用与消费:基于新制度经济学视角的分析[J].江西财经大学学报,2015(4):23-30.

[42] 消费经济学会召开成立大会[J].消费经济,2014,30(5):98.

[43] 李彦和.从民生的角度审视我国居民消费和消费经济学[J].消费经济,2013,29(1):12-14.

[44] 邝小文.全国第十六届消费经济理论与实践研讨会暨庆祝尹世杰教授90华诞大会综述[J].消费经济,2013,29(1):94-96,89.

[45] 曹裕.消费经济学理论与实践教学模式探讨[J].湖南环境生物职业技术学院学报,2012,18(3):33-35.

[46] Kevin Marechal,孙宁.能源消费经济学的发展视角:习惯的关键作用[J].经济资料译丛,2010(2):26-34.

[47] 尹清非.耐用消费品消费研究的马尔可夫骨架过程方法[D].长沙:中南大学,2010.

[48] 尹世杰.中国消费经济学建立和发展过程中的一些情况和问题[J].消费经济,2008,24(6):5-9.

[49] 王裕国.消费经济学发展评述及展望[J].消费经济,2008,24(6):10-14.

[50] 张娟,谭立永.浅论休闲消费经济学理论[J].现代商业,2007(17):181-180.

[51] 周艳.中国消费经济学的发展:路向和路径选择[J].湖南医科大学学报(社会科学版),2007,9(2):40-42.

[52] 陈燕武.消费经济学的若干问题研究[D].泉州:华侨大学,2006.

[53] 张恩碧.创新发展中的消费经济学会[J].财经科学,2022(10):149.

[54] 李松龄.创新消费经济学方法,推动消费经济研究的发展[J].消费经济,2006(1):15-16.

[55] 楚尔鸣.消费经济学是一门独立的学科[J].消费经济,2006(1):24-25.

[56] 闻潜.消费理念与消费经济学[J].消费经济,2004(1):6-7.

[57] 刘社建,李振明.我国消费经济学研究的新进展[J].经济学动态,2003(6):25-28.

[58] 杨青山.浅谈消费经济学的学习方法[J].景德镇高专学报,2003(1):29-30.

[59] 何炼成.研究消费经济理论,发展消费经济学[J].消费经济,2002(6):5-6.

[60] 卢嘉瑞.从消费经济学的学科地位谈起[J].消费经济,2002(6):24-27.